素质养成 能力塑造

SUZHI YANGCHENG NENGLI SUZAO

——教学实践活动研究

【石 芳 主编】

首都师范大学出版社
CAPITAL NORMAL UNIVERSITY PRESS

图书在版编目(CIP)数据

素质养成　能力塑造：教学实践活动研究 /石芳主编. —北京：首都师范大学出版社，2016. 12

ISBN 978-7-5656-3285-3

Ⅰ. ①素…　Ⅱ. ①石…　Ⅲ. ①教学活动—教学研究—中学　Ⅳ. ①G432. 42

中国版本图书馆 CIP 数据核字(2016)第 309904 号

SUZHI YANGCHENG　NENGLI SUZAO

素质养成　能力塑造

——教学实践活动研究

石　芳　主编

责任编辑　白光洁

首都师范大学出版社出版发行

地　址　北京西三环北路 105 号

邮　编　100048

电　话　68418523(总编室)　68982468(发行部)

网　址　www. cnupn. com. cn

印　刷　北京九州迅驰传媒文化有限公司

经　销　全国新华书店

版　次　2016 年 12 月第 1 版

印　次　2016 年 12 月第 1 次印刷

开　本　710mm×1000mm　1/16

印　张　14. 5

字　数　230 千

定　价　35. 00 元

主编简介

石芳，女，1973 年生，北京人。1995 年毕业于首都师范大学政法系，获法学学士学位。2001 年获得北京师范大学教育学硕士学位。2012 年获得北京师范大学法学博士学位。曾在北京四中从事思想政治课教学多年，现于北京教育考试院担任命题一处副处长、高考政治学科秘书、副研究员。曾获全国思想政治优质课评比一等奖、北京市思想政治课教学评比一等奖、多次被评为西城区普教系统优秀青年教师，并授予希望杯奖。出版专著《多元文化背景下的核心价值观教育》，在核心期刊发表论文二十余篇。参与了中等学校职业规划教材的编写，主持编写《普通高等学校招生全国统一考试北京卷考试说明》《高考北京卷文科试题分析》政治学科部分，参加了国家教委“九五”重点资助项目“北京市 21 世纪基础教育政治课程标准”的编写，主持北京市课题“普通高中新课程实施后高考考试内容与形式的试测”和“高考试题资源库建设”政治学科部分，是新一轮国家《课程标准》思想政治学科测试组成员。

目　录

第六篇　课堂模拟

第七篇　参观游学

第八篇　经典阅读

序　言

当前，在世界教育领域出现了一个明显的趋势——“实践育人”被摆在突出的位置。社会实践活动在中小学的教学和课程中越来越占据重要位置，实践活动被视为促进学生发展的基本途径之一。这种实践转向使教育从关注抽象的知识王国转而面向事实本身，从科学世界转向生活世界，从被动接受的学习方式转变为学生积极主动地参与，强调教育与社会的紧密联系。

社会实践活动不同于传统“认知”取向的学科教学模式，它不以知识的记忆和理解为最终目的，而是以生活实践为取向，以实际问题的发现、分析和解决为线索，通过参与、体验、合作、探究等活动形式，培养学生的实践能力和创新精神，提高综合素养。

在19世纪末20世纪初，欧洲掀起了“活动学校”运动，其影响极其深远，从此形成了西方国家重视实践活动的教育传统。杜威、帕克、克伯屈等人进行了活动学习的改革实验，杜威建立了“芝加哥大学实验学校”，提出教育即生活，强调在“做中学”，主张在与环境的互动中改造学生的经验。杜威说：“我相信让学生意识到他们的社会遗产的最好的方式就是让他们能够动手操作那些基本的社会活动，这些活动代表了现代文明。”① 瑞士教育家皮亚杰认为思维就是内化了的动作，大力倡导用活动教学促进儿童认知的发展，让儿童在实际活动中学习。哈林、皮克林认为实践具有内在的整合性，应该以完全动态的实践过程的角度去理解科学。英美等国开展了“活动教室”“开放教室”的教育实验。西方学者还从课程的角度对社会实践活动进行研究，施瓦布指出，“实践是课程的语言”。② 英国课程专家麦克·扬（Michael F. D. Young）在《未来的课程》（*The Curriculum of the Future*）中明确阐述了课程的实践本性，即“作为实践的课程”，指出实践课程的“出发点不是知识的

① Martin S. Dewey on Education Selections. My Pedagogic Creed. New York: Teachers College, Columbia University, 1959.

② Schwab J. Science, Curriculum and Liberal Education. The University of Chicago Press, 1978.

结构，而是知识是如何被共同活动着的人们所生产。”①

20 世纪 90 年代以来，伴随教育理论与实践的发展，实践活动又重新成为国际教育改革的主题之一。新的知识观促使人们重新审视和关注实践活动。认识的终极目的不是占有知识，而是在面向真实问题的实践过程中发现知识、运用知识、创新知识，同时近年来个人知识、缄默知识、主观知识、实践知识、策略性知识与情境性知识越来越受到重视，这些知识都与实践活动密切相关。认识论的深入研究也为实践活动开辟了新的道路，元认知、反省性思维、综合性思维等由实践孕育、与实践相通的思维能力和方法越来越受到关注。实践活动的兴起更是源于现实生活中，学生只埋头于书本知识，缺乏社会实践，表现出对公共事物态度冷漠、参与度低的社会问题。于是，20 世纪 90 年代重新掀起了加强教育活动改革的新热潮，各国纷纷出台教育政策，开发多种教育模式，“以问题为中心的学习”（Question-based Learning）、“项目学习”（Project Learning）、“服务性学习”（Service Learning）、“社会科学”（Social Studies）、“科学、技术、工程和数学”（Science，Technology，Engineering，Mathematics，即 STEM）等如雨后春笋般出现。

我国的课程结构长期以来一直以学科知识为中心，强调逻辑严密的知识体系教育，在一定程度上存在忽视教育实践活动的问题。这种课程设置基本上是单一、封闭的课堂教学，重视记忆灌输的接受式学习，轻视学生的体验和动手等学习方式，学生很少走出校园亲身观察社会、体验生活、探索实际问题。特别是在应试教育体制下，学校不愿开展实践活动，认为耗时耗力，却不会带来分数的增加。被动接受的知识教学模式，否定了教师和学生的主体性和创造性，造成师生缺乏参与社会公共生活的意识与能力，学校教育在一定程度上存在理论与实践、知与行相脱节的问题。

针对传统教育的弊端，20 世纪 90 年代后期，我国开启了社会实践活动方面的一系列改革。1999 年，第三次全国教育工作会议提出“素质教育”的方针——“要全面推进以培养创新精神和实践能力为核心的素质教育”。在这一思想的指导下，教育部重新调整了课程计划，修订了九年义务教育教学大纲，并在随后下发的《全日制普通高级中学课程设置及其说明》中，明确要求开设“综合实践活动课”和“研究性学习”课程。2001 年 7 月，教育部颁布了《基础教育课程改革纲要(试行)》，对“综合实践活动课程”与“研究性学习”

① ［英］麦克·扬著，谢维和等译：《未来的课程》，上海，华东师范大学出版社，2003 年版，第 34 页。

做出了明确而具体的规定：作为必修课，从小学至高中设置综合实践活动课程，内容主要包括信息技术教育、研究性学习、社区服务与社会实践，以及劳动与技术教育。自此，社会实践活动在基础教育领域进入实质性的推行阶段。纲要启动了国家第八次基础教育课程改革，其后的几年间相继颁布了各学科的课程标准，并重新修订了教材。这次课标和教材的编写思路与以往强调学科知识体系教育的理念不同，鼓励学生们在生活实践中学习，这一点在课程名称上有明确的体现，比如思想政治学科的《经济生活》《政治生活》《文化生活》和《生活与哲学》，在教学内容中也设置了很多有益的教学实践活动，在每一个单元的最后，专门撰写了“研究性学习”的活动建议。

2010 年教育部出台了《国家中长期教育改革和发展规划纲要（2010—2020 年)》。纲要从“育人为本”“知行合一”的高度强调了实践教育的价值，要“丰富社会实践，着力提高学生的学习能力、实践能力、创新能力，学会动手动脑，学会生存生活，学会做人做事……给学生留下了解社会、深入思考、动手实践的时间。”纲要同时提出要充分利用社会教育资源，加强学生社团活动、公益活动、社区服务、志愿服务等校内外活动。

2013 年起，教育部启动了新一轮课标修订工作，“核心素养”是本次课标的核心概念。“核心素养”力求在尝试回答，在信息时代、知识经济、多元文化的新世纪到来之际，教育到底要培养什么样的人。OECD、美国、芬兰、澳大利亚、日本等都不约而同地在“核心素养”的界定中加入了实践活动的维度。日本在国家课程标准《学习指导要领》中提出了三个基本能力目标（基础力、思考力、实践力），居于最高地位和具有统摄力的是“实践力”——“在日常生活、社会、环境中发现问题，并运用自己掌握的知识寻找出对自己、社会共同体、社会有价值的解决方法，然后将这种解决方法告诉给社会，与他人共同协商讨论这种解决方法，通过这种方式认识到他人与社会的重要性。”在我国刚刚颁布的中国学生九大核心素养，以及新课标对“核心素养”的阐释中，都可以看到鲜明的实践取向。“核心素养”是个体在面对复杂的、不确定的现实生活情境时，能够综合运用特定学习方式下所孕育出来的（跨）学科观念、思维模式和探究技能，以及结构化的（跨）学科知识和技能，分析情境、提出问题、解决问题、交流结果过程中表现出来的综合性品质。比如，地理学科将“地理实践力”作为学科的四大核心素养之一；化学学科专门将“实践探究”“绿色应用”等实践性倾向的素养提炼出来；生物学科的三大课程理念之一就是“教学过程重实践”；政治学科的突出特点是“内容活动化，活动内容化”，提出活动型学科课程建设。实践活动是培养“核心素养”

的重要途径。素养是一个包含知识、能力、态度、价值观的综合性概念。实践问题具有复杂的综合性，涉及多个方面、多种因素，需要对其进行多重维度的思考和灵活运用多种方法去解决，实践本身丰富、多维、全面的综合性能够培养学生的综合性素养。因此，新课标围绕教学内容，专门撰写了形式活泼、丰富多彩、具有可操作性的教学活动建议。新的课程不再是一种静态的学科知识课程，而是一种探究的、动态的，以合作、参与、交往、探究为特征的实践活动课程。

面对国际改革浪潮和我国新一轮课程改革的需要，社会实践活动已成为这个时代的教育所无法回避的课题，但是通过文献综述和教学实际调研发现这方面的研究还亟待深入。

第一，在理论研究方面，自 20 世纪 90 年代提出素质教育改革的目标之后，“总体说来，教育学界有关教育实践自身的认识尚显单薄，有待于进一步深化……尝试促进解决近十几年来相关学术讨论，即使不说倒退，至少并无多大长进。”① 对国外的研究基本停留于杜威的“做中学”、施瓦布的“发现学习”、奥苏贝尔的“有意义的学习”和探究性学习基本理论的介绍，研究相对宏观、表层，不能深入到如何开展操作的具体问题，同时没有跟进国外在教学大纲、教学方式和教育评价中关于实践活动研究的最新成果。国内方面，在主体性教育、生活教育，师生关系、陶行知的教育观中有一些关于教学活动的零散研究，但是专著很少。

第二，实践方面，现有研究相对空泛而浅显。关于某个地区或某个学校的实践经验介绍，多是描述性或说明性的，停留于做法和成果展示，缺少由实践活动引发的理性分析和深度反思。对社会实践活动如何组织实施、存在哪些问题、如何评价等方面的研究较少。国外实践经验的介绍，如英国的实践课程、芬兰的科技实验活动、美国“服务学习”等大多是直接翻译过来，缺乏结合国情的转化吸收。

第三，理论研究与实践研究存在脱节的现象。产生这个问题的重要原因之一在于，教育理论研究者和教育实践者在研究内容、研究方式和研究任务上的分裂。石中英教授发现了这个悖论，一方面，理论研究者由于缺乏真正的教育实践，只能进行一般性的理论阐述，由于“自身身处实践之外，与实践本身保持着必要的时间、空间乃至情感上的距离，要恰如其分地谈论实践，实属不易。尤其是当理论工作者张口谈论实践的时候，实践本身立即被符号

① 石中英：《论教育实践的逻辑》，载《教育研究》，2006 年第 1 期，第 3 页。

化、客观化、对象化。‘话语中的实践’已非‘实践着的实践’。”① 如何克服教育理论工作者，由于“远望”所导致“实践”话语的空洞化、符号化是一个难题。另一方面，教育实践者，作为实践活动的亲身参与者和组织者，有着丰富的实践感受和经验，但也因为置身其中，埋头“实践着实践”，或专注于诸多的细节、组织和策略等具体问题，很难跳出来，站在上位的视角，驻足思考、反躬自省，即把实践作为一种理论研究的课题对待。于是，两种身份、两种研究相互脱节、彼此分置。

这些问题构成了本书进一步研究的空间，形成了本书独特的研究方式。越是分裂，越需要穿越彼此的对话，本书试图在理论研究与实践研究的矛盾张力中，探索一条二者相互结合、相互促进的道路。一方面，本书以“活动”开篇，每一项研究主题都从实践活动切入。教育是一个典型的实践场域，实践是第一性的，教育应该遵循实践的逻辑，受实际的、历史的、现实的诸多因素的影响，仅凭“专家”的理论模式，问题往往不能得到有效的解决，理论的宏观性、技术的普遍性难以应付实践问题的具体性、情境性和复杂性。美国历史上结构课程运动的失败，正是因为过于强调专家的主导，而将了解实际情况的实践者教师排斥在外。实践在根本上是实践者的实践，因此，本书不是将抽象的概念转化为实践的议题，而是直接面向教育实践开展理论研究，使所有的理论分析都基于具体活动。这些活动都来自于教学一线，是调查了近百位中学教师和教研员，与他们交谈讨论，并深入到他们开展的教育活动中获取的成果。

另一方面，本书力求挖掘教学活动背后的理论意义与规律。教育实践不是简单的、纯粹的行为主义，不是操作层面上的“技”，而是一种闪耀着智慧光芒的活动，它最终应该在主体理性自觉的基础上形成一种实践智慧。所以，本书力求通过严肃的检视和理性的反思，超越感性的“临床经验”，达到对活动本身深层意义的揭示。1904 年杜威在《教育中理论与实践的关系》一文中说：“真正把握事实的教师，其个人的态度将会受到改变。他会关注那些过去未曾有的观察，能解释那些原先混乱和遭误解的事实。这些知识和认知，将使他的教学更具卓识，更富弹性，更能应对实践中的具体问题。”② 在这种意义上说，理性思考和审视有着巨大的价值，我们不是想用概念和教条来告诫或规训师生应该如何行事，而是帮助他们从自己所经历的杂乱的、零散的教

① 石中英：《论教育实践的逻辑》，载《教育研究》，2006 年第 1 期，第 3 页。

② Dewey，J. The Source of Science of Education-Live right Publishing Corp，1929，p. 20.

育事实片段中有所概括、有所领悟、有所超越。所以，在每个活动的“叙事”之后，都会由现象介绍进入本质性分析，由“行动开展”形成一些“理论自觉”，使实践通过理论的反思和检视有所改进，达到罗蒂所说的“更完善”(Fuller)，使理论与实践在一个无限敞开的场域中，相互生成、相互融通、相互建构，达到王国维先生所说的“入乎其内，故有生气，出乎其外，故有高致”的境界。

本书的主要内容共有八篇。每篇都有一个相对独立的主题，主题代表着活动的类别。这些主题是我们根据教育实践的需要和存在的突出问题精心选择的，它们都有各自的典型性和代表性。而且这些活动中的大部分并不需要现代化的设备，也没有过于烦琐的程序，收效却很好，哪怕是郊区和山沟沟里的学校也可以开展，具有可示范、可仿效、可推广的价值。比如，《100人15年》的心灵对话，以朴实无华的方式告诉老师们如何开展反映教育本质的深入灵魂的教育活动；《“面点”总动员》揭示了现代社会中饮食教育活动的重要性，展开了一幅鲜活有趣、别开生面的食育场景；《以校史育人　树崇德之风》《话题整合　探究生成》通过百年老校北京市三十一中和现代化的十一学校的事例，揭示如何结合学校和师生特色开发校本活动课程；通过一六一中学丰富多彩的研学课，介绍以发现问题和解决问题为中心的研究性学习的有效开展；《行走的智慧》是通过北京四中初一学生的农村生活水平调查，讲述社会调查类实践活动的组织开展；《意见领袖》是课堂模拟活动的代表，它展现了如何把课内知识的宏大叙事转化为学生亲身体验性活动的学习方式；《品游故宫　鉴赏文化》研究了“参观”“游学”类型社会实践活动；《经典阅读》引导学生不仅要走出去参与社会实践，还要站在他人的肩膀上去读“有字的书”，在阅读中思考、汲取人类文明成果……这些活动从不同角度、不同方面，展现了教育活动丰富多彩的图景，希望能够开阔大家的视野，帮助师生们了解不同类别的教学活动的特点，以便根据教育内容和主题的实际需要，选择适当的活动方式。

八个主题虽然相互区别、各有千秋，但它们之间并不是一种散乱的、碎片化的存在，而是有着不可分割的内在联系，有着一条统一的逻辑主线。多种活动的背后，有一条深刻的教育文化血脉将它们贯穿起来，这个“灵魂”“主线”就是“实践育人”的教育理念。马克思指出，人是实践的人，实践是人生存、发展和活动的基本方式，人在实践中认识世界、改造世界，也改造自己、发展自己、创造自己。因此，实践活动不是教育的一个环节或补充，教育作为“使人成为人的事业”，必然要体现人的实践本性。也正是基于这样的原因，可以说现代教育从“书斋里的理论”到“社会实践”的转向，实际上是教育的本质、人的本质的复归。八个主题活动都围绕“实践育人”的立意展开，是“实践育人”在不同领域、不同方面的具体表现。这条主线使各个活动、不同的方法可以灵活转换、相互融合、共同丰富，在多法共用、多途通达中形成一种互动联合的整体系统。

在八个主题内部，大体包括三部分内容：1. 一线教师关于活动组织实施的具体介绍。本书中的“活动部分”均由开展活动的教师本人亲自撰写，展现了他们的原创性，具有可观可感、原汁原味的特点，记录了活动开展的原因、活动要达到的目的、组织实施的步骤、过程中遇到的问题、最初的实践意图如何被不断地修正和改变、活动又如何影响改造了学生的认知和经验，活动的时间（长期、短期、课时）、空间（校内、校外、田间、企业、社区等）、方式（个体还是小组合作；参观、调查、动手实验、撰写论文等）……将这些具体问题尽可能清晰地呈现出来，为广大教师们提供可操作性、可仿效性的具体指导。2. 学生的活动成果。教育不是单向度的活动，任何教育实践都不能忽视受教育者的维度。在这部分内容中，我们可以看到来自学生群体的真实、生动、鲜活的活动反馈，看到他们在活动中的行为表现、活动给他们带来的可喜的变化，也倾听他们对活动的改进建议和意见。3. 教育研究者对活动的点评、引申和拓展。例举的活动是典型性的个案，教育研究者的分析在于通过解剖麻雀，由个别窥见一般，增强活动的可推广性。同时，由教学活动的现象揭示背后的理论旨趣，澄明、总结活动背后的教育理念和规律，将活动研究推向深入。

非常感谢参与本书撰写的几十位研究者与实践者的努力，大家怀揣着教育理想、满载着教育情怀，努力把自己的经验、思考和收获挖掘、总结出来，与大家分享。希望本书对教育实践活动的勾勒，能够使教师和同学们对我们时代的教育、我们前行的方向和我们今天所作所为的意义的理解有所增进。

石　芳

2016 年 8 月 23 日

第一篇　对话教育

100 人 15 年

高　健　北京市西城外国语学校

2000 年世界心理学大会在瑞典召开，中国第一次派代表团出席这次盛会，专家们一进大厅就看到大屏幕上播放着很久以前的录像，那是金巴多教授多年前记录的一些孩子做延迟满足的实验，后面是这些孩子长大成人后的画面。经历岁月的沉淀，教育给孩子们留下了很多，也改变了很多，这件事震撼也启发了我——播下一粒希望的种子，等待它生根、发芽是一件多么美妙的事。

2000 年时我教初一，当时的课本有“塑造良好性格”这一课。我布置学生每人制作了一份手抄报，题目是“我的性格”。当时收到一百多份作业，有的俏皮有趣，活灵活现地描述了自己的性格、兴趣和爱好，有的给自己绘制了一幅生动的自画像，有的从内心严肃地思索自我，发现自己的多个侧面……每一份作品都自性流露，性格特点跃然纸上。看着这些真实、丰富、个性化的作业，我有一种冲动，特别想知道这样那样的孩子，长大之后会是什么样子，到底性格在人生发展中起着怎样的作用。于是这一百多份作业，我就一直留着，仿佛这一百多个孩子静静地陪伴着我 15 个寒暑……

2015 年年底的一天，我打开这些尘封的扉页，细细地阅读，思绪一下子回到 15 年前，不知道他们现在怎么样了，人生一路走来是否安好，那个调皮的孩子，现在已经踏踏实实地工作和生活了吧？那个热爱绘画的孩子，是否从事了自己喜欢的职业？亦如15年前的憧憬，我的内心泛起波澜，脑海中浮现出金巴多教授录像中孩子长大后的画面。我可以把这些作业发还给他们吗？看看岁月带给他们怎样的变化？在即将步入而立之年时，回望自己儿时的经历、心情和状态时，不知他们会有什么感悟？于是，我尝试把这些作业发回给同学们，“还记得吗？这是15年前的你。如果愿意，再请交回一份‘现在的你’给我，让我能够看到多年后的成长和变化。”

15年，一段不短的时间，可能很多同学会联系不上吧，所以我没有抱太大希望，也不知道自己的举动能够收获什么，但是内心还是潜藏着暗暗的“期待”……出乎我的意料，一份份作业陆陆续续地交了回来，有的发来自己的工作照，有的照片上抱着自己的孩子或牵着爱人，有的娓娓道来自己十几年的人生经历，有的真实描述了自己的心境状态……我在照片上辨认着他们的面孔，体会着他们背后的人生，抑制不住自己激动、兴奋的心情。

下面通过几份“作业”的分享，和大家共同探索教育的过程与收获。

美丽的“蜕变”

第一份收到的作业，让我有些惊异，满满的7页纸，第一句话就深深吸引了我的注意，“我们常说要远离33%(负能量人群)，但若我们出生在这样的家庭，该怎么办?”

俄国批判现实主义作家列夫·托尔斯泰曾说过：幸福的家庭都一样，不幸福的却各有各的不幸。自从我听到这句话，很神奇地就刻在了我心里。记不住古诗词，记不住数学公式，这样的话，类似的话，我却总能记住。就像接受伟大先人的感召，这些在同龄人和他们父母的眼中只能为作文加分的名人名言，对我来讲意义非凡，他们给我启迪，给我答案。

很小的时候，我就知道自己和别人不一样。我是在暴力的语言环境中长大，在封闭的环境中长大。在这样的家庭中，孩子会无意识地学会冷暴力，变得与世隔绝，情绪低沉抑郁，行为极端或古怪，更与“自信”毫无关系，未来仿佛随时会结束。我知道，这就是我的路。要么沉沦，要么奋之一生与其战斗！又或者掌控死亡，选择一个时间，主动死去。

她的文字引起了我的共鸣，我也是生活在33%家庭的孩子！一样的环境，让我能够与她感同身受。我有些后悔和自责，15年前如果我知道她的境遇，可以给她更多的关爱和慰藉！还好，15年后这作业因缘际会似的，让师生的生命再次交汇，让我有机会可以持续这种生命的关怀和关注；还好，这15年她依靠自己顽强的努力获得了“重生”。

老师，您能想象么？从 2006 年 9 月我上大学，到现在 2015 年 12 月，一共 9 年 3 个月。我的转变。我为自己感到自豪。

我有两句名言：

1. 不停止学习，不放弃希望。

2. 一条路，走通了，就是你的路。

我的奋斗从未停止，我在心中一直守护着名为“希望”的火种。

“成长”的力量

15 年前的我

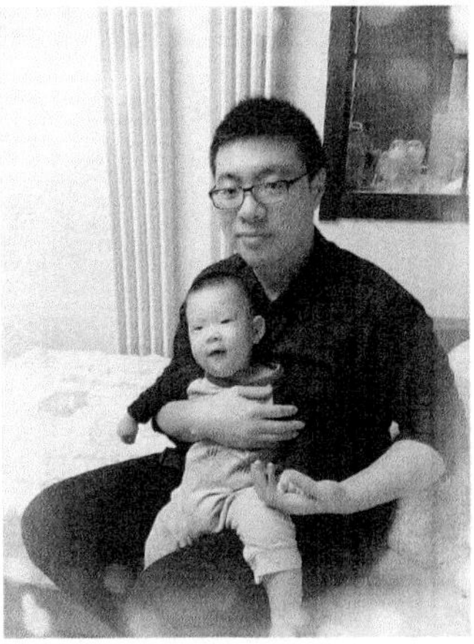

15 年后的我

15 年前我是 BFLS 初一 2 班的一名学生，如今的我已成为一名人民警察，就职于公安部第一研究所。15 年，我总结出的人生哲理就是：做人和做事都需要一步一个脚印，踏踏实实地去努力，付出终将有回报！

我至今还记得那眼神。而今照片中已找不到。15 年后，多了一些人情世故，少了一些青涩；多了一份担当，少了一份缥缈；这其间，有失败的痛苦，努力的艰辛，也收获了生命的喜悦。

听人说过：“师生，关系先于教学。”一定在往昔的岁月中，师生是相互喜欢的，今天才能成为礼物。这需要付出的是持久的努力，我们被不断打磨、淘洗，唯有坚持和执着，才能从这黄连中嚼出甜味。

傻傻的“曾经”

傻傻的曾经

面向未来

看了15年前自己笔下的“我的性格”，第一反应是，晕过去，被自己傻死了。

平静一会儿之后，虽然还是羞于给别人看，但开始觉得庆幸，有趣，初中时的“作品”保存下来也难能可贵，开始真心稀罕了起来。

不管怎么，谁没有过傻傻的曾经呢，把小时候的傻事都归类为可爱，就可以继续与自己和平相处了。

现在的我是一名在国外漂泊着的博士，专业的名字叫作生物医学工程。15年前上高老师的政治课，课堂内容已经模糊了，回想起来只感觉满载着人文情怀。那时候我们还在私下窃笑高老师把我的口头禅“梦呢”解读为蒙娜丽莎。谁曾想到15年后，高老师还保存着我们当年的作业，让我们看看自己到底长大了多少，回忆起发生了多少的不期而遇，每一个不经意引发了多大的人生效应。

15年，我和学生们都发生了很多变化，毕业、工作、结婚、生子，岁月改变我们的同时，也守护了一些永恒不变的东西，那“傻傻的曾经”。我们面对的是最美好的人，他们拥有的纯真、诚实、自然、善良，希望永远不要改变。15年转瞬即逝，15年间学生对社会有了更深的认知。步入社会之后总会有各种压力伴随左右，生活中总会面临各种选择，也会遇到不同的困难与压力，这是个体社会化进程中必经的道路。学生们带着梦想和希望，在个人与社会的关系中不断探索，寻求个人的成功，促进社会的发展。我期待下一个15年，看他们又长大了多少？成熟了多少？相信学校包容、博大的精神会激励孩子们，用一种乐观向上的态度去拥抱生命。

学生的作业也启示我们要做一个幸福的人。我们从事的工作不仅是为社会、为学生的发展，也是为了自己的存在和人生的价值。用心地从那平凡和琐细中去体会人生的乐趣，体会学生给我们带来的人生的丰富和幸福。如果一个家长能看到一个孩子15年的人生，作为老师能看到100个、1000个孩子15年的人生，我们的生命也就有了150年、1500年的扩展和延续。

跨越15年的心灵对话

石　芳　北京教育考试院

“100人15年”的活动没有现代化的视频展示、没有纷繁复杂的程序步骤、没有说学逗唱的生动表演，甚至没有直接面对面的交谈，但是这份无法用分数来评价的作业在各种花枝招展、眼花缭乱的教育活动中，以质朴的方式表达出的生命感受，让人感受到直戳内心的锐利与震撼，引发我们反思教育一直以来探索的几个基本问题。

一、教育即生命——关于教育的本质

在大力倡导活动课程的今天，各种五花八门的活动迷乱了我们的双眼，新鲜刺激的参观走访、科技炫酷的实验探究、贴近生活的实地考察、创意十足的学生设计……教育鼓励学生努力地向外拓展，探求外部世界的规律，着力于人的科学认知的深入、实验操作技能的增进，但是在“走出去”“动起来”“科学理性”的图景下，也潜藏着一种危险——忽视了对人的内心世界的关注，遗忘了人本身的存在。教育本真的价值是什么？舍勒认为所有的哲学问题都可以归结为：“致力于勘定‘人’的本质及其存在。”①康德说：“教育是使人成为人的事业。”教育的根本原则在于通过文化导向人的灵魂的觉醒，帮助生命的正常发展。

教育自诞生起就是为了人而存在的，从词源学来看，教育具有“引出(Lead)”、“抚育(Bring up)”和“养育(Rear)”人的意思。也正是在这个意义上，教育也被称作“教化”，教化超越了知识、技能，通向一种更高的境界——智慧、自觉、超越的生命境界。“文化”的根本使命也不是人类文明的传递，而是“以文化人”，通过文化形成人、发展人、培育人。人是目的，文是手段；人是主题，文表达人的自我确立、形成和发展。教育是要从人的生命深处唤起主体的创造力、生命力和价值感，把人的生命本质彰显出来。活动、知识、技能只是工具和手段，科技社会单向度的知识人、技术人并不是教育的目的，人性的关怀、心灵的丰盈、人格的健全才是教育唯一的终极目标。

① ［德］马克斯·舍勒著，刘小枫译：《舍勒选集(下册)》，上海，上海三联书店，1999年版，第1281页。

“100 人 15 年”抓住了教育的内核，将视角从外部转向人自身，正如学生们写的：

·作业一如 15 年前直至内心，它让我检视自己、思索自己、规划自己。“思考自己”是个触及灵魂的过程，不经意间引发了多大的人生效应。

·收到一张照片，赫然是自己 15 年前的自我介绍，老师说要再交一篇作业，更像是一个审视自己的机会。15 年后，说些什么？想说些什么？很久几乎未曾沉下心来看看自己走过的路。

人与宇宙万物的不同之处，在于人具有精神世界，认识自己是人作为精神存在物的内在关照。马克思说，人能“使自己的生命活动本身变成自己意志和意识的对象”，如果不能认识自我，一切生存将会陷入盲目。智慧的生命就是对人的行为、思想，以及相关的环境、事物和现象进行反思、探究，从而使人生更加明晰、正确、健康和完满。①

·我是一个有点幼稚的学生。我渴望新鲜事物，又不舍抛弃旧事物。于是满屋到处是小学的纪念品。

·我的性格如此多变！到现在我也无法确定我是外向还是内向。我能说能笑，敢打敢闹，但也享受孤独，有时不爱说话，有时又疯得让人难以忍受，全凭着情绪走。

·随着时间的流逝，我的个性不强了，喜欢听别人的。最喜欢和诚实善良的人交朋友，最不爱虚伪的人。

·我目前在一家美资咨询公司做翻译。15 年前，这是我最不想从事的行当之一。我不愿意重复别人说的话，我不想按别人说的定式思维发展，但又年轻到远没有考虑过什么职业规划。

我的性格内向还是外向？我的长处、弱项是什么？我喜欢和什么样的人交朋友？我最感兴趣的和讨厌的？我渴望什么、欣赏什么、忧虑什么？我想成为什么？如何才能完善自己？我对我的状态是否满意？这些追问，促使学生们研究自己、思考自己，对自己咀嚼、回味、深思，渐渐地被遮蔽的、模糊的自我显现出来。自我意识包括我的感觉、情绪、自我概念、自我观察、自我分析、自我评价等多层心理系统，也涉及自我与他人、社会等周围世界的多重关系。清晰的自我意识能够发展人的理性，增进社会化程度，通向真善美的思考，确立起严肃地对待生命的意识，这正是教育“成人”的深切意义。

① 刘济良、岳龙：《关注生命：教育的本真》，载《南都学坛(哲学社会科学版)》，2001 年第 1 期，第 102 页。

所以，黑格尔说人的自我意识的确立是一个伟大的启蒙，它让人从无知的蒙昧状态走出来。

二、教育即生长——关于教育的过程

生命是一个在与环境交互作用中持续生长的过程，是一段在过去、现在、未来的时间中不断超越的历程。

（一）自我的延伸——个体、群体、类

每个生命都是一个独立的存在，但是如果仅在个体独特性的意义上理解教育"成人"的作用，就窄化了教育的内涵与意义。个体只是"人"的一个方面，"人"具有个体、群体和类三个层面，人的生命是在个体、群体和类的三重维度上同时展开的，人在三位一体的系统中发展和确证自己。马克思把有生命的个体的存在看成是人类历史的第一个前提，这个个体是现实可感的、独立的人。人的群体维度介乎于个体和类之间，小到家庭、邻里、班级、单位，大到阶级、政党、民族、国家。群体具有直接的社会性，规定着个体的存在。同时，"人是类存在物"①，类主体是人的最高的社会形态，是作为人类的总体性、普遍性和共同性。同学们的"自我描述"，充分体现了"人是一个特殊的个体，并且正是他的特殊性，使他成为一个个体，成为一个现实的、单个的社会存在物。同样的他也是总体，作为人的生命表现的总体而存在。"②

15 年前：

·我的性格比较内向，朋友较少，我喜欢一个人静静地喝着咖啡仰望星空，或者在雨季时撑伞漫步在雨雾中。听雨滴敲打地面的声音，看雨滴泛起的水花，没有第二个人打扰，这感觉美妙极了。

·我的好朋友还算比较多，我比较爱交与我性格差不多的人，或者能与我互帮互助的人。比如说我与我的好朋友小段，原来我们俩是同桌，她比我英语好，我比她数学好，从此我们长久一起互帮互助，成为形影不离的好朋友。

·我是班上的英语课代表，经常帮老师搬作业，或带领全班晨读，我非常喜欢这项工作，它让我感受到我是集体中的一员，享受为集体做事的快乐。

15 年后：

·现在的我依然有很多朋友，念旧的我依然会和儿时的伙伴联络，也结交了工作和生活上的挚友。在报社做活动策划工作的原因，我还会与世界各

① 《马克思恩格斯选集》第 1 卷，北京，人民出版社，2012 年版，第 45 页。

② 《马克思恩格斯全集》第 42 卷，北京，人民出版社，1979 年版，第 123 页。

地的“歪果儿”成为朋友，带他们来中国采风，让他们体验最正宗的中国文化。

·很久几乎未曾沉下心来看看自己走过的路。渐知自己欲望纷杂，能力有限，矫情无用，不如从做出来的事情中找到自信和价值。感激一天天接触世上更多的人世景物，一天天努力吸收万物讯息的自己。

·15 年后，磕磕绊绊跨过临床医学各种技能养成之路，成为一名麻醉医生，一个巨大的理想与填报高考志愿时相同——为了减轻世间痛苦，安慰需要被安慰的人，窥探绚烂生命运作之奥秘，领悟生老病死之全貌。以大量的时间、心智和每一天的惶恐挑战迎来学习和工作的机会，从飘忽的幻想成为实在的生活工作理想，我想应该感激命运，并珍惜。

通过上面的描述，我们看到个体不是孤立地面对客观世界，“共在”是人的存在的基本状态。“共在”使“他者”“群体”成为一面“镜子”，依据这面“镜子”，我来认识自我、反思自我，并完善自我、实现自我，获得自身的规定性。我从好朋友的身上，以及我对朋友应该具备的品质上，认知、考量自己珍惜的品格，也通过主体间的互动交往，实现他者对自我的丰富、发展和充实。马克思说过，彼得和保罗正是通过彼此交往的“镜子”，通过对方的存在来反映自己的。自我意识看似是纯粹个人的事情，但它并不是一个人遁世、埋头苦思的结果，而是在自我与他人、社会的交往中，通过确信他人确信自己，从他人身上反思自我，从自我审视他人的过程中形成自己，正是在这个意义上个人的主体性被看成是一项“社会的成就”。“群体”和“类”使人由“实体性的存在”(自然性)成为一种“关系性的存在”(社会性)。

教育是个体社会化的进程，是探寻三重自我辩证统一的过程。在无限开放的社会环境里，在与“群”“类”的连接中，在由单数的“我”走向复数的“我们”的过程中，个体逐渐扩展和延伸，不断克服自身的狭隘与片面，视野更加开阔，心灵不断提升，行为越来越接近普遍的标准，通向深邃、博大与厚重，进入了社会整体的宏大境界，实现了人的个体性与社会性的统一，达到孔子所说的“从心不逾矩”的状态，形成“为了减轻世间痛苦，安慰需要被安慰的人，窥探绚烂生命运作之奥秘，领悟生老病死之全貌”的理想。“个体的发展把一般的、特殊的、单一的全部丰富性结合在自身之中，社会整体也在个体身上产生出种种特定表现，个体因此成为一个特定的整体。”这种教育过程是人不断修为的过程，是人格走向完善的过程，是整全的人培育过程。

(二)人的历时性——阶段教育与终身教育

对教育与人的生命关系的考察，不是静态的。生命是一个历时性的存在，是“时间”之中的存在，生命哲学家伯格森把时间作为构成生命的本质要素。

教育对生命的探讨必须秉持历史唯物主义的思维。学校教育只是人的生长过程的一个阶段，完整的教育是一个持续一生的过程，贯穿于个体生命的始终。15 年超越了学校教育阶段，延伸至孩子步入社会之后，后面还会有下一个 15 年，生活不断向前发展，以“成人”为目的的教育就持续地发挥作用。教育不是各阶段“分立”的“碎片”，而是一个关联性、系统性的整体结构，一个生活阶段与另一个生活阶段相互连接、延续演化。15 年的跨越在终身教育的思想下，在过去、现在和未来的衔接中，在整体性思维下，俯视学校教育的局部，这种视角帮助教育者透过岁月的历程，领悟时间流逝中的应该达成的动态的生长，促成学生某些积极的变化。同时，也在变动中明晰需要凝固与保存的教育真谛，抓住一些教育应该留给人的恒久不变的东西。

1. 生长的“变奏”

12 岁的我

15 年，我们看到一种时间的逻辑，历史的演进，在时间流变中的人生发展的过程。现在的她最喜欢吃的东西已经不是巧克力和冰激凌了，最喜欢的饮料也不是柠檬茶和橙汁，最喜欢的衣着不再是牛仔裤，而是时尚美丽的衣裙，卡通片随着年龄的增长已不再喜欢，当年痴迷的歌星、电影随着时间的推移不断更新。现代社会最大的特点就是流动、变异，口味、衣着、喜好、时尚会花样翻新，生活表象的感官层面常常变化迅速。在可观察的自我变化的背后，我们可以捕捉到人的性格深处潜藏的一种深稳的“改变”——一种“成熟”，一种“矫正”，一种“完善”。

15 年，如此地前后呼应！活泼开朗、有些躁动的孩子，依旧阳光，“但已并不是当初的鲁莽和任性，可以掌握分寸和辨别是非”“增添了一份坚强、独立和淡然”。有些贪玩，不够刻苦，缺乏踏实坚韧意志的孩子，15 年后工作的磨砺和身为人父的责任，让他明白“艰辛努力的重要”，懂得“付出才有回报”，做人和做事都需要踏踏实实、一步一个脚印。负能量的环境孕育着改变现状的“希望”的火种。生活在 33％家庭里的孩子，在“要么沉沦中死去，要么奋斗中重生”的挣扎中，冲破了“冷暴力”“与世隔绝”“低沉抑郁”“与自信绝缘”的包围，从脆弱无助，变得倔强坚强，走通了属于自己的路。

杜威指出：“生长是改善和进步的过程，而不是静止的成果和结局……向着应该后来的结果，逐渐往前发展的运动就是生长的意义。”①舍勒给人的定义是，人是超越的意向和姿态，人是一个不断开放、不断生成的 X。人以现实生活为基础，但更具有一种批判和超越的维度。人不满足于当下，始终渴望打破此时、此地、如此存在的状态，去不断追求、努力创造、生成一种可能的完满生活。因此，人“是其所不是”，又“不是其所是”，“是”与“不是”的转化是生命不断否定自我，超越自我，创造自我的过程，是“确定”与“可能”、“当下”与“超越”之间螺旋上升的辩证发展。人在追求完善和完满的生活中不断赋予自我新的规定性，挖掘自我新的可能性，按照理想的形象设计自己。于是，15 年的成长历程就像一棵树在萌发、在舒枝散叶、在努力地生长。

既然生长是一个不间断的过程，教育就不应因为学生的毕业而中断。“教育不是一个在离校后可以带回家的成品”，而是持续不断的经验改造的过程。“学校教育的目的在于通过组织保证生长的各种力量，以保证教育得以继续进行。使人们乐于从生活本身学习，并乐于把生活条件造成一种境界，使人人在生活过程中学习，这就是学校教育的最好的产物。”②因此，学校教育是为学生一生的生长奠定基础，为其不断超越提供源源不断的动力，使他们具有不断追求自我完善的意识和自我生长的能力。

---

① ［美］杜威著，赵祥麟、王承绪编译：《杜威教育论著选》，上海，华东师范大学出版社，1981 年版，第 248 页。

② ［美］杜威著，王承绪译：《民主主义与教育》，北京，人民教育出版社，2001 年版，第 60 页。

2. 变奏中的“不变”

15 年有太多的改变，但是 15 年也看到历史延续中不变的、恒定的东西，而且恰恰是这些持久的稳定性作为内在的逻辑和本质，促成着人生的转变，产生出新的创造。人们总说“只有变化是永恒的”，然而当我看到自己 15 年前的文字时，却意外发现很多东西永远不会改变，而正是那份“不变”成就了现在的我。延续 15 年深厚的同学友谊、师生之间的心灵沟通、学校留给他们的阳光、快乐、向上的文化精神……这些经得起时间洗礼、淘沙之后，留下来的不变的东西是教育弥足珍贵的财富，构成教育坚实的基础。

·现在的我依然细心，作为一名小医生，工作中如履薄冰、如临深渊。15 年来，逐渐成长，不忘初心；15 年来，偶遇挫折，不变笑容，感谢母校造就了我 sunny girl 的性格。感谢老师们教导我要 love，share，enjoy 所有的美好和不可知的现实。

·曾经在校园中，我是一个活泼开朗的女生，15 年后，行走于社会，我依然阳光灿烂；曾经在课下，我喜欢写日记，15 年后，我偶尔还会听听自己内心的声音；曾经的我喜欢打篮球，现在的我，在繁忙的工作之余依然坚持健身；曾经的我喜欢美术，现在的我，依然关注艺术；曾经父母带我饱览祖国大好河山，现在的我励志看到更大的世界……曾经的学校教我刻苦学习英语，现在的我就职于某外企，与世界不同地方的人交流；曾经的老师教我做 PPT、要求我演讲，现在的我可以独立完成课件、给他人授课或者做 Presentation。

回望过去，此时的我已不再简单的是一名中学生，我是一名公司经理、注册会计师、女儿、妻子，未来我可能还会成为母亲。我在不断地坚守中成长，希望你们也是！成为心中的自己！加油！

15 年，身份的变化、环境的改变、遇见了更多的人、闯荡了更大的世界，不管事业是否成功、状态是否满意，我们都在两张作业中找到了太多的一致。爱好依旧，本性难移，各种在乎的、不在乎的……历史不会无逻辑地任意妄为，偶然中充满着必然，成长中总有一份不变的坚守。杜威说，生长是一种习惯，教育帮助人们养成一种持续一生的习惯，内在地、无形地、持久地发挥着力量。学校传授的知识成为现在职业发展的基础；刻苦学习、积极向上的精神，滋养了孩子的一生；老师们的社会见解和理想，都在内心深处悄无声息地积淀下来，深深烙印在每个人心上，即使离开学校，在没有强迫、没有指令、没有纪律的情况下，也在潜移默化地发挥作用，会不知不觉、自然而然地遵守；love，share，enjoy 等学校的文化精神，已成为一种召唤，一种血脉，流淌在身体里，即使时间流逝，也一以贯之，痴心不改、坚如磐石，成为明确而坚定的精神向导……这些都是教育在人的成长中留下的不变的基因。

三、教育即叙事——关于教育的方式

这个活动还将一种新的教育方法——“教育叙事”，成功地展示给我们。学生娓娓述说个人生活中有意义的事件、经验和行为，分析、反思、发掘、解释隐含在故事背后的思想和心态，具体独特的生活境遇、多姿多彩的事件经历、丰富深刻的感悟随想，使叙事成为一种富有人情味和心灵关怀的教育方法。

进入工业社会以来，教育话语一直执着于科学规范，具有规律性、普遍性、技术性和实证性的特点，相应地，经验世界的境遇性、个体性、多元性、主观性、模糊性被排斥在外，认为日常生活的“家常便饭”不能显现“科学”的光芒。于是科学主义、实证主义也成为人文社会科学领域的主导话语方式。自然科学研究客观事实，探求普遍真理，可以采用实证、技术、概念、原理的“说明”方式，但是人文学科的真、善、美等价值观念，结合不同的境遇会有多元的理解和多重的合理性。教育领域里“人的问题”更为复杂，人既不是一个事物，也不是一个抽象的概念，其经历、情感、体验、行为的丰富性、矛盾性、不确定性，是科学领域的逻辑实证、技术程序和线性因果联系所不能概括和表达的，它需要每个主体在生活中体验感悟，通过心灵的反省、检视来揭示和生成。叙事使我们更加切近教育的“真相”。原汁原味、有血有肉的个人生活史的“元代码”，不加虚构、原生态的教育素材可观、可感、可触。亲身的经历、真实的感受、内心的渴望和诉求，这些思考方式和表达方式十分契合“人”的教育。

普遍性的知识往往以确定性、不容置疑的话语方式进入教育领域，在这样的内容面前，学生很少能够有个人的理解。以个体经验为基础的私人叙事，则有别样的风情，它让生命的人、教育对象作为主体参与进来，他们不再是认知的旁观者和被动的接受者，而是主动的书写者、故事的主角和积极的组织者，在属于我的酸甜苦辣、悲欢离合、五味杂陈的故事中，阐释我的意义、澄明我的观点、建构我的发展、表达我的冲动、畅谈我的梦想。

叙事不是简单地描述故事本身，故事只是载体，目的是表达故事背后深层次的思想、价值和意义。叙事以鲜活的表象和直观的感受出现，但总是趋向从现象到本质，从形而下的东西里搜寻出一种形而上的意义。所以，叙事在本质上不是现象的呈现，而是心理状态、精神家园的表现方式。“专业工作之外，我很喜欢到处游玩，比起宅在家里追剧，更偏爱在地图上画圈。比起闹腾的娱乐场所，我更喜欢充满人情味儿的菜市场、超市、栖息着各种大爷大妈的公园。前前后后在英国献出了十年青春，归来之后虽不会矫情水土不服，长期对鸡汤免疫，提梦想就脸红，对'互联网＋'感到无措。已婚未育父母双全，钱不多事不少但离家很近，最好的朋友还是当年的同桌。我想，我非常的知足。"叙事最让人难以抗拒的不是其活泼的风格和话语兴趣，更多地是蕴藏其中的意味深长。"言于此，意未尽"，在"人"身上有很多用理性、知性无法说明，但的确实实在在能感觉到的缄默的、内隐的东西，很多时候言语未能表达的悠远意境，却可以由某个事件、情节、场景的描述提供教育隐喻的空间，发酵出去，生长出独有的深刻意味。

四、花与叶相遇的美丽——关于教育的情怀

叙事不是一个人的独白，"共鸣能带来救赎"。精心勾勒自我叙事的画卷，目的不仅是为了认识自我，更是希望把自我敞亮给他人，期待与品读它的人展开一场对话、沟通和精神的相遇，渴望他的理解与共情。在行色匆匆的现代社会，为了一份不会给出成绩的作业，去书写创作、贴上最美好的照片，精心设计制作。在习惯于将自己包裹起来的时代，将真实的自我展示出来，甚至包含着自我的矛盾、迷惘、负能量的一面，这不仅需要勇气，更依赖深深的信任。另一边，15 年不离不弃的守望，在浮躁喧嚣的尘世中，默默坚守，静待花开，作业不是出于对对方成长结果的好奇，而是经过时间的积聚而增长的关怀，虽宁静淡然，但汲满温情，其中还有着一份坚定与执着。这场跨越 15 年的对话是穿越或连接"我与你"之间的交流，是双方彼此敞开、坦诚相见、相互接近、理解、倾听、分享、相知，是一场生命的交往，是发自内心的疼爱与呵护。

民主。无论是 15 年前，还是 15 年后的对话，从其"坦诚""深刻"，可以看出老师对学生一贯的尊重、真诚与民主。"高老师是我在初中时期印象非常深刻的老师，亦师亦友、亦正亦邪。为人清新脱俗，有原则却又不受'规矩'束缚，课堂上从未照本宣科，善于发现和挖掘学生的个性与特性。"这让我想起玛丽·帕克·福莱特在 1918 年出版的《新国家》里的分析，她说："有个人曾这样对我说，'我是一个很民主的人，在和一个工人谈话的时候我从头到尾都保持着一种愉悦之态'。可是这怎么能与民主扯上边？民主是对人性的信仰，是对每一个活着的生灵的信仰……民主的支持者不是去低下头来拉别人一把，而是要充分认识到，所有的人必须以各自的才智直面相对，彼此之间

平等交流。”因此，真正的民主不是居高临下的“恩赐”和“施予”，不是地位上的平等，而是在各自的才智上直面相对，是精神、理性层面上的思想开放、自由交流、对真理的共同探寻，是“在倾听中，而不是在评论的视域中，把他人当作他人来相遇”①，是“把自己真诚地投向对方，这种转向不只是身体的转向，更是精神的、心灵的转向”，是“以虚怀若谷的精神平等地看待对方，有一种推诚相见的态度”②，这是一种对人性和生命尊重的教育情怀和教育立场。

关怀。关怀是对话的基础，在这场对话中，师生之间有着深深的关切和爱。“关怀”有两个关键点，一个是共情，一个是专注。“共情”是在情感上深入对方的内心去感受他们的快乐、痛苦、忧虑和悲伤，真心体察他人的需要和境况，进入他们的精神世界，并把自己的理解传递出去与对方共鸣。因此，共情不仅仅是分享，更是将心比心，设身处地地理解和善待他人，就像对于第一份作业，老师的共鸣，“就这样因缘际会似的”“师生的生命多年后再次交汇，一个持续的生命体贴，用心、爱心”。专注是指出于爱，严肃地思考被关怀者的事情。范梅南说：“关注就是关心我们所爱的人，与之分享我们的一切，我们渴望真正了解我们所爱的人。”③15年投注的热情、15年的痴心不改，使关怀已经超越了爱心的传达，在更深的层次上形成一种因爱而生的承担起自身责任的意识和行为，凝结出一种促进对方生命发展的坚定信仰。如韦伯所说的，“价值与意义一样，都不是内在于事物本身的。只有靠我们的信念，靠在通过行动征服或维护这些事物时所投注的热情，才能获得这些事物的价值与意义。”④

这场对话还引发我们重新思考教师的职业价值。自古以来，对教师职业的定位一直是在知识、技能层面上的“传道、授业、解惑”，失却了个体生命的价值维度。教师作为教育的主体之一，独立的人格没有得到基本的“承认”，春蚕、蜡烛、人梯的比喻，都在一味地强调牺牲、单方面无条件的付出，悲情、辛劳成为教师职业的代名词。没有生命的自主、自为、自觉的状态，怎

---

① Gadamer, H. G. Truth and Method. G. Barden & J. Cumming, Ed. and Trans. New York: Crossroad, 1984, p. 179.

② ［日］池野正晴著，钟启泉译：《走向对话教育——论学校教育中引进“对话”视点的意义》，载《全球教育展望》，2008年第1期，第3页。

③ ［加］范梅南著，宋广文等译：《生活体验研究——人文科学视野中的教育学》，北京，教育科学出版社，2003年版，第7页。

④ ［德］韦伯著，钱永祥等译：《韦伯作品集·学术与政治》，桂林，广西师范大学出版社，2004年版，第123页。

么会有持久的热情？没有自我发展和创造的激情，何以可能获得真实的幸福感？教师作为独立的生命，关照他人的灵魂的同时，也有着自我的灵魂，同样需要在职业中展示自我、发展自我、创造自我。这项活动让我看到教师的付出与收获之间的平衡。15 年的对话，是师生之间双向创造的过程，在相互的应答、思想的交汇中，引发层层涟漪，在与学生们所思、所想、所感、所悟的相互交融、相互作用、相互补充中，教师也同样走向宽阔，获得多重思考问题的维度，丰富着自己。“100 个、1000 个孩子 15 年的人生，我们的生命也就有了 150 年、1500 年的扩展和延续”，这份自得、自豪与自信，有着沉甸甸的获得感。

教育是心灵间的唤醒，是一棵树摇动另一棵树，一朵云推动另一朵云。师生之间相互滋养、相互丰富、相互激发，使教师在职业中，获得自我的存在感、身份的认同感和充实的发展感。对这种相互哺育的关系，用什么比喻最合适，我想了许久，就用 2002 年夏季高考语文卷中那篇优美的《一片树叶》，“人和花的生存，在世界上都是短暂的，可他们萍水相逢了，不知不觉中我们会感到无限的欣喜。”这欣喜源于花的稚嫩带给人对美好生命的无限遐想和憧憬，源于鲜花怒放时惊鸿一瞥的美丽，源于用生命守望生命的种花、育花、爱花、护花、赏花中深深的热爱。有人说“陪伴是一种教育”，15 年默默相守的陪伴，也是一种动人的情怀。

第二篇　饮食教育

“面点”总动员

王京荣　北京市第五十六中学

2015 年 9 月，我们五十六中政治教研组积极响应学校“开发学科校本课程，促进每个学生全面发展”的号召，尝试探索本教研组的校本课程。

开学初，我们利用几次教研组活动时间，大家进行了热烈的讨论和商议，经过一番头脑风暴和内部挖潜，结合了本校学生的实际情况，我们决定放弃原本以学科知识讲授为主的传统思路，采用实践活动的方式，让学生亲身参与，通过实际操作去感受和体味劳动的艰辛与乐趣，进而培养学生的生活技能，增强实践动手的能力。就这样，课程的主题和授课方式诞生了，它有一个别致的名字，叫“面点总动员”。大家希望通过中国人家常面食的制作，使孩子们了解中国的传统习俗、烹饪技艺，感受劳动人民的聪明、勤劳与智慧，领悟中华文化的博大精深。

宣传海报

明确了课程方向，教研组全员参与到准备工作中。年长些的钱老师和王老师生活经验丰富，面点制作技术娴熟，负责课程内容的选题和教授课程；年富力强的小吴老师头脑灵活，创意无限，不仅为课程起了新颖的名字，还负责花式面点的开发；年轻的小冯老师虽然缺乏面点实际操作的经验，但她聪明好学，手脚麻利，负责收集、拍摄、整理校本课程的图像资料……大家各尽所能，发挥特长，在通力合作中，“面点总动员”拉开了序幕。

由于当时学校正处于校本课程开发的高潮期，各教研组一下子推出了三十几门课程供孩子们选择，并会最终根据孩子们选报的情况来确定课程能否开设。为了吸引和招募更多的学生选报我们的面点课，大家精心设计和制作了宣传海报，看照片上我们的笑脸，是不是充满着对“不一样的课堂”的期待。

一、面食文化博大精深

常言道“民以食为天”。古老的中国是面食文化的发祥地，中式面点更因其历史悠久、制作精美、品类丰富、风味多样著称于世。我们之所以情定“面点”，就像我们在课程总目标中提到的：“中式面点是中国人餐桌上的家常便饭，它虽然朴素，但妈妈包的饺子、姥姥做的花卷，或许是我们记忆中最美的味道。”中式面点不仅有记忆中最美的味道，“面点”背后的故事更是耐人寻味。陶行知先生曾经说过：“用教育的力量，来达民之情，遂民之愿，把天理与人欲打成一片……在生活里找教育，为生活而教育。”[①]我们的“面点总动员”正是以学生的生活为基础，从生活出发，引导学生理解生活的意义，扩展生活的经验，体悟生活的人情，用生活来教育，为生活而教育。

例如，我们的第二课“岁更交子——汉族传统面食饺子的制作”。饺子是我国北方传统饮食文化的一种标志性食品，同学们都吃过饺子，看过大人们包饺子，也大致知道包饺子的流程，但是他们大多都没有亲自动手操作过，更很少有同学了解饺子的文化和历史。于是，在动手进行饺子的制作之前，我们用讲故事的方式介绍了饺子的由来，介绍了医圣张仲景缘何发明了饺子，讲述饺子为什么被冠名“更替交子”（旧年与新年的时间在除夕夜子时发生交替），以及它又是怎么成为年夜饭的巨星？

资料卡

年夜饭的功能要求：价值区分、丰俭由人与过程烦琐。先看软皮儿。制作软皮儿的食材只有价格较贵的糯米粉和精磨小麦粉能满足要求。过去的时候，糯米粉和精磨小麦粉并不是百姓人家天天都吃得起的。再看馅儿。馅儿里具体放什么，主人说了算，可荤可素可高可低。猴头菇、海参、发菜这些

① 陶行知：《陶行知文集》，南京，江苏教育出版社，2008年版，第222页。

奢富之物可以入馅，野菜、萝卜缨、豆芽须这些贫贱之物也可以入馅。不论贫富，都可以包出好看、好吃的饺子来。最后，要做出软皮儿，就要和面、擀皮；要弄出馅料，就要剁馅、调馅；要让二者合一，还要上手包、下锅煮。这一系列过程足够烦琐复杂，而这种烦琐性恰恰能给人带来仪式感和参与感。

——选自《舌尖上的新年》

通过学习饺子的制作，既可以让学生感悟医者仁心的美德，又可以让学生体会中华文化的博大精深，进而为弘扬中华优秀传统文化尽一份绵薄之力。

当然选择“面点”的另一个理由，还在于中国的面点技术博大精深、千变万化，不光口味上可以改变，形状上也可以改变。一块小小的面团儿，可以在一捏一揉之中变化万千，演绎着色香味的精彩，自然对孩子们充满了巨大的吸引力。

我们的课程一经推出，就引来孩子们争先恐后的报名，“面点总动员”一下子成为学校最受孩子们喜爱、报名人数最多的课程。我们教研组的几位老师心里也都乐开了花，更加干劲十足地投入到课程中。

二、课程的组织与实施

五十六中的校本课程分为短课和长课两种类型，我们申报的是校本短课，共5课时。经过教研组集体讨论，我们确定了每一节课的教学内容。

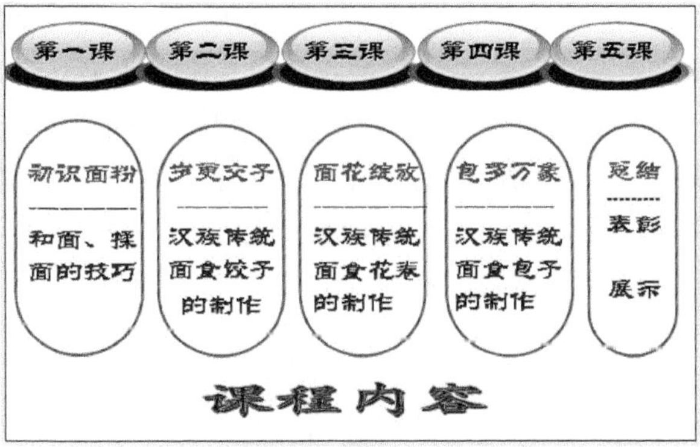

课程内容

第一课，初识面粉。主要内容是为生活在都市里的孩子们介绍面粉的前世今生——前世(小麦)、今生(面粉：高筋面粉、中筋面粉、低筋面粉及无筋面粉)。通过讲解和实践，让孩子们知道和面时加水量与面的软硬度之间的关系，能亲自动手和好一块软硬适中的面团儿。最后，让孩子们用自己和好的面烙一张饼，在体会和面不易的同时，也享受劳动的幸福与快乐。

课上的我们

第二课，岁更交子。在这节课上，孩子们可以了解饺子的历史及相关知识，掌握包饺子的基本方法并能自己动手完成擀皮和包制的过程，独立包出饺子。

第三课，面花绽放。通过本课的学习，孩子们不仅能了解花卷的来历和基本的制作方法，还可以发挥创意和想象，感受小小面团儿的百般变化，享受“创造发明”的无限乐趣。

第四课，包罗万象。在这节课上，孩子们要学习包子的制作，了解有着150多年历史的被消费者称为中华老字号“天下第一包”的“狗不理”包子的发展历程，在学习包子的制作方法的同时，感受传统文化。

第五课，总结、表彰、展示。本节课由学校统一安排，向校本课程学习中的优秀学员颁奖，并由各校本课程推荐的代表展示成果、交流感悟。

在课程内容方面，这五节课的设计，环环相扣。和面是面食制作的基础，擀皮是孩子们眼中的“技术活”，为了让孩子们能够较为熟练地掌握擀皮的方法，我们在教学内容的选择和设计上，突出对上一节课所学内容的复习与巩固。例如，孩子们在学习花卷的制作时，为了巩固擀饺子皮的技法，会特意安排玫瑰花卷的制作，它需要孩子们完成至少五张饺子皮才能制成玫瑰花卷。包子的制作，同样会强化孩子们擀皮的技法。最后，总结、评选优秀学员，选派代表展示、交流。五节课的内容层层递进，步步深入，努力使孩子们在兴趣、实践、探究、创新中培养生活技能，提升动手能力。

为了上好每一节课，教研组的老师们付出了极大的热情和努力。由于课程特点，课前准备异常繁杂，无论是每个人的装备从帽子到围裙，还是砧板、擀面杖、碗、盆等等，以及每次上课前的剪指甲和洗手，都要准备和提醒，没有课的老师，总是要提早一节课进行准备，而有课的老师更是一下课就奔赴上课地点——食堂，进入作战状态，课上教研组的老师们一会儿指导，一

劳动中的孩子

会儿示范，相互配合，忙前忙后。累是一定的，但看到孩子们享受成功的样子，大家都感到欣慰与幸福。

三、见证改变，收获成长

通过校本课程的开发，我们见证了孩子们的改变。

小李同学由于学习成绩不理想，上课总是提不起精神，但由于从小和奶奶生活在一起，耳濡目染，对于面点制作驾轻就熟，校本课程为他提供了施展的空间，他不仅自己做得很好，还会为身边的同学进行讲解和示范，成了课堂上的“明星”。目前教育评价的内容相对单一，主要参看学习成绩，而相对忽视了学生的实践动手能力，这对于生源状况不甚理想的我们来说，学习不好的孩子常常会表现出不自信、自卑，甚至产生一系列的心理问题。但是，面点课给孩子们搭建了一个展现自己别样风采的舞台，在不一样的课堂上孩子们找到了自信，快乐和阳光重又回到了孩子的脸上。

在孩子们的《成长记录手册》中我们看到了这样的感受：“家长为我们做饭

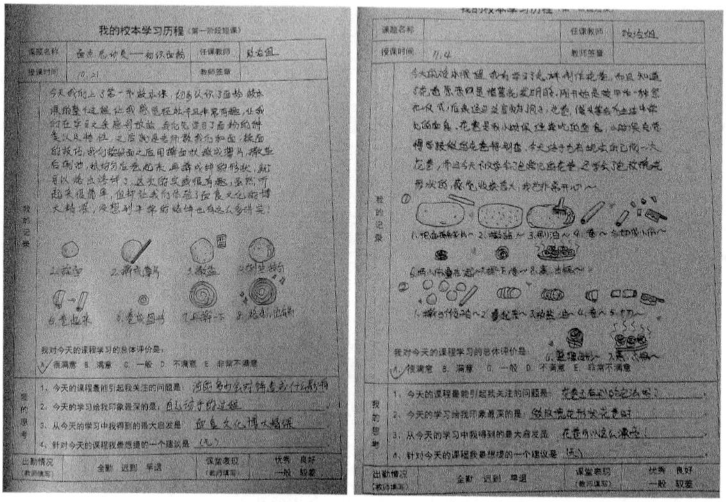

小纪笔下的“面点总动员”

是非常不容易的，所以我要珍惜家长的劳动成果”，“没有人天生就会做任何事情，只有学习才会懂得”，“和同学分享劳动成果，听到他们的赞扬，心里非常开心”，“通过三次课，上周给妈妈做了一次饼，妈妈夸我做得好”，“上周给妈妈做了饺子，妈妈十分惊讶”，“为了我们的课，老师们和食堂的许老师以及叔叔阿姨们付出了很多，您们辛苦了。”初二 1 班的小纪同学擅长画画，她拿起画笔以自己喜爱的方式，活灵活现地描绘了面点的制作过程和品尝时的喜悦，趣味盎然……校本课程的学习，让孩子们学会了感恩、学会了孝敬、学会了分享、学会了合作。

孩子们的变化，更让作为教师的我们收获了以往课堂上不曾体会的幸福。来教研组工作不满三年的小冯老师感慨道：“通过面点课，与孩子们近距离接触，感受到了他们与知识讲授课堂上不一样的魅力，他们用求知的双眼紧紧跟随老师，用灵巧的双手展现出独特的创意，一个个膨起的小花卷，一个个酥香的小烙饼，都实实在在地让老师们大开眼界，让老师们垂涎欲滴！同时，作为面点制作的新手，在跟随教研组其他老师学习的过程中，不仅开拓了视野，锻炼了能力，还习得了技能。”校本课程的开发不仅使孩子们收获满满、让小冯老师的面点功夫大有长进，更让教研组教师们在团结协作中心贴得更近。

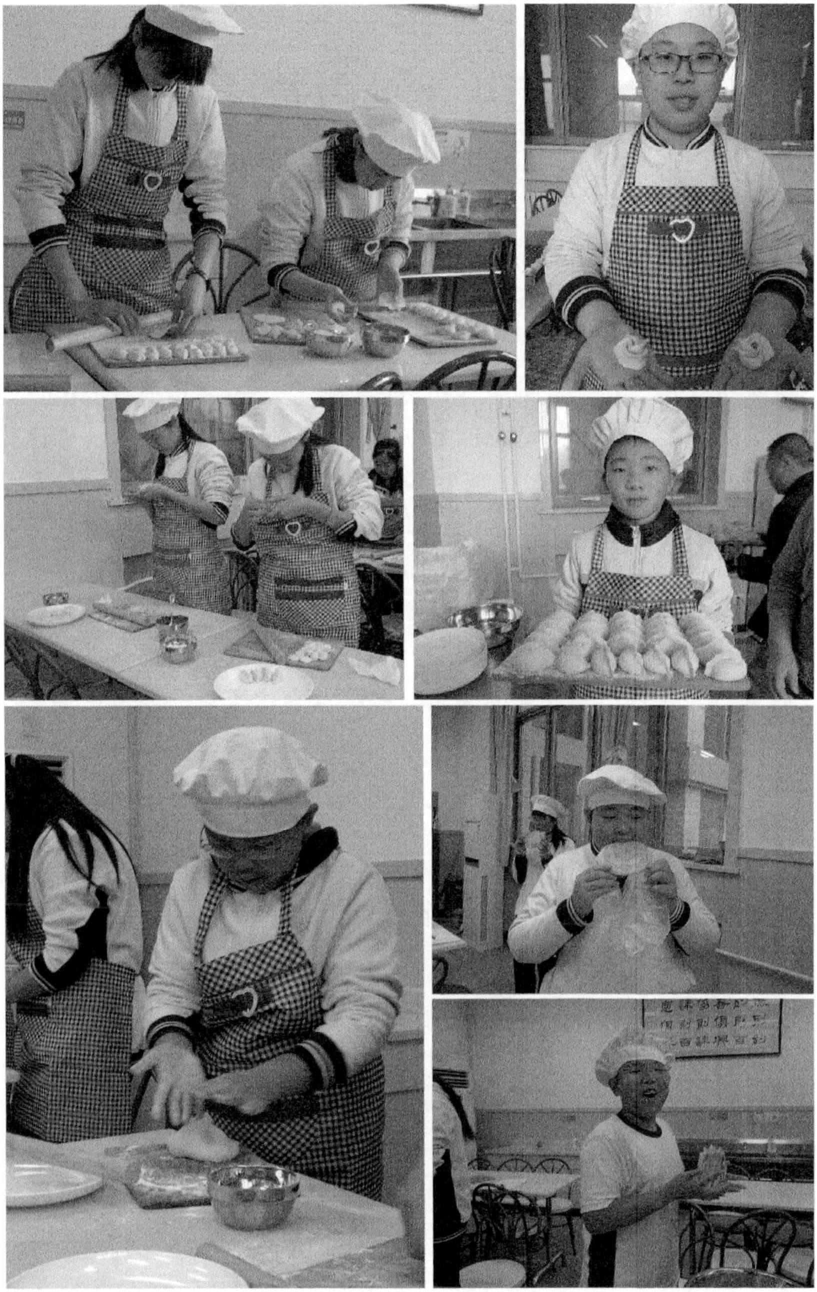

付出与收获

舌尖上的教育

石　芳　北京教育考试院

之所以选择这个活动介绍给大家，一个重要原因在于它的选题，向我们开启了一个新的视角，将饮食作为一项重要的内容纳入到教育的视野中。俗话说“民以食为天”，每个人都离不开一日三餐。《礼记·礼运》曰：“饮食男女，人之大欲存焉。”在人类的生存历史中，饮食是第一位的重要因素。尽管在现代社会，温饱已不是问题，但是饮食仍然是国家和个人生活中最重要的事之一，特别是随着人们饮食结构和状况的变化，进入饱食年代，肥胖症、过敏体质、心血管疾病等由饮食造成的问题正在严重威胁着健康。工业化的快速发展使各种食品添加剂、工业半成品和高糖、高油脂、高热量的垃圾食品大量进入市场，占据了孩子们的餐桌。如何通过丰富多彩的教育活动，帮助学生选择新鲜的食材，烹饪健康有益的食物，养成良好的饮食习惯，发掘人与食物背后人与自然、社会的关系，体味饮食中蕴藏的人情伦理、习俗礼仪，在现代社会快节奏的生活中恢复传统烹饪原始美味的“慢生活”，享受家庭的温情关怀，正成为一个世界各国普遍关注的问题。近年来，“食育”在一些国家受到极大的重视，并以立法、学校课程和全国性运动等多种方式积极开展。本文试图揭示饮食教育的当代意义，介绍当前食育课程开展的基本情况，并进一步思考如何开展一些有益的活动加以推进。

一、饮食教育的世界背景

“食育”一词，最早是1896年由日本著名药剂师石冢左玄在《食物养生法》中提出的。石冢左玄说：“体育智育才育即是食育。”2005年日本颁布了世界上第一个关于饮食的法律——“食育基本法”，将食育作为一项基本国策在全国普及推广。该法在《前言》中指出：对于培育孩子的丰富人性，掌握生存能力来说，最重要的是“食”，要把“食育”置于生存的基本知识以及智育教育、德育教育和体育教育的基础的地位，即把食育放在人类生存之本的重要意义上加以理解。该法力求“通过对食物营养、食品安全的认识，以及食文化的传承、食品与环境的调和，对食物的感恩之心”等食生活、食习惯、食文化方面的教育，达到“培养国民终生健康的身心和丰富的人性”的目的。日本规定每年 6 月为“食育月”，每月 19 日为“食育日”。孩子在出生后 3 个月开始便开始抓“食育”，对 0～6 岁的孩子“食育”的具体内容包括：观察种植蔬菜、剥玉米、营养指导、回答孩子们关于“食”的各种疑问等，还会与烹饪师一起开展“讲习会”，做面包、米粉团、乌冬面。进入学校教育以后，从小学到高中“食育”均被列入“保健”“家庭”等正规课程中。日本建立起各阶段贯通的综合食育教育模式，并实施“营养教员制度”。

美国近年来也越来越重视食育，因为肥胖和饮食不健康已成为让社会头痛的问题。杰米·奥利弗在风靡全球的《教会孩子如何饮食》视频中，指出高糖、快餐等不健康食物使美国的下一代少活了近十年。2010 年美国第一夫人米歇尔·奥巴马发起“让我们行动起来”的运动，倡导政府、学校和家庭要发挥合力改善儿童的饮食，鼓励家庭和学校重拾烹饪活动，在学校专门设置营养课和烹饪课，学习食物的营养和搭配的知识，教会孩子们烹饪的技能，在学校里建小农场和小菜园，带孩子们观察农作物的生长，学会选择合适的、新鲜的食物，形成健康的饮食习惯。“行动”指出食育是在挽救孩子们的生命，要把这当作一种哲学和信仰来传承。

丹麦有着自己一套独特的“食育”模式和理念。早在 1880 年，丹麦就开始在中小学校开设烹饪课程，《教学大纲》中规定从小学四年级到七年级，学生必须接受两年的烹饪教育课程，并有专门的学分，纳入个人成绩，与毕业直接挂钩。丹麦的烹饪教育十分重视让学生动手实践，表达了一种鲜明的鼓励青少年自己动手做新鲜、健康、美味的食物，而不要依赖饭店和快餐的教育理念。

德国政府推行了“公共厨房”项目，开展体验式“食育”。教师带学生去菜市场和超市，认识各种蔬菜和食物，帮助学生获得感性认识，然后师生一起学习饮食知识，一边动手实践，并请专家和菜农进行专门的指导。此外，为了实现厨房的“公共性”，德国强调学校、家长、专家、政府部门代表共同参与到饮食教育中，形成全社会关注健康的风气。

国外多年的“食育”，不仅开展了丰富多彩的活动、健全了学校的课程体系，也产生了明显的社会效果。“食育”所形成的健康的饮食习惯，有效地改善了国民的身体素质。日本经过几十年的努力，2013 年平均寿命达到 84 岁，蝉联世界第一，被公认为“人类体质发展的奇迹”。“食育”教会了孩子们饮食知识，了解了国家的饮食文化，提高了实践动手能力和创造力等实际生活能力，促进了人的全面发展，健全了人格。

二、我国学生的食育活动——关于“午餐”“盒饭”与“快递”那些事

我国的饮食文化博大精深、源远流长、丰富灿烂，自小耳濡目染，学生们对饮食有着浓厚的兴趣，下面介绍几个典型的学生关注、讨论热烈的关于学校用餐情况的活动。

学生民间自发地对北京市各区县学校食堂的质量、价格、特色逐一比较，撰写了图文并茂、详细具体的食堂攻略，并评选出“同学你吃好了吗？北京市中学食堂排行榜”。

北京市各中学的伙食

某校一共五个餐厅，环境超好，还有沙发。饭菜好吃到要哭，样式丰富，如果待六年的话，估计会最多吃重样一次。学校每年都会征求学生对食堂的意见，根据学生投票和测评的结果决定经营公司的去留，并提出相应的改进意见。

某校食堂共有四层，一层到三层是学生食堂，木桶饭、营养套餐、蒸蒸日上、比萨、港式叉烧、日式铁板烧、西北拉条子应有尽有。最让人惊叹的是这里的早餐，见过丰盛的，但没见过这么丰盛的，吃后觉得整个世界都变得美好了！

某校是正宗王府神厨驾到给学生做饭。

面对难吃的饭菜，某校老师说：“我们学校的学生连这点困难都克服不了?!”①

北京十一学校学生食堂

① 《同学，你吃的好吗？北京中学伙食排名》，http：//jzb.com/bbs/thread-3173206-1-1.html.

北师大实验中学学生食堂

北京十二中学生食堂

北京四中初中部食堂

北京市第五十中学的高一学生，曾围绕学校食堂的就餐方式、环境卫生、菜品种类、口味、质量、价格、是否存在浪费等方面对全校师生进行全方位的调查，并根据反馈的数据向学校郑重地提出了具体的改进意见。

学校食堂的营养套餐

某校学生从学校用餐统一化和质量不高的现状中，发现了商机。学生们发现在午饭和晚饭时，校门口常常围着一些买外卖的同学，如果只订一份外卖，通常要收取5～10元的运费，而且大家所订的快餐基本上集中于几个品牌。于是，孩子们自发成立了“小跑腿”公司，有订餐需要的同学通过微信群提前发送需求，由“小跑腿”统一订购，并去校门口取餐进行配送，这样不仅因为量大而免了运费，也节约了取餐的人力与时间，当然公司也会收取一定的跑腿费。

北京师范大学附属中学的学生，将饮食作为研究对象，进行纵向与横向的深入研究。2016年6月26日在北京师范大学附属中学“附中人Further”微信公众号上，刊出了学生的原创文章“民以食为天，盒饭传千年”。该文不仅横贯古今地研究了盒饭的前世今生，还跨越东西，通过中外对比，筹划“改变午餐”的行动。（以下是部分内容节选）

民以食为天，盒饭传千年

原创 2016—06—26 石坚附中人 Further

随着近代人们生活节奏的不断加快，生活中逐渐出现了盒饭便当这种虽然不是非常好吃但是快捷方便的食品形式。但如果你以为盒饭是近代才出现的，那就大错特错了。其实在中国的奴隶社会，就已出现了陶制食盒……

在中国改革开放后，生产盒饭的企业犹如雨后春笋般遍地开花，据不完全统计，全国人民每年花 1 万亿用于吃盒饭，超过 3 亿中国人的午餐吃盒饭快餐。巨大的发展前景使得众多商人开始投资销售盒饭这个行业……

到了现代，每个国家往往根据自己国家的风俗习惯发展出具有当地特色的盒饭，而作为一个学生，自然要说说各国学校里关于盒饭的那点事。1946 年，美国国会正式通过了《国家学校午餐法》，通过美国学生营养餐协会这个非营利性协会管理并覆盖了全国 98％的学生营养餐企业。在美国高校食堂像比萨、热狗、碳酸饮料等食物是不限制购买的。看到这里可能有很多同学会感叹美国学生好幸福，哪像我们整天吃青菜，还难吃的要死。但在美国这导致很多学生出现体质过胖等健康问题，对心脑血管造成极大影响，甚至会影响记忆力。而在日本，由于日本人在 20 世纪中期给人的第一印象是矮，于是日本人下定决心给下一代更好的营养，为了起到带头作用，日本的很多老师和教务人员是和孩子们共进午餐的，并且每个学校有专门的营养师来制定菜单。短短数十年光阴便成功揭掉了矮个子的伤疤。欧洲一些国家的中小学午餐是免费的，如果收费则会每月另外给予学生营养补贴，这让许多在中国的小伙伴也是瞠目结舌。但受限于学生人数与福利待遇等差距，可能在中国的小伙伴还有很长的一段时间要等。

很多中国学生抱怨盒饭难吃，有人说咸，有人说淡，有人说不能吃辣的，有人说一天不吃辣就活不下去，众口难调，尤其是在北京全国各地的人都来这里寻找机会，他们的孩子肯定也无法马上适应这种饮食。但其实我们的送餐机构也是在这方面下了很大一番功夫的。首先北京学生营养餐的原材料是集中采购而且可追溯，所以以后如果广大学生们觉得哪道菜菜本身有问题，一个电话就可以打到采购平台那里给他们提供建议，如果有很多人都来反映，那么很快平台就不会继续订购此供应商的原材料了，毕竟投标的商家很多，拥有很多替换的选择。

读罢，我们不能不赞叹当代中学生的研究能力和分析水准！文章既追溯了盒饭的文化传统，也看到了现代社会盒饭的巨大消费市场，还由其他国家对学生午餐的重视从中感受到责任，也对众口难调的口味问题有着客观理性的分析和智慧的解决！综上所述，学生一系列自发的活动，说明中学生正在迅速成长为积极、能动的饮食教育的主体。

三、我国学校食育活动的开展情况

从活动的角度看，目前北京、上海等地的一些学校开设了相关的食育课程，归纳起来大体有四种类型——知识教育型、烹饪操作型、学农生产型和混合型。课型涉及校本课程、研究性学习、社会实践活动等多种类型，时长有一个学期的课，也有五十六中这样五节的短期课，为期一周或两周的集中学习、实践活动，或像北大附中“奥食卡”大赛的单项活动等丰富多彩的形式。

知识教育型。北京师范大学出版社面向初中学生编写了一套《中华优秀传统文化》教材，这套教材共有四册，将中华传统文化的精髓、优秀文化的基因，择其精要通俗易懂地呈现出来，并且注重传统文化与现代生活之间的创造性转化，其中关于食育的内容十分精彩。（七年级）上册第一单元“衣食住行”的开篇就是食育，课本从每日生活中妈妈准备的早餐和大年三十的饺子说起，以讲故事的方式，把孔子食不厌精、对食物祭祀的敬畏，陆游的质、香、色、形、气、味、适、序、境、趣的“十美”原则娓娓道来，从中揭示出中华民族历史悠久的习俗礼仪、中庸之道、愉悦雅趣。课本还设计了参与性活动，把学生分成不同的小组，组织他们学习、了解、动手实践，向其他同学介绍烙春饼、烤羊肉等地道的京味特色菜，或实地考察、拍摄视频，探秘北京的美食地图；将饮食文化传统与“我的生活”勾连起来，引导学生反思、总结自己的饮食观，制作专属于我的饮食卡片——我的菜系、诞生地、代表作、口味、烹饪特点，通过定位我的味觉系统，认识自己；在全班开展“盛大”的交流活动，在活动中隆重地推荐我最喜欢的一道菜，在家制作好带来与同学们分享。这套教材中的食育内容就像一道趣味盎然、传统中有着现代改良的精美菜肴，短小震撼、口味经典！

烹饪操作型。北京五十六中学政治组开设的别开生“面”的“面点总动员”属于烹饪操作型课程。按照我国“南米北面”的传统，北京人喜食面食，五课时的短期课程，以“中式面点”为主题，学习了和面、揉面的技巧，以及饺子、包子、烙饼等家常面食的制作方法。师生一起动手实践，在学校的食堂里，穿戴好帽子、围裙，准备就绪砧板、擀面杖、盆、碗等设备，完成操作前剪

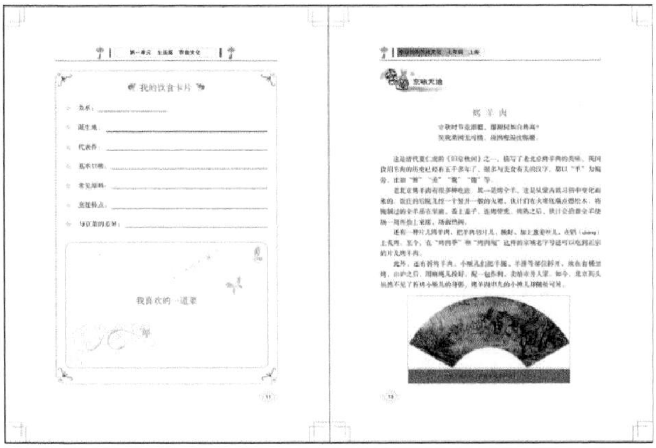
我的饮食卡片
诞生地：
代表作：
常见原料：
烹饪特点：
我喜欢的一道菜
京味天地
烤羊肉

《中华优秀传统文化》教材

指甲、洗手的“前奏”，目睹饧面发酵转化的神奇，跟着老师照猫画虎地“三步加水和面法”，亲手操作擀、包、卷、煮、蒸等严格有序的步骤，直到一锅热腾腾、色香味俱全的包子、饺子出炉，闻着香味，一口咬下，享受劳动的快乐和分享的幸福……在全过程的动手实践中，学生领略了与传统课堂学习完全不同的一面，面粉不小心洒了一地，和面不是干了就是稀了，哪里有老师要求的“面团光、面盆光、手上光”的三光效果，手上、脸上、身上、桌上、地上都是面……面对困难和挫折，大家互相帮助，感受着集体的温暖，体会着父母每日三餐的辛劳、饺子背后家庭团圆的意味、张仲景关心百姓的情怀和诸葛亮的智慧。掌握了一门手艺的学生，期待着周末和妈妈一起包饺子的幸福时光，享受着把自己的劳动成果与更多同学分享的快乐，继续研究着如何能够如行云流水一般干净利索的“三光”和面法……

分享劳动成果

学农生产型。食育的创始人石冢左玄指出，食育的一个很重要内容就是带领孩子走入田间，了解植物的生长，体验耕种、除草、施肥等活动，经历播种、发芽、枯萎，甚至遭受病虫害、气候影响等过程，“使孩子认识到饮食生活是建立在自然给予的恩惠和从事与食相关的人们的劳动基础上的，加深对此表示感激和理解的想法。”①通过亲身参与食物的获取过程，学生们懂得了食材的供给使人类得以生存和发展，培养了对农作物的感情和对食物的敬畏，树立了环保节约、人与自然和谐相处的观念。

2015 年 10 月北京市教委启动了初中生“学农教育项目”，学生们走进学农教育基地，进行为期六天的实践体验式学习。截止到 2016 年 9 月，北京市共组织城区学生到北京农业职业学院参加学农活动 15 期。学农活动本着“学中做，做中学”的原则，通过学习插花、制作酸奶、烘焙饼干、宠物美容、施肥除草、参观现代农业等丰富多彩活动，让学生们收获了一段知农、事农、爱农、乐农的独特经历。

北京市第十二中的学生正在挖土

果树施肥

第一天，学生们接受了农业天文知识教育，老师对天象、气候、农业生产的知识进行了整合，高度浓缩的讲解，让学生们在天地人的融通中，惊叹我国古代农耕文明的智慧，钦佩中国古人的探索精神！

清早，晨光微绽，学生们一个个手持农具，来到田间地头儿，开始了一天的学农体验活动。他们拿起锄头将杂草铲出，用铁锹在地上挖坑，再把落叶、杂草填进坑里，回收利用给树做养料。学生们要分清哪些是杂草、哪些是庄稼，认识稻、黍、麦、稷、豆的五谷。

“果树施肥”让同学们知道了“庄稼一枝花，全靠肥当家”，学习了施肥的操作方法、动作要领和施肥时间的把握。

① 张丽：《舌尖上的食育》，载《学科探索》，2014 年第 11 期，第 35 页。

玉米脱粒，一开始让孩子们手足无措，往地上砸、相互磨、用棍敲，任凭千凿万锤费劲气力，也颗粒无收。探索中，大家突然找到了窍门，从玉米尖一行一行地剜出来，玉米豆便哗哗地掉在地上，这种方法简直又快又好，大家开心极了！要颗粒归仓，不能浪费！

玉米脱粒

观察蜂箱

“劳动出智慧，多劳出经验。我们收获到了快乐，也体会到了农民的辛苦，这会是我们人生中一次珍贵难得的体验。如果没有几次这样的经历，又怎能算得上真正体验过生活气息呢?”

“任何劳动成果都来之不易，每个人都应该尊重、珍惜别人的劳动果实。”

“我深深感受到劳动的快乐，金黄的树叶随着微凉的秋风飘下，我们握着农具在这美丽如画的景色中尽情地挥洒着我们劳动的汗水，铁锹与土地摩擦发出的声音，同学们劳动中发出的吁吁之气汇聚成了一首田间无与伦比的交响曲……望着远处一排排整齐的田槽，我心中一股强烈的自豪感油然而生，恍惚一转神，我仿佛看到身边的同学们都带着像太阳一样灿烂的光芒，喜悦、自豪、感动、欣慰、交杂混合，融到心里，劳动——竟如此美好。”

“在人生的道路上，也许你会遇到许许多多的困难，好比这次的学农，告诉你一个秘诀：坚持。拼搏一番吧，在困难面前，你会收获许多；拼搏一番吧，在困难面前，你会得到友谊；拼搏一番吧，在困难面前，其实你会发现，困难，不过如此。”①

丰富的农事体验活动，让学生们懂得了真实的生活，收获了劳动的经验，体会了劳动的艰辛与快乐，明白盘中的每一份食物都是自然的馈赠和人们辛

① 北京十二中：《北京十二中初中部学生农职学院“务农”日记》，http：//www. bj12hs. com. cn/web/guest/index/-/journal _ content/56/10180/1862858? p _ p _ auth＝TBLnU92b.

勤劳动的成果，要格外珍惜，也领会了中国人自古以来就有的对土地的深情和眷恋。

混合型。混合型是上述一些类型的组合。北大附中的"食育"的活动方式可谓丰富多彩，由多种课程和不同年级的多种活动构成。

刚刚进入学校的初一学生迎来的第一个活动就是北大附中的"奥食卡"。全年级学生分成不同小组，全组齐心协力，制作出一道美食，并且拍摄视频，参加交流，展示评比。同学们一起上网搜索菜谱，寻找制作秘籍，进行明确的分工——采购、主厨、副厨、小工、拍摄、解说，然后在同学家的厨房里，完成全部的操作过程。做菜让陌生的同学之间立刻熟络了起来，接送孩子打招呼间家长也有了相互了解，这一切都为孩子们迅速进入新环境、融入新集体提供了环境和机会。中国人的合作烹饪方式，以及非分餐的享用方式，不仅仅是吃喝那么简单，它实际上是人与人之间交流情感的需要，是一种自然而然、生动有趣的社交活动。你炒菜、我刷碗，边吃饭、边聊天，天南地北、抒怀忆事、沟通了解、释放惆怅……烹饪和吃饭有着独特的凝聚人心、加强团结、消除矛盾的功能。因此，北大附中初一年级的同学们热情高涨地制作比萨、糖醋排骨、羊肉泡馍的"奥食卡"活动，既是一场美食的盛会，也是一场人与人的聚会！

饮食没有国界，北大附中初中部 2015～2016 年度新开设的"美食与国家文化"选修课，打开了食育的国际视野，为同学们提供了一个品尝各国特色美食，了解其他国家饮食文化的机会。课程中老师设计了多种活动，比如学生们自己寻找感兴趣的美食主题、亲手准备制作食物、小组汇报展示等。以下是部分学生对课程内容的记录和成果展示。①

英式下午茶

沏茶、喝茶，研究英国人喝茶习惯的活动，为我们讲述了英国是一个多么贵族的国家，讲述了英国人的礼仪是有多么精致繁复，这杯茶是英国文化礼仪的象征，英国千千万万下午茶的缩影。有时，能感觉到英国乡村小镇里的风土人情，英国乡村庄园的闲情逸致；有时亦

① 北大附中初中部微信公众号：《2015—2016 学年北大附中初中部课外活动展示系列报道（三）——品尝特色舌尖美味，感受异国文化底蕴》，2016 年 1 月 14 日。

能感觉到这是慢节奏生活中不可缺少的成分。我印象最深的是日本的美食，课堂上我们大家品尝了日本荞麦面和烤海苔，还了解了著名的“怀石料理”，让我看出了日本人对于食物完美和极致的追求，从侧面体现出日本人细心和自谦的品格，这也让我懂得了为什么“饮食文化，能够侧面反映出一个国家的文化”。

第七周的选修课老师为我们准备了香肠和德国特有的碱水面包干。我们分小组，观察、品尝食物，研究德国人的饮食偏好。大吃大喝中我们体会到了德国人“大块吃肉、大口喝酒”粗犷而热情的饮食方式，也感受到德国人对面包的疯狂热爱，将做事严谨、踏实朴实的风格淋漓尽致地展现在面包上，竟然发明了三千余种不同种类的面包。自然热情、举杯畅饮、不亦乐乎，这就是德国人的饮食生活态度。

德国的啤酒、面包加香肠

课程最后在“美食达人认证大会”活动的高潮中结束：同学们精心准备丰盛的食物，挂起不同国家的国旗，制作关于美食知识抢答的题卡，耐心地烹饪、品尝和分享好吃的东西。“大家因为对美食的追求走到一起，通过课程中各种有趣、生动的活动，从原来的‘口福’变为了因为美食相聚，因为文化成长。”

美食达人认证大会会场

英语学科“西餐礼仪”活动

北大附中还有一门“实用英语”课，主要是学习与生活息息相关的英语表达。其中有一个“西餐礼仪”活动，学生以小组为单位，每组5～6人，男生着西服、女生穿长裙，按照西餐顺序一道一道地上菜，按照西餐礼仪进行食用并交谈。

北大附中的食育既有专门的选修课程，也和学校的学生活动，以及其他课程的内容有机衔接，是一种综合食育教育模式。

四、积极推进食育活动的探索

“食育”在中国刚刚起步，可以结合我国饮食的传统和特点，借鉴外国的经验，在以下几个方面开展一些有益的活动积极推进食育。

（一）知

日本人做过调查研究，在进行为期10周的食育后，通过两组对比，学习组的孩子们具有更全面的关于“食”的知识、更强的选择“食”的能力，并且对食物感兴趣的程度明显提高、态度更加积极，十分渴望了解每天接触的食品的营养成分和功能。在日本，每个月月底，学校都会给学生一张菜单，上面有学校餐饮的营养情况，包含维生素、脂肪、盐以及热量等的摄入量。随着中国城市化的进程，更多的孩子远离了农村，他们五谷不分，缺乏对食物，特别是蔬菜的外形、生长情况（不同的蔬菜是长在土里、藤上，还是树上）、作用等基本常识，需要学习食物的基本特性，掌握健康饮食的基本知识。可以围绕“知”，结合日常生活，开展一些学生感兴趣的、实用性的活动。

“食育”知识主题活动

活动主题	活动意义	活动内容	活动方式
食物中的维生素	生活中我们常常发现孩子们并不清楚胡萝卜素，以及胡萝卜素对于防治近视和防止维生素A缺乏的作用。红、绿、紫色蔬菜如青椒、西红柿、甘蓝等富含有丰富的维生素C，但是维生素C易溶于水，不易保留，做菜时需要先洗后切，菜以煮食最佳，炒制则应大火快炒，防止维生素的流失。	维生素的种类；哪些食物富含哪种维生素；不同的维生素有什么特点和功效；在烹饪过程中的注意事项。	把学生按维生素的种类分成不同小组，每组研究一项。 去图书馆查阅资料，制作维生素的功能卡片。 查阅资料或向烹饪专家了解不同维生素最佳的烹饪方法。 采取交流展示、知识竞赛、问卷调查等活动方式。

续表

活动主题	活动意义	活动内容	活动方式
食物的热量	以科学技术的飞速发展为基础，每日摄取的食物热量，不必只凭感觉和经验来估计，而是可以精确地计算出来。	了解食物的大体卡路里量；不同烹饪方法造成热量的改变情况；大体知道一餐摄入的维生素、脂肪、盐、热量等数值。	制作一张本月学校午餐的维生素、脂肪、盐、热量等摄入量的表格，并将统计结果介绍给大家。 为同学们推荐两道高营养、低卡路里的健康食谱。 为学校食堂的饮食热量提供一些合理的建议。
均衡搭配	中国《礼记》中记载“牛宜徐，羊宜黍、豕宜稠、犬宜粱、麦、鱼宜孤，凡君子之食恒放焉”，古代人认为这是最适宜的饭菜搭配法，在今天如何科学合理地搭配饮食呢？	食物的营养搭配；色彩搭配；组合禁忌等。	研究学校食堂的套餐，分析其在荤素搭配上是否合理。
顺时而食	自古以来，中国一直有按季节变化，遵循四时、合乎时令、顺时而食的智慧。季节、时节对食物，以及烹饪方法有什么影响？	春夏秋冬不同的季节、不同时令宜吃哪些食物，不同食物的冷热品性。	去图书馆或上网查找资料，撰写我国古代顺时而食的论文。 推荐春夏秋冬不同季节的应季菜谱给同学们。 动手实践典型的时令菜的制作方法。
医食同源 养生保健	生活中，如果生病了，除了吃药，还有哪些食疗的秘方，比如治疗感冒，可以吃些什么。	从“医食同源”和“药膳同功”的方面，了解一些食物在养生、防病方面的基础知识。	研究两道中国传统的养生食谱，阐述其中蕴含的科学、哲学道理。 根据父母、家人的身体状况，推荐一道养生食谱。

(二)行

培养健康的饮食习惯是食育的基本内容。习惯的养成，最有效的做法是从小形成健康的味觉定位，让孩子们把对味觉的美好记忆与科学合理的饮食统一起来。实际上，每个人对食物都有自己的偏好，这些偏好大多数都受家庭和所生活的地域影响。例如，山西人喜食醋，四川人喜食辣，广东人喜欢煲汤，安徽人热爱臭鳜鱼、毛豆腐，还有内蒙人喜欢吃肉和奶酪……很多人都知道怎样吃更健康，也都知道薯条、膨化食品中含各种添加剂和饱和脂肪酸，但是大脑的理性常常管不住味觉的本能欲望。因此，最有效的办法就是从小重视饮食教育，通过各种活动和途径帮助学生把愉悦的味觉体验与健康食品联结起来，将健康食物的美好感觉从小就留存在孩子们的味觉系统里，陪伴他们一生的成长。

月坛中学初一学生美食教育活动

(三)礼

“礼”是指饮食活动的礼仪性。食育活动课程应该帮助学生们形成一些基本的饮食礼仪规范。首先，食育要注重通过各种活动传承中国传统文化中“礼”之精神。中国传统饮食文化十分讲究“礼”。《礼记·礼运》讲：“夫礼之初，始诸饮食。”“礼”是一种秩序和规范，座席的方向、箸匙的排列、上菜的次序都体现着“礼”。2014 年北京语文高考作文题“老规矩”，让我们重温了流传下来的饮食礼节：阖家坐在一起吃饭，不许满盘子乱挑、不许吧唧嘴儿、不许斜楞眼儿、不许罗着锅儿、不许捋袖管儿、不许挽裤腿儿、不许搅菜碟儿、不许嘬牙花儿、不许抖搂腿儿、不许当众咋呼、夹菜不过盘中线、不许吃饭咬筷子、不许舞动筷子或用筷子敲碗、不许端着碗到处跑、不许把手里的饭再放回盛饭的器皿中、不许专吃一种食物、使用酱料时不许把饭粒掉在里面；座位长幼有序，长辈开始吃饭后，晚辈才能开始……食育讲的“礼”，不是简单地强调一种礼仪的形式，不是让学生记住烦琐复杂的礼数，更不是身份、地位的标志，而是将“礼”化为一种内在的精神，一种内涵的伦理，融入日常行为中。座位长幼有序是因为门口风大，老人体虚，怕被吹到，这是尊老孝亲的思想和行为；吃饭端着碗到处跑，不仅破坏安静的进食氛围，不利于健康，也容易造成不安全；祭祀之礼是在内心中形成一种对自然馈赠食物的敬畏，懂得珍惜。饮食礼仪的很多细微之处诠释的是中华民族尊让契敬、礼义孝悌、和谐有序的优良传统，教育应该强调礼义重于礼仪、内心重于外在。

其次，食育是要学习现代社会饮食应该遵守之“礼”，像诚信、环保、可持续等理念。比如北京市月坛中学暑期组织学生赴日本游学，在日本学校里用餐时，学生们发现日本学生的整个用餐过程，分饭、吃饭、收拾都井井有条。用餐时非常安静，没有人交头接耳；没有人剩饭，每个人都把食盒中的食品吃得干干净净；饭后把自己的食物垃圾分门别类地丢掉，牛奶纸盒都一个个展开铺平叠放在一起，用过的吸管用皮筋捆扎起来，甚至连瓶盖里面的硬纸片也都抠出来，放到回收袋里，学生在用餐行为的规则中感受到环保的理念。

（四）技

烹饪一日三餐是学生未来生活应该具备的重要技能。目前大多数食育烹饪课主要是制作中式和西式面点，烹饪的内容可以进一步扩展，通过学校、家庭、职业学校之间的相互配合，拓展烹饪技术的学习范围，除了主食之外，也学会做一些菜品。按照《周礼》和《礼记》中提到的饮食结构，饭（五谷主食）、膳（六畜肉食）、馐（美味佳肴）、饮（各种饮品），学生都可以有所涉及，以全面地满足生活需要。

（五）文化与价值观

令人回肠的美味、精妙的技艺、不同的习俗，背后沉淀的都是一种文化。食育活动课程源于舌之所尝、鼻之所闻，但又要超越有形，将文化与价值观作为活动的灵魂与主线。比如，“面点总动员”在教会学生制作包子、花卷、饺子的过程中体味“家常”，感受“平凡的幸福”。食物不仅是口腹之欲，还是一种意义象征、一种感觉、一种食物与人的关系。今天，几乎所有的传统手工食品，都可以放到工业生产线上被大量复制，但是父母亲情、坚忍、勤劳等情感、美德和信念是无法复制的，就如除夕之夜的“岁更交子”是任何山珍海味都无法替代的。烹饪不仅是制作出一道美食，我们的烹饪课程不是厨师学校的培训课，不仅是技艺的习得，更重要的是引导学生在做的过程中，将自己的情感，将人与自然、与家庭、社会、文化、地域等一系列人文的、文化的元素注入其中。食物是内心的表达，是心灵的记叙，从手到口，从口到心，是一种通过舌尖与心间共同感知外物的方式。文化与价值观是味道的灵魂，是食物的意义，是美食烹饪课的主旨。

（六）美

美是饮食文化的重要特征和魅力所在，食育课的最高境界莫过于培养学生的艺术想象力与审美情趣，在学习和制作美食中引导学生热爱美、展现美、追求美。美贯穿于食育的每一个环节中，味美、形美、色美，还有名美、器美、礼美、组合之美、意境之美。在“面点总动员”中，学生们发挥想象，创意无限，表达着对美好生活的向往。

创意面点制作

第三篇 校本课程

以校史育人 树崇德之风

胡莹 杨冰 汪照 李鹏 北京市第三十一中学

校史是校园精神文化的传承载体，一所学校的校史文化对学生有着巨大的教育意义，它近在身边，可信度高，现实说服力强。正如一位学者所论述的，“校史教育应是新生入学前的必修课、是育人工作的起点。一个学校的历史和传统精神、学术文化氛围和校友的榜样，都将对一代代学子产生终身铭记的不可估量的影响”。

一、校史课程的开发背景

《国家中长期教育改革和发展规划纲要(2010—2020年)》(以下简称《规划纲要》)明确提出“坚持以人为本，全面实施素质教育是教育改革和发展的战略主题。”国务院《关于基础教育改革与发展的决定》提出，要逐步完善符合素质教育要求的中学国家、地方、校本课程，以推进素质教育的高水平、高质量发展。因此，全面实施素质教育成为当今教育发展的当务之急，而校本课程的实施成为完善素质教育的重要途径之一。

校本课程，是学校在多年来实施活动课、选修课和兴趣小组活动的基础上继承和发展而来的课程开发策略，是学校根据自己的办学理念和实际情况，进行校本化建设而自主开发的课程，也是当前课程改革的一项重要举措。要想更好地落实校本课程目标，就需要做到两点：第一，要努力挖掘、开发利用好校内的课程资源，把它们引入到教育教学中去；第二，课程的内容和目标的设置，要使学生能够从现代观念的角度出发，联系特定的历史背景去感受和思考，从而得到深层次的认知。鉴于以上认识，我校在切实科学执行国家课程的同时，也深入挖掘和开发了本校的校本课程，以校史资源为基础，构建出具有我校特色的新的课程体系。

我校(原名崇德中学)建于1911年，是一所拥有百年历史的老校，人文底蕴、历史底蕴深厚，有许多值得歌颂的事迹，有许多值得铭记的人物，更有值得传承的精神。著名物理学家、诺贝尔奖获得者杨振宁，“两弹元勋”邓稼先以及著名建筑工程学家梁思成等中科院院士，著名艺术家孙道临、林连昆、凯传，体育健将张健，全国劳动模范翟京华，锡华集团董事长张杰庭等都曾在我校就读，他们的事迹值得我们骄傲，他们身上蕴含的崇德精神更值得我们历代崇德学子传承。

百年学校

校史长廊

这些校史资源是我校的巨大宝藏，但是如何才能真正发挥这些资源的作用呢？学生又对这些人物和学校重要活动有多少了解呢？为了能够更好地进行校史教育，我们对新入学的学生进行了问卷调查，调查显示，65.5%的新生对于目前学校的校园建筑有所了解，能够识别校园主要建筑的基本功用，但对校园建筑的发展历史则不甚了解；44.6%的同学在入学前曾登录学校网站，了解到杨振宁和邓稼先曾在我校就读，而对学校其他的知名校友却知之甚少；对学校曾经有过哪些重大活动这一问题，几乎没有同学了解。这样的调查结果让我们忧心，如果学生对本校历史没有充分认识和了解，他们又怎能做到“爱校”？而秉承崇德的百年精神更是无从谈起。鉴于以上问题，我们认识到，开设校史课程刻不容缓。

二、校史课程的实施目标

为了学生能更好地了解学校历史，传承崇德精神，在问卷调查的基础上，学校开设校史沿革、校园建筑、崇德活动、崇德师魂、院士风采、杰出校友六个专题，通过这些专题教育力求达到以下几个目标。

(一)了解学校历史，做知校、爱校的崇德人

通过校史六个专题内容的介绍，让学生了解我校百年经历的历史变迁，

百年中涌现的杰出校友，百年中参与的重大活动，从而做到“知校”；并在杰出校友光辉事迹的感召下，在历届校友参加的“五卅运动”和“一二·九”运动等爱国运动的激励下，激发学生对学校的自豪感，做到“爱校”。

（二）体会校训真谛，做崇德、敬业、健康、尚美的崇德人

《规划纲要》提出要全面实施素质教育，“核心是解决好培养什么人，怎样培养人的重大问题”，其培养目标是德、智、体、美全面发展的社会主义接班人；在怎样培养人的问题上，坚持做到“德育为先”，人以德立，国以德兴。我校至今已有百年历史，百年来校训“崇德、敬业、健康、尚美”的精神和素质教育的理念契合一致，它是一代又一代崇德学子在学校百年历史发展中践行并总结出的崇德精神，百年间崇德精神薪火相传、传承不息。在校史课程的讲授过程中，我们通过讲述邓稼先等杰出校友身先士卒、献身祖国的光辉事迹，让学生感受到校训“崇德、敬业”的精神所在；通过我校从 1920 年开始组织的各界运动会及各种体育赛事的介绍，让学生领会“健康”对于我们并非一句空话，而是我们一直都在践行的一种精神；而历代“校园建筑”的发展变迁也让学生们体会到我们对美的追求和向往，以及凝结而成的“尚美”精神。

（三）秉承崇德精神，做胸怀天下的崇德人

《规划纲要》提出“要提高学生服务国家、服务人民的社会责任感，”这种责任感从本质上讲既要利己，更要利国家、利社会，而且在自己的利益同国家、社会利益相矛盾时，要以国家、社会利益为重。具备这种责任感的人，应该是具有公民意识的人，是个爱国的、胸怀天下的人，我校百年的“崇德”精神正是这种爱国思想的极大体现。

榜样的力量是伟大的，通过丰富的校史资源，尤其是我校“十大院士”的人生经历，让学生体会到这些杰出校友身上承载的不仅是崇德百年的荣耀，还有国家命运的起伏，他们的人生始终是和国家的命运紧密联系在一起的，因此梁思成才会有“死都要死在祖国的土地上”的豪言壮语。借助这些知名校友的光辉事迹，促使广大学生依据“亲近—认同—羡慕—热爱—仿效”的品德养成模式，高效地形成服务国家、服务人们的公民意识，并做到可持续发展。让学生在校史学习中形成的这种社会责任感和“胸怀天下”的爱国情怀，内化为他们自己的自觉意识，并成为一直延续的行为习惯去影响和激励更多的人，让崇德精神更多更好地服务社会，真正实现教育的可持续发展。

为了实施以上目标，我校在全校范围内吸收对校史研究感兴趣的教师，组成稳定的研究骨干队伍，积极参与到校史资料的搜集、整理和实施过程中来，并逐步推进学校的校史教育。

三、校史课程的实施方案

(一)校史课程结构的设置

我校的校史课程系列讲座主要在高中和初中的起始年级进行，开设六个专题：校史沿革、校园建筑、崇德活动、崇德师魂、院士风采、杰出校友。

(二)校史课程的管理和运行

校史课程的顺利进行必须有一整套管理和运行机制的配合，他们既是校史课程的保障系统，又是校史课程实施的重要组成部分。

1. 组建“校史课程实施小组”，有计划地实施校史课程

为了更好地开发和实施校史课程，我校成立了“校史课程实施小组”。根据各学科的特色和校史专题内容，将小组成员分成六个小组，每个小组由学校教科研带头人组织，利用假期组织教师分别收集、整理、组织材料。开学前一周，由学校教学处组织教师培训和交流，授课教师通过统一培训后上岗。六个专题小组采取走班上课的形式，以此增加学生对于校史的新鲜感，也加强授课教师的专业度。六个专题授课完毕后，由教学处以问卷调查的形式对授课教师的教学水平进行考核与评价。

2. 运用灵活多样的教学方法，加强校史课程的授课效果

在校史课程的讲授过程中，我校老师采取了多种多样的教学方法。第一，以学习知识为主的教学方法：知识讲座、资料展示、小组交流讨论等；第二，以培养能力为主的教学方法：自主查阅、筛选、整合校史资料等；第三，以参与社会活动为主的教学方法：采访老校友、调查三十一中印象等；第四，以满足个人需求和兴趣为主的教学方法：组织“纪念‘一二·九’运动，做爱国的崇德人”演讲比赛等。多样的教学方法提高了授课的效果。

学生采访杨振宁校友

学生采访江平校友

四、校史课程的实施过程

(一)了解知名校友，做知校、爱校的崇德人

教学片段：了解知名校友，做到“知校、爱校”。

为了能够让学生深入了解崇德历史，我们通过安排学生课前调查、采访老校友等活动，让学生和校史更贴近。课堂上，“知名校友”专题中，老师提问：“你知道的校友有哪些”？学生通过调查得知科学家杨振宁、邓稼先，渡海英雄张健等著名人士都是崇德校友。但是学生所知道的校友仅限于网络中能够查找到的，其中遗漏了很多信息。老师在学生回答后出示一则材料：

北京市第三十一中学建校以来培养了两万余名学生，其中不乏后来蜚声中外的杰出科学家、著名的艺术家等。其中包括法学、书画、音乐、体育、军人、医学、戏剧、教育等诸多方面。仅以戏剧方面为例，著名艺术表演家孙道临、林连昆；当红实力派演员，出演过《亮剑》《三国演义》的张光北；担任过《不见不散》《没完没了》《渴望》等著名影片制片人的于朴；多次出演陈毅角色，有“陈一号”之称的特型演员刘锡田等都曾在我校就读。

通过课堂观察，在阅读材料的过程中，学生不断发出赞叹之声，自豪感溢于言表。而在播放孙道临出演的《永不消逝的电波》和张光北出演《亮剑》的片段时，学生更被这些艺术家们的精湛演技所折服。但是这些校友似乎离学生过于遥远，为了激发他们对于学习的热爱和对艺术理想的大胆追求，老师展示了从2000～2009年我校考入中国传媒大学、北京电影学院等艺术类高校的学生名单，以身边的学长为榜样激励他们在“崇德”中的沃土上放飞自己的梦想。通过文字和影像资料展示，让学生更充分地了解母校和校友。为了调查教学效果，下课前的两分钟，老师提问：“试试你能举出几个知名校友的名字?”被提问者至少能说出10个以上知名校友的名字。达到了让学生“知校”的目的，而学生在上课过程中产生的由衷的自豪感也激发出他们爱校的热情。

——节选自校史系列·知名校友篇

现代教育一个重要理念是培养学生自主学习的能力，能够让学生更好地融入社会、很好地适应社会。在校史课程中，老师布置的课前调查和走访身边的老校友等活动，既锻炼了学生自主学习的能力，又给他们机会去了解社会、接触社会。在学生活动过程中，他们通过资料的收集、整理对学校历史有了一定了解，通过老师的课堂讲授达到“知校、爱校”的目的，圆满完成教学目标。

(二)通过“尚美”教育，做崇德、敬业、健康、尚美的崇德人

教学片段：“美”是人间最美好的东西，“尚美”就是要培养学生的审美能

力，创造美的能力，陶冶情操，净化心灵，提升层次，而美的事物中也蕴含着各个时期的时代特色。

在“校园建筑”专题的讲授过程中，老师出示建筑界的一代宗师梁思成先生的话：“城里到处是房子，但是缺少建筑。”其含义是艺术性的房子实在是太少了。的确，一个国家、一个民族的建筑，将最准确地反映这个国家、民族物质精神的面貌。同样，一个学校的建筑也能反应这个学校的兴衰变迁和精神内涵。为激发学生对建筑的兴趣，教师提问：“大家都知道我们是百年老校，我们学校最早是所教会学校，那么大家想不想看看学校在建筑方面发生了哪些变化？同学们对学校哪部分建筑最感兴趣？”学生回答：想看学校最早的样子，第一任校长长什么样，游泳池在哪儿……

老师在整理了学生发言后，向学生展示了由英国人建立的第一代校园的图片，第二代校园的场景，以及新中国成立前后校园的变化，并把至今仍保留的布局做了重点对比，例如，大门、甬道、花园、操场、教学楼、游泳池、图书馆等。

接着教师提问：“大家看了这些照片有什么感受吗？”学生纷纷回答：学校变化很大，设施越来越好；原来的教学楼更洋气；图书馆不错，面积越来越大；操场很漂亮……

如果校园建筑的介绍过程仅仅是让学生了解学校百年校园的变化，则显得有些单薄，学生也不能够体会“尚美”的含义，如何让学生在欣赏校园美景的过程中，感受时代的进步和变化呢？老师追加提问：“在校园建筑变化的过程中，你发现了怎样的规律？”学生沉默，似乎没有体会。老师将校园各个时期的建筑图片再循环播放一遍，终于有学生嘟囔：好像每个时期的建筑风格和这个时期的特点有关系，其他同学也略有所思地点头。老师追问：“那么大家觉得哪个时期的建筑最美？”学生纷纷回答：教会时期的，比较“洋”气；还是现代的好，看操场多漂亮，又实用……

老师在学生讨论之后，看到时机成熟，遂做出总结：这些建筑不仅历经了风雨沧桑，也是历史的见证者，在这些建筑的身上，我们看到了校园由原先的教会风格向现代化风格演变，每一次建筑的变迁都体现了时代的变迁以及“崇德”的兴衰沉浮，从这些照片上，我们直观地感受到 20 世纪初建筑的朴素、庄重、务实的美，也可以感受到步入 21 世纪现代化校园的科技、进步、便捷之美。

时至今日，校园的设计越来越人性化，设施越来越齐备，这些变化体现的是以学生为本位的教学理念，更是无数崇德人一代又一代努力的结果，百年的建筑背后，我们更应该看到“崇德”的精神：自强不息，历久弥新。

——节选自校史系列·校园建筑篇

每个时代都有自己的时代特色，而这种特色无论是充满现代气息还是满载古朴气息，都无疑体现了每个时代建筑不同的美。老师在“校园建筑”的讲授过程中，先通过图片让学生对校园建筑百年间的变化产生直观印象，再让他们通过分析体味“每个时代的建筑有每个时代的美”，而这种“美”也是历代崇德人生生不息追求的目标。

（三）实施崇德教育，做胸怀天下的崇德人

教学片段：“崇德”不仅仅是对个人修为的推崇，更有对中华民族的高度忠诚，真正的崇德人骨子里有着永不改变的“家国情怀”。

邓稼先是“院士风采”重点介绍的人物，一是因为他的事迹感人至深，具有极大的启发性；二是因为学生们在初中阶段都学过杨振宁为他撰写的文章，有亲切感。欲知其人，先言其事，老师先让学生说说自己知道的邓稼先，许多学生提到他隐姓埋名在祖国西北专心科研，提到他丝毫不顾个人安危，徒手搬运具有高度放射性的弹片等等事迹。

期间，学生们纷纷感慨：“现在肯定没这样的人了”“也就邓稼先能这样”。在学生发言过程中老师意识到，这些言论其实一方面显示了学生对邓稼先这样的先辈的由衷钦佩，一方面也是对自己的一种发问。听罢老师不动声色地开始讲述邓稼先少年时代为国为民的故事。

老师从抗战爆发邓稼先一家为不愿为日本人做事而南迁，讲到邓稼先 26 岁获得学位几天后便毅然回国。之后提问：“邓稼先为什么会有那些常人看来不可思议的举动？是因为金钱还是高官诱惑?”学生沉默。老师继续说道，“这是一种情怀，一种心怀天下的爱国情怀。面对命运多舛的国家，他从小就立下了报国的志向，祖国就是他奋斗不息的根之所在。所以你们未来的人生如何，很大程度上在于你们今天怀抱着怎样的志向。”

学生 A：“我们没有邓稼先那么聪明，以现在的学习成绩看，肯定当不了院士。”

她的话获得了在座诸位的共鸣，班内发出了杂乱的赞同声，“没错，没错，物理可难学了!”老师发现原来学生们执着这里，于是反问：“难道我们只能选择当院士吗?”片刻之后，终于有学生意会。

学生 B：“精英毕竟是少数，我觉得无论学习怎么样，能力怎么样，重要的是要有邓稼先这种精神，我们不一定要接触原子弹弹片，我们可以用其他方式爱国。”

学生C：“不一定人人都当科学家，只要在自己从事的领域努力工作，就算是为国贡献。”

在老师的引导下，最终学生们达成某种共识：为国为家不在于事之巨细，而在于有怎样的态度与言行。

——节选自校史系列·院士风采篇

“崇德”是我校百年亘古不变的精神寄托，它要求我们具备服务国家、服务人民的社会责任感，要求我们具备“胸怀天下”的爱国情怀。如何在校友的人生经历讲述中融入爱国教育，老师做出巧妙提问：“邓稼先为什么会有那些常人看来不可思议的举动？是因为金钱还是高官诱惑？”一个问题道出邓稼先为国为民的动力源泉，正是“胸怀天下”的爱国情怀。最终老师引导学生将爱国之情落到实处，使学生意识到“为国为家不在于事之巨细，在于有怎样的态度和言行。”邓稼先的光辉人生对于学生树立服务国家、服务人民的社会责任感有着重要的作用。

五、校史课程的评价

我校的校史课程实施至今已经有八个年头了，在实施过程中我们也在不断地进行反思和总结，并从中总结出自己的一套评价制度，并在完善过程中。根据评价内容的不同，我们将评价分为“课程目标评价”“课程实施评价”“课程结果评价”。

（一）课程目标评价

我校校史课程的教学目标从2008年至今始终处于不断完善和改进的过程中，从最初“让学生了解学校历史”这一简单目标，到“授课过程中融入学校的教育理念，即‘崇德、敬业、健身、尚美’精神”，再到现在根据《规划纲要》制定的“坚持以人为本、全面实施素质教育”“坚持在校史中实施可持续发展教育”的课程目标，我们在不断贯彻《规划纲要》的精神，不断完善校史课程的目标体系，积极推进素质教育，促进学生全面发展。

（二）课程实施评价

我校的校史课程具备完整的课程管理和实施体系，从课程管理小组到实施小组，都能够做到敬业负责，并由学校教学处做好整体协调工作。校史的课程设置坚持“德、智、体、美”全面发展的原则，将内容分为：校史沿革、校园建筑、崇德活动、崇德师魂、院士风采、杰出校友六个专题。在教学过程中六个专题既有内在联系，但又各有特色和教学侧重点，试图做到促进学生的全面发展，并通过形式多样的教学方式和实践活动促进学生的可持续发展。

（三）课程结果评价

结果评价对于校史课程的发展极为重要，但这个评价制度并不是考试，不是去测试学生能够说出几个知名校友的名字，背出几段院士校友的光辉事迹。这种评价应该是一种口碑，能够在学生和他们所辐射到的周边人群中形成一种氛围和气场，让大家认可我们的校史教育，让学生真正受益，让他们在思想上、心灵上的受益，能够将“崇德、敬业、健康、尚美”的精神渗透到学生的思想中，同时改变学生和家长中普遍存在的“成绩决定一切”的思想，从而促进学生的全面发展。因此我们在每一年校史课程结束后，都会布置这样的作业，这个作业不仅仅是针对学生，而且针对老师和家长。但针对不同的人群我们布置的作业略有不同：

针对学生的作业：请你说出一个校史讲授中让你感动的人物或事件，并说明原因。

针对家长的作业：您的孩子和您提到过我校的校史吗？如果提过，您有怎样的看法。

针对老师的作业：您在校史备课、授课过程中有哪些新的体会？

在我们收到的反馈信息中，来自学生、家长、老师们的话语让我们感动，我们的工作得到了大家的认可，同时也让我们看到了校史教育的价值所在，下面就将部分反馈信息摘录如下：

1. 来自学生的反馈

我最感动的一个人物是邓稼先，其实在听课的时候，我开始都为他不值，一个有能力得诺贝尔奖的人，却没有获得应该属于自己的荣誉。但后来才想明白了……名誉、财富都是过眼云烟，而你为国家做的事起到了应该有的作用，这才是最值的……一个人能把国家放在心里，愿意去那么荒凉的地方不容易，这也是我在听到他的事迹时会感动的原因吧，这样想来还是值的。（高一5班同学）

2. 来自家长的反馈

孩子回来提了一些学校讲校史的事，还说我们学校出了10个院士呢，看样子很得意，还感慨地说：“梁思成死都要死在自己的国家。”孩子和我交流想法，为什么会产生这样的思想，我以为这是一种爱国的表现。同时也是负责任的中国人的表现。国家有难立刻出逃，这样的人是没有责任感的，梁思成的故事也让我们深思，我们的责任感体现在哪里？而三十一中能有这样的校友的确值得骄傲。暑假知道考到三十一中时，孩子回来还很不满意地说，以前班里哪个同学念重点什么的，这段时间似乎没有再听到这样的话，孩子似乎还挺骄傲的。

3. 来自教师的反馈

每年讲到邓稼先(院士风采专题)都有新的感受，以前也一直强调他的家国情怀，学生也很感动，但是感动之后，他们不知道自己应该做些什么，今天我试图引导学生说说自己能做些什么，体现我们的爱国情怀，学生经历了一些思想波动，最终也的确意识到，爱国、胸怀天下并非必须轰轰烈烈，我们也可以做小事报国，造原子弹和扫大街我们都需要，但心中一定得有这种观念。而在备课过程中，我自己也在反思，我的崇德敬业在教学上、德育建设上也要体现出来，爱祖国的幼苗——孩子们，也是爱国的一种体现吧。

《规划纲要》中提出要重视可持续发展教育，我们认为，这种可持续发展教育是要包含每个人，注意不是每个学生，而是每个人。这个人不仅包括我们现在面对的学生，而且也包括我们的老师以及学生的朋友、家长等，让他们都可以从我们的可持续发展教育中受益。从上面的反馈中能够发现，在校史教育实施过程中，学生在成长、老师在成长、家长的思维也在转变，我校"崇德、敬业、健康、尚美"的崇德精神在发挥着更大的作用，这就预示着我们的校史教育是可持续发展的教育，在以后的工作中将在这一方面更加深入挖掘，让崇德精神成为一种传统，成为每个崇德学子身上的传统，成为他们会传给子孙后代、传给身边每个人的传统，让可持续发展教育真正实现可持续发展。

六、校史课程的教学反思

我校是一所百年老校，具有丰富的校史资源，经过几年的摸索，我们已经形成了自己的一套教学管理模式，并且我们也在校史课程的实施过程中不断总结、完善。

(一)从管理上看，我校高度重视校史课程的开设

在校史课的开设之初，学校就成立了"校史课程领导小组"。学校挑选历史、语文、政治、地理相关学科的骨干教师组成"校史课程实施小组"，担负教学和科研任务。"校史课程实施小组"成员间加强备课，定期研讨，不断提高教学水平。"校史课程领导小组"的成员经常听课指导，及时反馈，保证了教学的质量，也促进了校史课程质量的提高。上课形式上，我们采用走班上课制，这样学生总能见到新的面孔，总能对校史课程保持新鲜感，保证了教学的效果。总之，在校史课程的开设过程中，领导亲自挂帅，管理有方，督

导到位，保障有力，这是校史课程顺利开设的重要保证。

（二）从课程实施上看，我们坚持德育为先，全面实施素质教育

《规划纲要》中明确规定："教育要培养德智体美全面发展的社会主义建设者和接班人；推进素质教育的重点是面向全体学生、促进学生全面发展，着力提高学生服务国家人民的社会责任感、勇于探索的创新精神和善于解决问题的实践能力。"国务院《关于基础教育改革与发展的决定》中也有类似的条文。学校更是坚决贯彻德育为先的方针，全面实施素质教育。具体到我们这门校史课程，我们深入挖掘校史资源分别从"崇德、敬业、健康、尚美"四个角度来阐释素质教育的内涵。通过校史课程的实施，学生具有了良好的思想品德和崇高的道德情操。

（三）从课程设置上看，我们坚持以人为本，优化教学资源

《规划纲要》中规定："把育人为本作为教育工作的根本要求。人力资源是我国经济社会发展的第一资源，教育是开发人力资源的主要途径。以学生为主体，以教师为主导，充分发挥学生的主动性，把促进学生成长成才作为学校一切工作的出发点和落脚点；关心每个学生，促进每个学生主动地、生动活泼地发展；尊重教育规律和学生身心发展规律，为每个学生提供适合的教育，培养造就数以亿计的高素质劳动者、数以千万计的专门人才和一大批拔尖创新人才。"

在校史课程的设置上，我们始终把学生的发展放在第一位。我们将丰富的教学资源进行整合，把校史课程分为六个专题来实施。在实施过程中，我们采取各种方式充分体现学生的主体地位：我们组织了问卷调查，了解学生的状态，这样在教学中就会做到有的放矢，提高教学的针对性；我们在课上运用多种教学形式，如歌曲、图片、PPT、影像资料等，调动了学生的积极性，提高了学生的学习兴趣；我们组织学生采访老校友，亲耳聆听校友的讲述，感受学校的脉动；我们组织学生参观学校荣誉室，亲身感受学校的辉煌，增强自豪感；我们组织学生参观校史展，学生亲身感受学校的发展变化，体会时代的变迁。

我们在教学过程中，注重发挥学生的主动性。课前，根据学生兴趣，将学生分成若干兴趣小组，分头查找、搜集校史资料，培养了学生搜集资料的能力，提高了学生分工协作的意识；课堂上，鼓励学生向同学们展示自己的成果，锻炼了学生的口头表达能力，使得学生有了充分展示自我的舞台，个性得到张扬，价值得到体现。总之，一切活动的落脚点都是以人为本，促进学生全面发展。

(四)从师资队伍的成长来看，教师得到专业化发展

在促进学生全面发展的同时，教师也注重自己的专业化发展。“校史课程实施小组”成员间经常进行集体备课和交流研讨，在此过程中教师的专业水平得到提高，尤其是年轻教师成长很快。“校史课程领导小组”的成员经常听课指导，及时反馈，这对教师来讲也是一个不断学习，快速成长的机会，教师把在校史课程中学到的技能和方法应用到日常的教学中来，也会促进教学水平的不断提高。邓稼先、梁思成等例子让教师对“爱岗敬业”有了更深的体会，激励着大家以更大的热情投入到工作中，实现了教师的可持续发展。

近年来，教育的可持续发展成为人们的一种共识。我们校史课程的实施基本达到了对学生德智体美的全面教育，但是这并不是最终的目的，归根结底，教育的最终目的是实现学生的自我教育、自我发展。这是一项浩大的工程，我们感觉到仅仅通过校史课程的开设是远远不够的，还需要我们在日常教育教学工作中，事事教育，时时渗透。

通过校史课程的开设，我们不仅仅想让学生感受学校的辉煌，产生爱校的自豪感，还想让学生家长和社会对我们的学校有所了解。虽然我们也收到了一些家长来信，他们表达了对学校的感谢，但是辐射面还是不够宽阔，我们要加大宣传的力度，增强与家长的沟通交流，实现学校与家长的互动，并且将我们百年来“崇德、敬业、健康、尚美”的精神渗透到社会中去，让每一个崇德学子和家长都成为崇德精神的宣传者，把“家国情怀”“服务社会、服务人民的社会责任意识”辐射更广的领域，将教育的张力体现出来，真正实现教育可持续发展。

总之，任重而道远。校本课程的开设我们还处于探索、实验阶段，肯定还有许多地方值得改进或调整，但是我们将不断完善这份工作，将校史课程变成学生、教师发展的平台，变成学校、家长、社会共同发展的舞台。

话题整合　探究生成

——十一学校思想政治课程变革的思考与实践

刘　梅　北京市十一学校

一、课程变革的背景

（一）在宏观层面上，基于国家课程改革的需要

国家在《基础教育课程改革纲要》中明确提出："改变课程结构过于强调学科本位、科目过多和缺乏整合的现状，整体设置九年一贯的课程门类和课时比例，并设置综合课程，以适应不同地区和学生发展的需求，体现课程结构的均衡性、综合性和选择性。"纲要以问题为导向，指出课程结构中存在的问题，要求学校根据实际情况，贯彻国家课程改革的要求，这吹响了学校课程改革和学科课程改革的号角。

（二）在中观层面上，基于学校改革的需要

面对基础教育实践中的问题与困惑，北京市十一学校经过反思，逐步认识到基础教育功能与价值的内核主要表现在两个方面：一是学生发展的方向问题，即让学生知道我们要到哪里去；二是学生发展的动力问题，即如何把外在的推动力转化为学生自主发展的内驱力。在此背景之下，十一学校自2009年以课程改革作为切入点，陆续开始对现有的国家课程、地方课程、学校课程进行整合，通过国家课程校本化，构建一套分层、分类、综合、特需、可供学生选择的课程体系，力图通过可选择性的课程调动学生自主发展的主体意识，唤醒与发现每一位学生的潜能，让每一位学生在自己的优势领域里发展，并以此推动教学方式和学习方式的变革，政治学科分类课程体

模拟联合国

系就是在这样的背景下出现的。

（三）在微观层面上，基于师生发展的需要

面对高中思想政治课在理科倾向学生学习方面一直存在的内容庞杂、学生不喜欢、学习效率低下等问题，为更好地满足学生发展的需要，我们在师生中进行了广泛的调查，找到我们的“痛”点所在。

- 光老师讲，学生不愿意听。
- 教材有些观念陈旧。
- 有些东西与现实脱节。
- 考试前临时突击。
- 为了考试，为了分数，没有能力提升。
- 课堂上很多学生做别的事。
- 对老师没有提升。
- 时间拖的太长。
- 学生没有兴趣，老师热情减弱。
- 主要以灌输为主。
- 政治老师的价值没得到体现，没有职业幸福感，产生职业倦怠。
- 学生没有太多收获。
- 学生知识面窄，思维能力没有得到提升，更谈不上学科素养。
- 对付，过会考。
- 教育与现实两张皮。
- 学生不重视，班主任不重视，教师有挫败感。

这些问题深深刺痛着我们，为了能够更加突出重点问题，我们对“痛点”进行了排序，选出最亟待解决的三大问题：一是只是老师讲，学生不愿意听；二是有些理论与现实脱节；三是学生没有兴趣，老师热情减弱。

通过对这三个问题进行归因分析，我们找到了一些共同的影响因素：教材滞后，观念陈旧；学生已经形成对政治课堂与老师的传统看法，认为老师是在灌输，不利于政治课教学；教师不了解学生的兴趣点，对前沿理论理解不够；没有升学压力，学生不重视；社会越来越开放，学生获得信息的途径越来越多，存在多种思潮的冲击等等。

政治课缺乏生机，师生缺乏激情，这些问题都与课程内容设置、课程时间安排、课程学习方式有着密切的关系，因此需要通过学校课程的开发与设计实现质的突破。

二、课程设置的结构

十一学校根据理工和人文等不同发展方向的学生需求，编制了不同课程内容，安排不同的课程时数，在高中思想政治课中实施分类课程体系，以满足学生个性化需求，适合学生成长，课程分为思想政治Ⅰ类课程和思想政治Ⅱ类课程。

思想政治Ⅰ类课程的适用对象主要是工程与经济学方向、数理方向和出国留学方向的学生。开设方式由每个学期的大学段集中学习加小学段研究报告组成。大学段的学习是集中授课，每周4课时，每学期重复开设，学生在三年内可以任意选择学习时段。还有一些内容适合做综合性的研究专题，由学生组成研究小组，在每个学期的小学段内进行，最后形成研究报告。

思想政治Ⅱ类课程主要满足人文与社会方向学生的高考学习要求，需要连续学习三年，每周3课时。课程设置基于学生的学习基础、专业发展、兴趣爱好，适合每位学生的成长。

三、课程期待的目标

课程目标，即课程的设计理念，是课程的灵魂，体现课程本质及价值追求。我们通过校本课程的改革，力求实现以下目标：

理性追求：具有理智、自主、反思等思维品质和行为，理性思考、理性决策。

实践追求：注重公共参与，主动有序参与社会公共事务，注重生活体验，注重理论联系实际，承担公共责任，践行公共精神。

法治追求：崇尚、遵从法律，具有规则意识、程序意识和权利义务意识。

价值追求：认同正确的价值取向，形成正确的价值判断与选择。

四、课程研发的历程

我们在遵循、依据国家课程标准的基础上，首先研发校本教材，因为它是课程实施的前提和基础。思想政治Ⅰ类课程经过不断的探索尝试，三次易稿，最终研发出校本教材《高中思想政治话题赏析》，围绕经济、政治、哲学、文化四大领域，设置20个不同的话题，以话题内容为依托，以通俗易懂、图文并茂、灵活多样的形式，为学生提供了跨学科的、宽领域的、话题式的课程学习资源，学生喜欢阅读，对学科有浓厚的兴趣与探究热情。

思想政治Ⅱ类课程以人教版教材为依托，围绕学科核心素养的培育，开发四个模块的《学习指南》和《学习标准细目》供学生使用，由于这些资源结合十一学校学生的学习特点，非常适合学生的学习路径，指导效果很好。

以Ⅰ类课程校本教材《高中思想政治Ⅰ话题赏析》为例，从第一版的《高中思想政治Ⅰ学习指南》，到第三版的《高中思想政治Ⅰ话题赏析》，其间编写思想和课程内容经历了巨大的转变。

（一）第一版：国家教材框架下的整合

高中新课程理念强调教师不是给学生灌输知识，而是教学生学习知识的方法和能力，教师不是“教教材”，而是“用教材教”。因此，要在有限的教学时间内完成四本必修教材（《经济生活》《政治生活》《文化生活》《生活与哲学》）的教学任务并且收到最佳的教学效果，教师必须要充分发挥主观能动性，整合教材资源。

第一版教材封面图

我们根据国家教材的内容严格按照单元的结构编了一本《高中思想政治——学习指南》。《学习指南》把国家课程四个模块的内容整合在一本书中，按照模块的知识体系进行组编，与国家教材的不同之处是以小专题角度、学习路径切入，以任务驱动的方式，强调能力与素养的培养。通过解读国家课程内容标准，针对学科的一些核心内容重点突破，做出细致具体的要求。比如《经济生活》模块，第一单元重点突破货币、价格、消费三个主题；第二单元重点突破生产与消费、企业经营与发展、就业与创业、投资理财四个主题，清晰地指明学习的路径，可操作性强。现在想来，当时的举动非常大胆。学生在用过之后反映，《学习指南》的材料选择、版面设计、问题质疑等方面还是不错的。但本质上仍旧是国家课程的简约版或学习版，并没有实质上的突破。

在教学实践中我们越来越感到，把单元按专题进行的设计对理科生教学来说存在一定的问题，常常感觉被固定的知识框架束缚住了，话题没有说透说尽，也不能激发学生的兴趣。于是，《学习指南》在一轮改革试验结束之后便退出了历史舞台，2011 年暑假老师们决定对国家教材进行更为大胆的整合，编写适合理科生使用的以话题为主线的新一版教材。

(二)第二版 ：以“话题”进行的整合

老师不断地研讨、交流、碰撞，力求对学生、学科、课程进行准确定位。我们首先研究学生的需求，Ⅰ类课程定位清晰，主要是针对理科班学生，他们不参加高考，但在成长过程中对经济、政治、哲学、文化等社会现象特别关注，很多学生喜欢阅读相关书籍，甚至个别学生还研读原著，他们不喜欢死记硬背知识点。对于这些学生更多地是要提供广阔的学习空间，让他们的观点相互碰撞、相互激发。为了能够使课程适应学生成长的需要，我们广泛地与学生座谈、进行问卷调查，厘清痛点，分析原因，寻找解决路径，最后确定以“话题赏析”的方式进行新教材的编写。

首先，我们确定话题选择的原则：话题是永恒的、经典的；情境是新鲜的、有创意的；问题是值得争辩与探讨的；答案是开放的、多角度的；资源是丰富的、多元的。其目的是引领高中学生学科思维、学科能力和学科素养的形成。其次，我们研讨内容。话题的内容应该基于现实生活，又要联系学生实际、学生的“兴趣点”和“实际点”，这是寻找和捕捉话题的支点。话题背景中可以提供给学生大量的生活素材，提出多样化的任务，鼓励学生展示自己的思想，同时也注重对问题进行深入的理论分析，并最终回到生活实践的指导。

那么，选择哪些话题呢？我们在反复商讨中，大大小小经历了无数次变动，其中具有整体性、代表性的变化就有五次。从第一次到第五次，其间经历了巨大的调整。

第一次的话题，以《经济生活》模块为例，包括以下内容：

1. 货币问题

(1)货币的功能问题。梳理货币的产生与发展历程，分析货币在经济生活中的作用。

(2)纸币发行量问题。

(3)信用工具的使用问题。解释常用信用工具的用途，分析信用工具透支现象。

(4)人民币汇率问题。分析人民币升值背后的原因以及带来的影响。

2. 价格现象

(1)供求与价格。

梳理生活必需品、高档耐用消费品、大宗商品(石油、铁矿石等)的价格变动情况，分析影响商品价格变化的因素。

(2)价格与需求

价格变化(物价上涨)对人们生活及企业生产带来的影响。

3. 消费

(1)中国消费者对国外高档奢侈品消费的分析。消费心理，消费行为，消费观念。

(2)分析恩格尔系数变化的原因及意义。消费水平，消费结构，消费类型。

(3)分析节俭是一种美德还是抑制消费。消费与生产。

4. 公司

(1)观看《公司的力量》分析公司的产生及带给人类的影响(公司类型，公司作用)。

(2)选取三个公司的案例，分析公司经营成功的要素。

(3)查找正反两个案例，分析企业注重品牌、信誉、形象、诚信经营的重大意义(公司经营)。

5. 就业

(1)透析“用工荒”与“就业难”的矛盾，分析刘易斯拐点现象。

(2)就业形势，就业措施。

6. 投资理财

(1)制定一个投资理财的方案与设计，并说明方案可行性的依据。

(2)“本色”等民间非法集资现象分析。

(3)中国出现全民炒股的现象分析。

7. 收入分配

分配方式，基尼系数，社会公平与效率。

8. 财政与税收

(1)财政发挥的作用分析。

(2)分析不同的税种(重点是个人所得税，增值税)说明税收的特点及作用，明确依法纳税是公民的基本义务。

9. 经济全球化

(1)分析经济全球化是阴谋还是鲜花，感受经济全球化的进程。

(2)世贸组织在国际社会中发挥的作用，中国“入世”带来的经济影响。

(3)倾销与反倾销——贸易摩擦问题分析。

特点：围绕教材内容，以经济生活的知识线索，结合社会热点问题，采用新的资源来处理。

问题与不足：在实施的过程中，有一种换汤不换药的感觉，教师在处理中受到知识点的束缚，难以真正实现对学生思维能力及政治学科素养的培养与形成；同时，知识点琐碎，学生没有兴趣。

第五次修改后的话题

话题一：我们为什么要懂点经济。

话题二：“神奇的货币”为什么“疲软”或“坚挺”？

话题三：谁动了我的价格？

话题四：消费者都是理性的吗？

话题五：把鸡蛋放到“一个篮子”还是“多个篮子”里？

话题六：激荡商海谁主沉浮？

话题七：“贫富差距”中国人还要承受多久？

话题八：市场经济“风能进雨能进，国王能不能进”？

话题九：经济全球化是“鲜花”还是“陷阱”？

话题十：人类共同关注的课题是什么？

话题十一：我们为什么需要哲学思考？

话题十二：“密涅瓦的猫头鹰”为什么总在黄昏之后起飞？

话题十三：“科学是哲学之母”还是“哲学是科学之母”

话题十四：我思故我在吗？

话题十五：思想有多远行动就有多远吗？

话题十六：“读万卷书”重要还是“行万里路”关键？

话题十七：真理是“时间的女儿”，还是“权威的女儿”？

话题十八：管理学中常见效应的哲学思考。

话题十九：中国传统文化中的矛盾思想。

话题二十：我是谁？人活着的意义是什么？

从第一次到第五次话题的变化，可以看出编写过程的纠结、艰辛与进步。2012年暑期终于完成了当时还挺有成就感的《高中思想政治——话题赏析》，共精选了涵盖四个必修模块的20个话题，每个话题都设有故事、哲理、经典书籍、生活道理、时政热点、历史典故等栏目，既生动活泼具有可读性，也注重理性分析和智慧的提升，学生反馈“欲读不止、欲罢不能。”

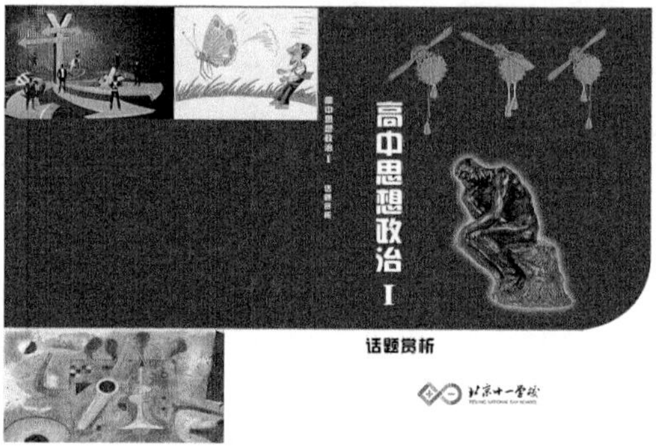

第二版教材

（三）第三版："话题"更开放的大整合

第二版使用后，我们及时针对话题内容在学生中进行问卷调查(共 261 人)，调查结果如下：

<table>
<tr><th rowspan="2">题号</th><th rowspan="2">内容</th><th colspan="2">A 非常符合</th><th colspan="2">B 符合</th><th colspan="2">C 不符合</th></tr>
<tr><th>比例</th><th>人数</th><th>比例</th><th>人数</th><th>比例</th><th>人数</th></tr>
<tr><td>1</td><td>话题内容贴近社会生活，有利于我们关注、分析、解决社会现实问题。</td><td>47%</td><td>123</td><td>49%</td><td>128</td><td>7%</td><td>17</td></tr>
<tr><td>2</td><td>话题材料新颖生动、内容丰富、有可读性，既能拓宽视野，又能引发思考。</td><td>49%</td><td>129</td><td>46%</td><td>121</td><td>4%</td><td>11</td></tr>
<tr><td>3</td><td>话题观点具有探究性、思辨性，能引起我们的讨论、思考与质疑。</td><td>54%</td><td>140</td><td>41%</td><td>107</td><td>4%</td><td>10</td></tr>
<tr><td>4</td><td>话题提供的案例客观、全面、具体，有助于我们理性地分析问题。</td><td>65%</td><td>170</td><td>28%</td><td>74</td><td>6%</td><td>16</td></tr>
<tr><td>5</td><td>《话题赏析》这本教材最吸引你的地方是：</td><td colspan="6">有特色，不同于以前的传统教材。
吸引人，有趣味。如"谁动了我的价格"，把鸡蛋放到"一个篮子"还是"多个篮子"里，从题目看摆脱了呆板乏味词眼。
话题多样，具有思辨性，每个话题都有大量的故事和例子非常生动，可供分析，比较有趣味，有助于思考。内容丰富，图片文字配合得体。
没有呆板地强调僵固的结论，留给学生多元化、开放性思考的空间案例及其观点，中肯全面，一改泛政治化的中国经哲教育。</td></tr>
</table>

续表

题号	内容	A非常符合		B符合		C不符合	
		比例	人数	比例	人数	比例	人数
6	如果让你主持改编此教材，你最想新增加的话题是：	更多的小故事大道理；增加“为五斗米折腰值吗”、消费心理学知识；增加中国古代哲学、博弈论、著名影视作品中的哲学思想、人生哲学；一些时政性的话题；经济的未来发展趋势；与股市相关的知识；国际贸易冲突分析；国际关系、政治制度、国家利益与世界和平发展；减少话题数量，加深研究精度，修正细节错误。					

经过两轮的实践，学生和老师都慢慢适应并喜欢上了这个版本，提出了很多中肯的看法和建议，不只是老师，学生也成了国家课程校本化的主人。在此基础上进行了第六次话题修改，最终形成了我们目前使用的《话题赏析》。第六次修改比第五次增加了两个话题：关注“两会”和“服务和阳光政府”。在早期的话题编写中，曾经有很多政治类的话题。但是觉得学生可能会不喜欢，就删去了很多内容。但是，调查结果证明我们错了，现代社会的青少年，他们具有关注社会、胸怀天下的情怀，这让我们十分感动。

之所以称这个版本为大整合，是因为我们在具体实施的过程中，会根据不同学生的特点、不同的时事热点增加新的话题，如博弈论、中美政体比较等等。

五、课程的实施

“学生第一”是十一学校奉行的教育基本理念，相应地课堂教学组织形式的原则与宗旨就是把课堂还给学生，让课堂生长学生的想法，让课堂成为学生思想碰撞、交流分享的场所。为了这个目标，我们不断尝试，在实践中探索出了几种切实可行且高效的教学课型。

主题阅读

（一）主题阅读课型

话题式教学围绕话题需要以学生大量的阅读做支撑，因此，我们利用学科教室为学生提供了大量的经典书籍，学生根据话题自主选择阅读书目。学生通过阅读，摘抄自己感兴趣的内容、案例、名言、故事等，直接与话题接触。老师将所读书目在同一领域或相近领域的学生分成一组，进行组内交流或班级展示，小组之间可以互相提问、质疑，在交流中碰撞、生成，在学生分享的过程中，教师注意记录下学生讲到的重要的关键点，为今后“话题赏析”的完善积累素材。

（二）任务驱动课型

传统授课模式以教师为中心，不能很好地调动学生的积极性，学生的主体地位被淹没了。于是我们在课前调查、了解学生对该话题的质疑问题和兴趣点，然后将其归类整理出具有层次性、代表性的几个任务返回给学生，学生带着任务开展研究。老师要尽量减少用信息和自己的想法填满课堂的时间，而要多花点时间给学生自主学习和彼此对话。在任务驱动课上，在明确的任务目标和清晰的操作路径下，学生作为主体在原有学习的基础上，个性化得到了进一步的提升与发展。

（三）体验活动课型

如模拟联合国、模拟居民大会、模拟价格听证会、编排文化短剧、投资理财的游戏课等，我们在实践中不断摸索，形成了一些提升体验活动课质量的办法。比如设计具体、明确的流程图，教师布置任务准确清晰，在人人参与的活动过程中教师及时点播，活动后总结，消除活动中的无效环节和低效环节。

体验型课堂：辩论赛

六、课程的诊断与评价

课程评价包括过程性评价和终结性评价。在过程性评价中我们关注学生的个性化差异，记录学生的成长过程、倡导学生自主学习、注重理性精神的培养、鼓励合作交流、培养理性表达与分析能力。

北京十一学校高中思想政治Ⅰ过程性评价标准

评价项目	分值		标准
常规表现	20分		1. 无故迟到1次扣2分；无故旷课1次扣4分； 2. 课堂玩手机、睡觉、做与课堂无关活动或干扰他人学习等行为1次扣4分； 3. 其他违纪行为，一次扣4分。
学习表现	40分	基准分20分	课堂表现良好。
		奖励分20分	1. 阅读感悟深刻。有质疑，有思考，能与同学、老师交流、分享，获得师生好评。一次加4分； 2. 课堂发言积极。能明确阐述表达自己的观点和思想，获得师生好评。一次加4分； 3. 有创新想法。能够学以致用，理论联系实际。一次加4分； 4. 善于质疑。能提出有价值的问题并引发其他同学思考和讨论，给同学以启示。一次加4分； 5. 在演讲、评论、辩论等活动中组织能力强，表现突出。一次加4分； 6. 在小组合作与讨论中能起到很好的组织与引领作用。一次加4分； 7. 有其他方面的突出表现。一次加4分。
话题评价	40分	40—35分	有自己独到的见解与观点；支撑理由充分、材料翔实有创意、有说服力；角度新颖；表达清晰、准确；语言深刻、流畅；字数不少于500字。
		34—30分	有见解与观点；支撑理由充分、材料翔实、有说服力；表达清晰、准确；语言流畅；字数不少于500字。
		29—25分	有观点但没创新；有支撑理由但不充分；表达清晰；语言流畅；字数不少于500字。
		25分以下	观点模糊；支撑理由不充分、资料不翔实、表达不清晰；语言一般；字数少于500字。

终结性评价立足于诊断，诊断学生的“学”与老师的“教”，从而更好地促进教育教学。

学科成立终结性诊断评价团队，研发基于学科核心能力与素养的题型，研制测试学生的诊断性试卷。诊断试卷命题意图主要有三点：第一，诊断学生对本学段学习内容的掌握、学科基本能力的形成情况；第二，基于学科素养的诊断试卷是否能诊断出学生学科素养的达成；第三，诊断教师教学中的教学情况，包括优势与存在的不足。进一步推进以核心素养为指导的课堂教学方式变革，进一步提高课堂教学的有效性。

诊断性试卷从试卷结构到题型设置，都直接面向学科核心能力与素养。

诊断性测试的考查目标与题型设置

学科核心素养	学科核心能力	能力分解	诊断题型
政治认同 理性精神 法治意识 公共参与	基础知识掌握能力	基本概念、观点理解	选择 （建议以案例、运算、图表、漫画、成语、诗词等形式考查基本概念观点）
		有效信息提取	填空（建议以归纳、推理类填空）
		知识体系建构	画框架或思维路径图
	分析理解	逻辑思维能力	图表分析
		辩证分析能力 归纳演绎能力	材料分析（主题阅读的分析、材料背景分析、原因、影响、措施等分析）
	综合运用能力	建设性批判能力	小论文（短评或时评、推荐书、建议书、宣传广告等）
		实践能力 （公共参与、社会体验）	实践探究（职业考察、文化实践、企业策划案、模拟听证会、居民大会、联合国、建言献策等）

七、课程带来的变化

（一）学生的改变

校本课程改革为学生提供了获取知识的宽广平台，《话题赏析》教材，功能教室的图书杂志、电脑、IPAD，手机上网查询和弹幕系统，师生之间的互动讨论等，这些都充分地培养了学生获取、利用和处理信息的能力，这些能力将使学生终身受益。学生有了问题不是一开始就询问老师，而是通过各种方法自己去探索，然后与大家分享，学生的创新思想不断涌现，出现了很多有想法、有思想的学生。可以说，我们的课堂回归了教学的本源。学生动了起来，课堂活了起来，学生觉得这样的政治课非常有意思、有意义。辩论会、学生小组活动、课堂争辩等成为政治课堂的常态。同时，学生也静了下来，能主动认真地自主阅读，写出深度思考后的读书感悟。

（二）教师的改变

话题是开放的，课堂是开放的，答案也是开放的，校本课程的改革督促教师在与学生平等对话的合作互动中，加强对学生的点拨和指导，实现教学相长。

教师课堂研讨

在课堂上，我们也有被学生说服的时候。刚开始，觉得作为老师的尊严被触犯了，但经过一段时间，我们发现用知识来征服学生已经“力不从心”，也不应该是我们教育的目的。经过三年多的尝试与体会，大家认识到提出问题不再是教师的专利，而是由学生经过自己的思考，大胆地问“为什么”。从内容上来说，话题涉及经济、哲学、政治、文化等领域，而经济又涉及宏观经济学与微观经济学，涉及金融、国际贸易等相关学科。从话题的维度来说，同一个话题可能涉及多个角度、多个领域，课程内容的广度和开放性达到了前所未有的程度，把学生从政治课堂解放出来，但也给老师们提出了更高的要求。因此，新的话题教学方式也促进了教师专业的发展与成长。

（三）形成良好的教研氛围

学科坚持每周一次纵向和横向集体备课制度。同一年级不同课程进行横向集体备课，同一类课程不同年级进行跨年级纵向备课。这样做的好处是各个年级教师打通，每位教师不是在一个模块内备课，而是始终站在系统的高度进行把握，这对于老教师经验的传承、新教师的快速成长都有着不可或缺的意义，也成为十一学校备课的一大特色。

学科采用专题式备课方式。为满足不同类型学生对课程的学习需求，我们把一个个单元整合成一个个专题，每位教师承担一至二个专题的准备任务。开学初自主确定专题，备课时由主讲人提供本人负责研究专题的备课素材、课件及设计思路，同伴教师进行质疑、讨论、修改、完善，同时每位教师不是完全照搬别人的资料，而是根据自己的特点在独立备课的基础上进行集体研讨与创新设计。

教师专题式备课教研

八、课程实施的反思

高中思想政治分类课程实施以来，一直注重发挥思想政治学科的育人功能。但是目前的课程建设也存在一些需要我们进一步思考的问题。

（一）经典的案例与素材少，而政治学科特有的时代性、现实性，资料更新迅速，不能及时满足学生的需求。

（二）目前学校改革强调课堂教学的个性化，特别是人文情怀的培养具有鲜明的个体性，但是学校课堂教学的统一性很难满足个体独特的需要。

（三）诊断试题在很大程度上开阔了学生的视野，大大提高了诊断的功能，但是主观性强，难以量化，试题的甄别、区分功能还需要进一步研究。

（四）对于核心素养的培养，如何在课程、课堂层面落地？课程开发与优化的道路依然艰难，还需要更大的勇气与智慧。

（五）面对新一轮课程改革，新型知识体系的建构、生长于互联网时代的学生带来的技术挑战、师生代际之间的差异，都使教师感觉压力很大。课堂教学如何达成学科核心素养、如何诊断评价核心素养的水平、重新架构的课程设置及内容，这一切都需要我们不断探索。

随着国家课程改革和十一学校校本课程改革的深入推进，面对种种改革中的新变化、新挑战和新问题，我们不会停止，继续前行，永远在路上。

研发成员：周永霞、赵继红、孟晗、文银花、杨小斌、冯延兵

开发校本资源　共谋师生发展

石　芳　北京教育考试院

随着课程改革越来越强调为了每一个学生的发展、满足学生个性的需要，以及学校在课程上享有比以往更加充分的自主权和决定权的客观现实，校本课程现在越来越成为实施灵活多样的教育实践活动的重要途径。

校本课程(School-based Curriculum)是相对于国家课程、地方课程而言的一种课程形态，它是学校自主开发实施的，充分利用和挖掘学校资源，满足本校学生需求，体现学校文化价值理念的课程形态。校本课程诞生于20世纪60年代，是西方发达国家教育民主化运动的产物，学校向国家、地方和教育部门争取一定的课程编制、管理和实施的自主权。同时，随着多元文化时代的到来，社会的流动变化加快，地方差异、校际特点十分明显，统一性、一般性的国家课程难以满足多元化、变动性的实际需要。面对新形势，体现学校发展特点的校本课程应运而生。我国校本课程的开启始于1999年颁布的《中共中央国务院关于深化教育改革全面推进素质教育的决定》，其明确规定“调整和改革课程体系、结构，建立新的基础教育课程体系，试行国家课程、地方课程和学校课程”，确立了我国“三级课程”的结构体系。之后，随着素质教育思想指导下新一轮基础教育课程改革的不断推进，校本课程轰轰烈烈地在全国推行，成为我国教育理论与实践改革领域的热点问题。

一、校本课程重在实践

校本课程主要有两类，一类是国家必修课、选修课程和地方课程的校本化，一类是学校自主开设的课程，比如学校的选修课、综合实践活动课程、研究性学习和修学旅行活动等。这两种类型的校本课程与国家课程、地方课程有很大差别，都带有鲜明的实践性，或者说校本课程大多属于实践性课程。校本课程一般并不专注于科学理论知识的教育，更多地是与社会现实、校园生活、学生生活密切相关的内容，围绕本校的历史人文、学生感兴趣的问题，以学生的社会调查、参观走访、问题探究和社会服务等活动作为主要的学习方式。比如三十五中校本课程的宗旨是“加强学科知识与现实生活之间的联系，正确理解和处理个人与他人、个人与集体、个人与社会的关系，使学生学会发现问题、思考问题、解决问题，学会与人沟通合作，提高学生的综合人文素养。”

当前，校本课程已经成为教育实践活动开展的一个主渠道。很多学校利用本校资源，寓教于学生的各种实践性、体验性、讨论性、模拟性实践活动中，从而实现国家课程、地方课程的校本化。比如，北京市第三十一中学组织学生采访校友、学校老师和同学，理解并传承“崇德精神”。北京四中在学习高中《经济生活》必修模块“价格”的内容时，结合学校科技节开展了“猜价格”活动，由教师展示出一些商品，看哪位学生的出价最接近真实价格。在实践中引导学生进一步掌握价值决定价格，价值量由生产该商品的社会必要劳动时间决定的原理。三十五中专门设计了“校园贸易节”活动，让学生亲身体验商品的价格与供求、交换之间的关系。北师大二附中在模拟商品交易过程时，让学生自己制作用以流通的货币，结果学生们制作的小额货币不够，导致很多人因找不开钱而持币待购，影响了交易的顺利进行，通过这个活动，学生们对书上抽象的货币流通公式有了切实的体会，明白流通中实际需要的货币量受哪些因素影响。学习《政治生活》模块的相关内容时，北京市二一四中学、北京八中带领学生走访居委会，跟随居委会主任一天忙碌的脚步，对基层自治组织多样化、具体化的工作职能有了深刻的感性认识。一五六中学鼓励学生走进自己生活的社区，发现社区中存在的问题，开展调查研究，撰写社区发展建议，并反馈给居委会。

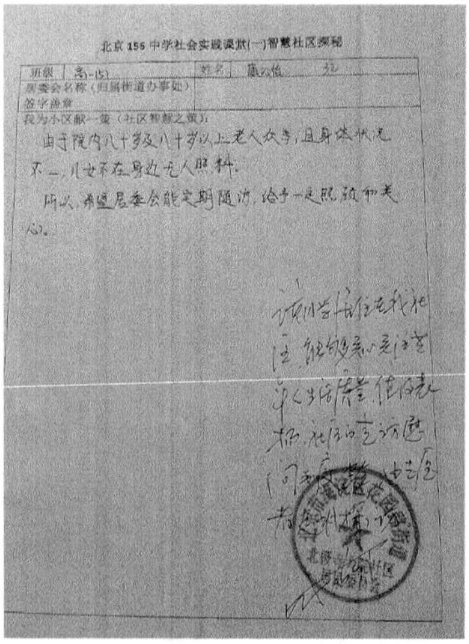
北京156中学社会实践课程(一)智慧社区探秘

班级	高一(5)	姓名	
居委会名称（归属街道办事处）签字盖章			

我为小区献一策（社区智慧之策）：

由于院内八十岁及八十岁以上老人众多，且身体状况不一，儿女不在身边无人照料。

所以，希望居委会能定期随访，给予一定照顾和关心。

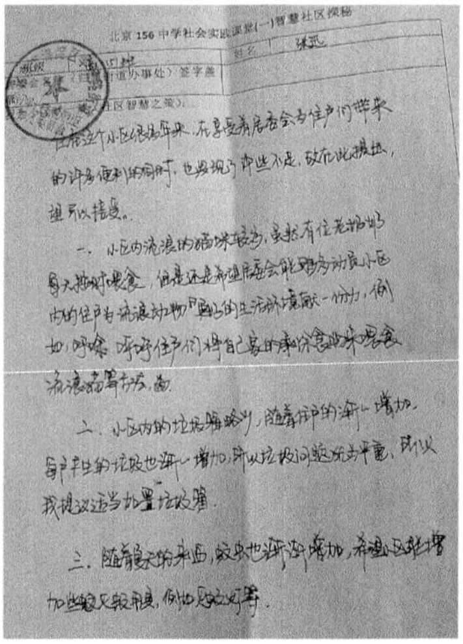
北京156中学社会实践课程(一)智慧社区探秘

班级		姓名	张迅
居委会名称（归属街道办事处）签字盖章			

我为小区献一策（社区智慧之策）：

在居住这个小区很多年来，在享受着居委会为住户们带来的许多便利的同时，也发现了些不足，故在此提出，望予以接受。

一、小区内流浪的猫咪较多，虽然有住户每天按时喂食，但是还是希望居委会能够多动员小区内的住户为流浪动物的生活环境献一份力，例如，呼吁住户们将自己家的剩余食物拿来喂食流浪猫。

二、小区内的垃圾桶略少，随着住户的渐渐增加，每户产生的垃圾也渐渐增加，所以垃圾问题越来越严重，所以我提议适当加置垃圾箱。

三、随着夏天的来临，蚊虫也渐渐增加，希望小区能增加些驱蚊设施，例如灭蚊灯等。

北京一五六中学“智慧社区探秘”活动

以北京四中初中部为例，校本实践活动嵌入到必修课和选修课学习、综合活动课程、学生社团等多种课程和活动中，共同构成一个有机的校本课程系统。

北京四中初中部政治组校本课程

课型	活动名称	内容	活动方式
必修课程校本化	猜价格	价格问题	校内活动
	行走的智慧	农村生活调查	去农村亲身调查
选修课	书法俱乐部	书法理论与临摹	临摹书写
	模拟联合国	确定议题，按程序议事	模拟活动
	模拟人大	选举代表，提出议案	模拟活动
	学生公司	分组创办，运营公司	模拟活动
实践活动课程	游学活动	美国索罗马中学交流	参观书画、京剧交流表演
	支教活动	王林口中学	手拉手互帮互助
学生社团	商学社	商业组织与运作	学生商业大赛
	辩论社	思辨、分析能力培养	学生辩论赛

猜价格

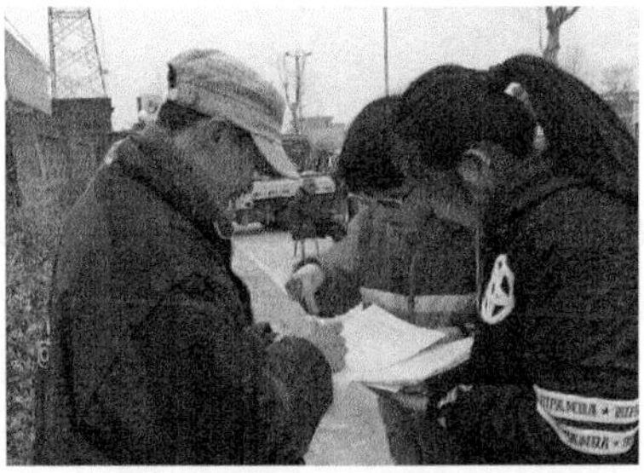

农村生活水平调查

模拟人大

学生公司

王林口中学支教活动

中西文化交流

北京三十五中校园贸易节

二、校本课程的特点

(一)特色化与多元化

1. 学校特色。校本课程实践活动具有鲜明的学校特色。国家课程是全国共同的课程设置，体现国家的意志，是对各级各类学校培养目标和培养规格的统一规定，具有普适性。但是这种普适性也造成千校一面，无法体现不同地区、不同学校、不同学生的特点和不同需求。校本课程的作用正在于弥补国家课程的不足。从逻辑角度看，国家、地方和学校三级课程是“一般”与“具体”、“普遍”与“特殊”、“自上而下的共性部署”与“地方、学校的个性情况”的关系。校本课程是学校作为主体，基于学校校情、教师教情以及学生学情，对国家课程和地方课程所做的补充和转化，它反映了地区和学校文化的多样性、教育资源的丰富性、生活情境的具体性，体现了社区和学校的特点，以及学生、教师的个性化发展的具体情况，是一种多元、多维、自主、开放的课程样态，体现出多元化、适切性的课程观。

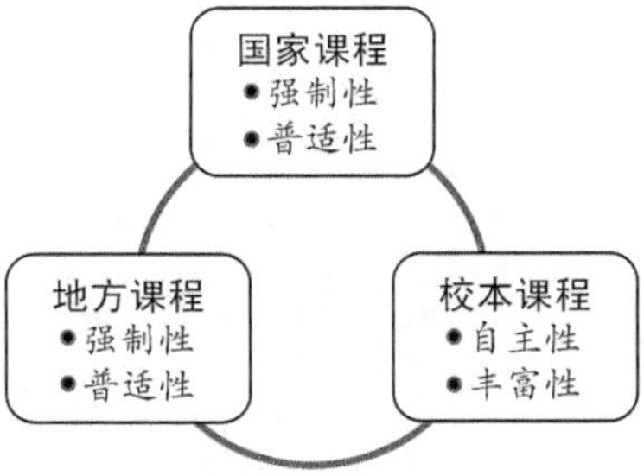

三级课程关系图

任何学校都处在一定区域内，有其独特的地理环境、历史传统、人文思想和文化氛围，学校可以根据学校和社区环境的实际情况，因地制宜地利用自身的教育资源，挖掘特色教育内容。英国资格和课程局(Qualifications and Curriculum Authority，简称 QCA)在 2005 年 12 月发布的名为《地方化你的课程》(Customize Your Curriculum)，开篇写道的“地方化的课程、校本课程允许你建立一个适合你的学生和环境的课程。你可以将英语和数学嵌入到另外一门科目中；改编学习安排以适应学生能力和充分利用学校和地方资源；将不同的科目的学习单元进行合并……”①

北京市第三十一中学的校园环境

北京市第三十一中学作为一所百年老校，历史悠久，名人辈出，古朴优美的环境、崇德敬业的教师群体……深厚的学校文化底蕴成为校本课程的丰富资源，学校开发了校本课程“崇德校史”，编写了六个专题的教材，充分利用自身独特的教育资源开展校史教育，让学生通过访谈校友、收集文献、调查学生等实践活动，“走进崇德校友，挖掘崇德精神”。优美的校园环境——校训、小花园、回廊、弟子规，不仅为学生的学习提供了良好的环境，也是一种潜在的学校独特的教育资源，无形中熏陶、引导着学生，

① QCA. Customize Your Curriculum. http//www.qca.org.uk/8680.html.

帮助感悟学校“崇德、敬业、健康、尚美”的文化精神。

北京三十五中在《文化生活》模块的必修课程学习之后，开展了“践行文化生活——探寻最美校园文化符号”的校本探究活动。三十五中始建于1923年，前身是志成中学，2015年学校迁入赵登禹路新址，新的校园环境建设十分重视传承学校的文化传统——赵登禹路及雕塑文化墙、篆章校门、志成楼、周氏兄弟旧居及八道湾胡同、中式长廊、老北京民俗雕塑、四合院群落。“探寻最美校园文化符号”活动将国家必修课程《文化生活》模块的内容与校园文化结合起来，引导学生游走在校园景观中，体味学校的历史和文化精神，从而理解文化作用和文化建设等学科知识，寓教于史、寓教于景。活动主要包括四个环节：(1)校园文化符号探访，选择一个文化景观作为最美符号进行分析。(2) 校园景观概览介绍，内含校园手绘地图展示，并结合线路设计，配以相应的导游词。(3) 最美校园文化符号推介，要求根据所选文化符号的历史与特点进行文化价值分析，并提出对该文化资源开发与利用的建议。(4)小组成员分享并记录“探寻”体会。

北京三十五中“探寻校园最美文化符号活动”

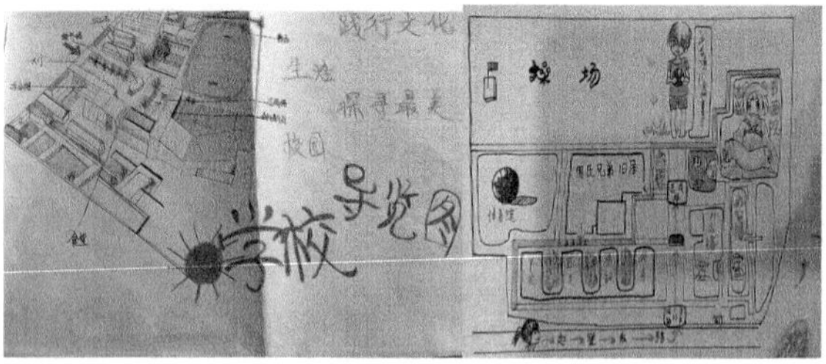

手绘校园地图

校园文化符号推介

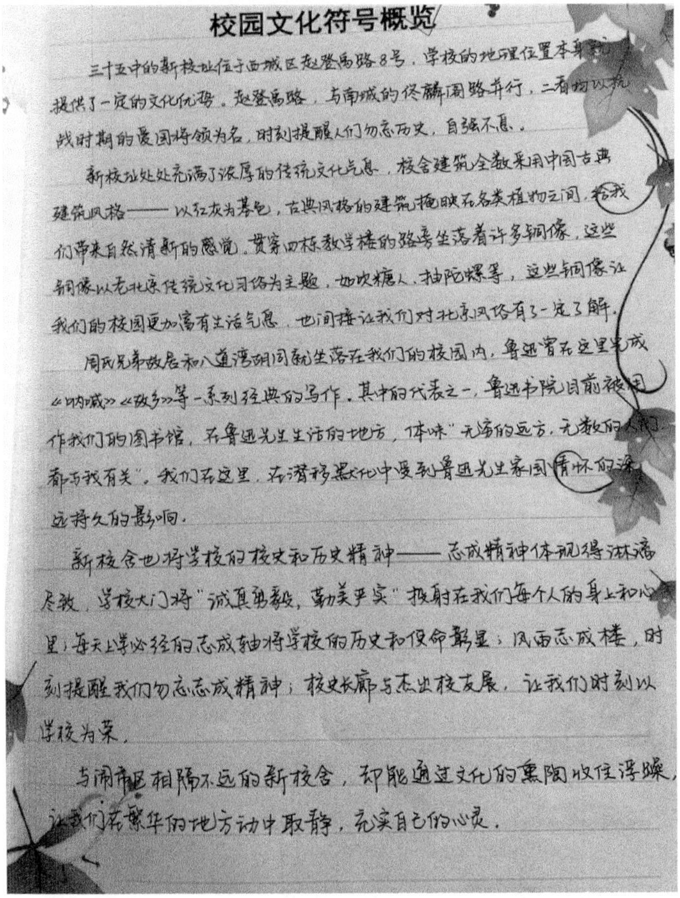

校园文化符号概览

三十五中的新校址位于西城区赵登禹路8号，学校的地理位置本身就提供了一定的文化优势。赵登禹路，与南城的佟麟阁路并行，二者均以抗战时期的爱国将领为名，时刻提醒人们勿忘历史，自强不息。

新校址处处充满了浓厚的传统文化气息，校舍建筑全部采用中国古典建筑风格——以红灰为基色，古典风格的建筑掩映在各类植物之间，给我们带来自然清新的感觉。贯穿四栋教学楼的路旁坐落着许多铜像，这些铜像以老北京传统文化习俗为主题，如吹糖人、抽陀螺等，这些铜像让我们的校园更加富有生活气息，也间接让我们对北京风俗有了一定了解。

周氏兄弟故居和八道湾胡同就坐落在我们的校园内，鲁迅曾在这里完成《呐喊》《故乡》等一系列经典的写作。其中的代表之一，鲁迅书院目前被用作我们的图书馆，在鲁迅先生生活的地方，体味"无穷的远方，无数的人们，都与我有关"。我们在这里，在潜移默化中受到鲁迅先生家国情怀的深远持久的影响。

新校舍也将学校的校史和历史精神——志成精神体现得淋漓尽致，学校大门将"诚真勇毅，勤美平实"投射在我们每个人的身上和心里；每天上学必经的志成轴将学校的历史和使命彰显；风雨志成楼，时刻提醒我们勿忘志成精神；校史长廊与杰出校友展，让我们时刻以学校为荣。

与闹市区相隔不远的新校舍，却能通过文化的熏陶收住浮躁，让我们在繁华的地方动中取静，充实自己的心灵。

学生作品：校园文化符号概览

校史、校友、景观，不仅是表面的文字、人物、形式、物质载体，他们在本质上传达的是一种学校的文化品性、文化血脉和文化内涵，彰显着学校长期积淀所形成的独具特色的精神面貌和气质品格，体现着学校在长期办学中形成的宗旨理念，承载着学校对培养什么样的人的价值追求。"每日清晨，当我们步入校门的时候，第一缕阳光投射下来，将校训的影子覆盖在每个人的身上，而校训所传达给每个学子'励精图治，自强不息，艰苦奋斗，有志者事竟成'的志成精神，深深地烙印在了我们的心上。"环境、事物、历史等"符号"中传达着学校的文化意义。所有的知识都不应是抽象的、冰冷的，而是具有文化性、境域性和价值偏好，这些来自于学生身边的人、事、物、景、史，形成独特的学校教育资源语境，表达着校园特有的文化内涵让学生感觉自然亲切、生动活泼、耳濡目染，构成他们的“最近发展区”，调动了学生的学习兴趣和积极性。

校本课程的开发和实施既是挖掘和展现已有学校文化的过程，也是通过师生活动进一步改造、提升学校文化的过程。所以，校本课程不应立足于某些特长的培养或单纯的兴趣，比如有的学校是“乒乓特色”校，每个年级每周都开设2节乒乓球课，有的学校是轮滑或某种乐器。校本课程不是在知识、技能的层面上的，学校作为文化传播的场域，课程应是在文化意义上的。比如北京师范大学附属中学自2003年起开设“生命伦理学”校本选修课程，2009年9月作为“校本课程系列教材”的第一辑出版了《生命的凝视——生命伦理学青少年读本》，课程通过对现代科技问题的伦理探讨，理性地审视科学、技术和社会的辩证关系，体现出学校高度的社会责任感和人文价值取向。十一学校开设的三百多门课程和组织的二百多个社团，是学校自由、民主、开放的办学精神、学校章程中“学生第一”的教育理念和李希贵校长“让学生自由呼吸”的价值追求的体现。对课程目标的不断追问、不断思考的过程就是理解、凝练和发展学校文化品性和教育哲学的过程。

2. 学生特色。学校特色并不是校本课程的最终指向，课程建设要明白“为了谁”。校本课程开发的理念是“学生为本”的教育思想，是要通过学校特色的发展，满足学生个性化的发展需要。《国家中长期教育改革和发展规划纲要(2010—2020年)》指出：促进学生成长成才是学校一切工作的出发点和落脚点；关心每个学生，促进每个学生主动地、生动活泼地发展；尊重教育规律和学生身心发展规律，为每个学生提供适合的教育。学生的兴趣、经验和需要是课程建构的前提，学校必须研究学生的需要、了解学生的知识结构和思维特点、寻找他们发展的可能性，这些是校本课程的生发点。以北京市十一学校为例，每年都会向全体学生发放问卷，调查课程的满意度，通过出勤率、知识面的扩充、老师的课堂组织形式、诊断性测试、学习兴趣的提高、学习能力的增强、是否满足了当初的期望、学习状态、对未来生活是否产生影响、对选修课的总体满意度十项指标反馈给教师和学校，增强校本课程

商业类选修课

与学生的适切性。

北大附中初中部校本实践活动课程“文化魔方少年行”，考虑了学生对天文、地理、历史、建筑、时尚、工业、航天等不同方面的兴趣和爱好，努力创设了遍布全国11个省市的19个项目，供学生自主选择。①

北大附中“文化魔方少年行”实践活动课程

项目名称	地　点	内　容
爱心接力棒	北京	了解农村，体验留守儿童的学习生活
巴山蜀水	四川	了解采茶、制茶等茶文化，实地考察都江堰水利工程
动漫圆梦之旅	北京	体验创意非凡的动漫制作技术
方寸探幽	苏州	考察苏州园林，体会古代建筑文化的深邃精神
疯狂的话剧	北京	在黑匣子剧场学习喜剧表演
行游天下	山西	古风古韵的王家大院，驻营野外神秘的红崖峡谷
津工制作	天津	感受京津冀区域经济的蓬勃发展
秘境阿拉善——地理	内蒙古	考察沙漠、峡谷、湖泊
秘境阿拉善——天文	内蒙古	仰望夏夜星空，拍下银河系最美的瞬间
能源德州	山东德州	参观工厂流水线，了解新能源产业和新型太阳能产品
烹饪乐百味	北京	学习烹饪技术
齐鸢鲁韵	山东潍坊	了解世界风筝之都潍坊的风筝文化
绍兴漫步	浙江绍兴	领略绍兴城的古韵古情，深巷品黄酒
时尚秀	北京	北京服装学院制作汉服和手绘服装
微观看生物	北京	在显微镜下，观察果蝇，体验科学的精密
文房四宝	安徽	了解文房四宝的文化渊源，亲手制作毛笔
圆梦神舟	北京、山西	在北京航天城和山西发射基地，探寻航天事业的奥秘
中华烙印	西安	领略西安的古都风貌，参观兵马俑，手掰羊肉泡馍感受西安人的“家常”
自然之翼	广西崇左	翻山越岭、观虫捕鸟的博物考察

① 北大附中初中部微信公众号：《读万卷书，行万里路——记2016文化魔方少年行颁奖典礼》，2016年6月21日。

动漫圆梦之旅

疯狂的话剧

行游天下

秘境阿拉善——天文

烹饪乐百味

齐鸢鲁韵

微观看生物

自然之翼

北大附中“少年行”的校本活动课程启示我们，“学生特色”不是按照学校的统一要求，拥有统一的爱好，形成统一的技能，这不是学生的个性化成长，而是要超越学校整体意义上的科技特色、环保特色、体育特色等，生成丰富多样的校本内容，满足学生具体特殊的需要，保证学生充分自由的发展。

3. 教师特色。学校是一个“场”，每个身处其中的人都会受到影响，每个从“场”里走出来的人，都具有这个“场”的特色和气质。我曾经去过很多学校听课，发现与学校的特色相通，学校里的老师通常也都具有这个学校的特质，有的群体创意十足，创新的想法层出不穷(北师大附属中学)，有的群体善于钻研，每个人都有自己的特点和专长(北师大实验中学)，有些群体踏踏实实、兢兢业业，专注于一点一滴的落实(北师大二附中)，有的群体十分注重营造轻松的课堂氛围，在幽默风趣中启发学生(北京四中)……校本课程由教师设计、开发和落实，因此，它是学校教师特点的表征，是教师认识特点、思维方式、生活样态、所关注的问题的体现。课程的组织者、实施者是千姿百态的，校本课程也应是千姿百态的。

(二)主体性与生成性

校本课程改变了教师和学生在传统课程中的角色和地位，使他们成为课程自觉、主动的创造主体，积极投入到课程建设、生成、改进和完善的过程中。

从教师的角度看，在传统的课程模式下，课程是由课程专家编制的固定的、既定的体系，自上而下地统一实施，教师作为被动的执行者和忠实的实施者，对课程的决策、开发、变更和改造没有决定权，没有实践自己教育观点和教育想法的空间，课程是静态的、预设性的、封闭的。校本课程则不同，教师从课程的单纯消费者和简单执行者，转变为主动的设计者、积极的生产者、能动的研究者和自觉的实施者。校本课程创建了一种自由、民主、开放的教育场域，使教师通过分享课程的决策权、建构权、组织权和实施权，从课程的外在的、边缘的要素，成为课程发展不可缺少的主力，教师的主体性、创造性得到极大的激发。教师的活动领域、工作职责、内容和方式都相应地发生改变，原来是教师教教材，现在教师的任务是主动寻找课程资源去“编”教材。新角色、新要求给教师提出了挑战，促使他们努力掌握课程开发、编写和实施的基本理论，了解国内外课程和教学改革的动向和新成果，掌握先进的课程理念，把握课程纵向与横向的结构设计，更加深刻地领会国家教育方针和办学宗旨；研究学生，了解他们的兴趣与需求，探索课程的评价方式；对课程开发活动进行反思、改进……于是，越来越多的教师开始重视提升自己的理论水平，开阔视野，挖掘潜力，专业水平、研究能力和创新能力得到发展。正如斯坦豪思所说的，“没有教师的专业发展，就没有学校课程”①“课程的变革不仅仅是变革教学内容和方法，而且也是变革人。”②校本课程的开发形成了教师不断学习的习惯和愿望，促进了教师的持续发展和终身学习。这一点，我们在北京十一学校刘梅老师的文章中已经有了实际的感受。

在校本课程中，学生也不是被动的教育对象，他们是课程的主人，是一笔宝贵的、有价值的课程创生资源。“学生作为课程资源的一种生命载体形式，他们自身创造性智慧的释放和创造性价值的实现，是课程教学不断向前发展的不竭动力……学生的经验是一种资源，学生的兴趣是一种资源，学生的差异也是一种资源。”③学生是课程积极的创造主体，他们的需求、兴趣、发展志向，以及对问题的思考都是课程的核心。在前面很多的实践活动中，我们都深刻地体会到正是学生切身的感悟、深入的思考、创意十足的方案，深化了活动本身的意义和价值。学生是课程重要的生发力量，他们的生命活力和创造力是课程勃勃生机的源泉，他们的智慧构成课程的丰富内容。

多主体作为共同体在彼此的互动、对话和交往中创造、生成课程的内容。校本课程，通过分享权力、民主参与的模式，使教师、学生、家长和专家共同牵手协作，结成一个紧密的联合体。由于多方主体创造能力的汇入，课程不再是固化的、静态的、给定的、确定的体系，而是具备了无限的生成性、开放性、发展性、灵活性，它不断补充、持续进化，永远处于一种未完成、更完善、更丰富的状态。

生成性除了横向多元主体的共同创造生成，还包含纵向的历时性生成。北京三十一中校史教育的特点之一，就是将崇德精神深厚的历史底蕴与当前的时代特征结合起来，将历代崇德人生生不息追求的目标与现时代的发展结合起来，在历史的延续中创生教育内容。人总是从传统中走来，同时又通过自己的批判性和建设性行为，丰富着传统，创造新的传统。活动让学生了解崇德教师的百年历史，从历代校长、优秀教师的身上总结崇德教师一脉相承的特点——“勤奋敬业、认真负责；学识渊博、业务精湛；因材施教、善启心灵；热爱学生、热爱教育；勤勤恳恳、奉献事业”。与此同时，结合对自己身

① 靳玉乐：《校本课程的实施：经验、问题与对策》，载《教育研究》，2001年第9期，第53页。

② 施良方：《课程理论—课程的基础、原理与问题》，北京，教育科学出版社，1996年版，第135页。

③ 吴刚平：《课程资源的理论构想》，载《教育研究》，2001年第9期，第59页。

边教师的认识——“你喜欢什么样的老师”“你对三十一中的老师印象如何”进行调查访问。在现代教师身上，学生们既可以看到崇德教师坚守的核心价值观的传承，也看到当代教师超越传统的新精神。

（三）体系化与微型化

体系化。随着校本课程的发展，课程应该形成一个包括横向与纵向，条理清晰的结构体系。校本课程是一个繁杂的系统工程，需要学校在开发之初就整体思考、顶层设计、科学规划，使课程根据学生的年龄、认知特点，以及与其他课程的配合，形成各阶段、各层次、各环节有机统一的整体。以北京三十五中为例，校本课程由三类课程组成：第一，国家必修课程和选修课程的校本化，主要是对国家课程、地方课程根据学校学生的实际水平和需求，进行改编、删减、扩充、整合与拓展。第二，“走进西城”的地方课程。通过典型景物的参观，了解西城区的历史与人文。第三，学校自主开发的校本课程，包括校本选修课程、社团活动课程、修学旅行课程、研究性学习课程等。三级课程体系、四十余门选修课和一百二十多个研究性学习课题小组，共同构成一个有机的整体。

在学校课程整体建设的系统化基础上，体系化还可以表现为某一门课程内部的高度结构化。比如三十五中宋娜娜老师开设校本选修课程“寻找北京最美的文化符号”，这门课程包括北京的起源、建筑、服饰、语言、饮食、交通等六大主题，各主题之前既相互区别，又彼此关联、相互补充，展现了北京城的不同侧面，也有机综合在一起构成了北京的全貌，学生在一系列实地考察和探究活动中，寻找和感受自己所生活的城市的美丽。

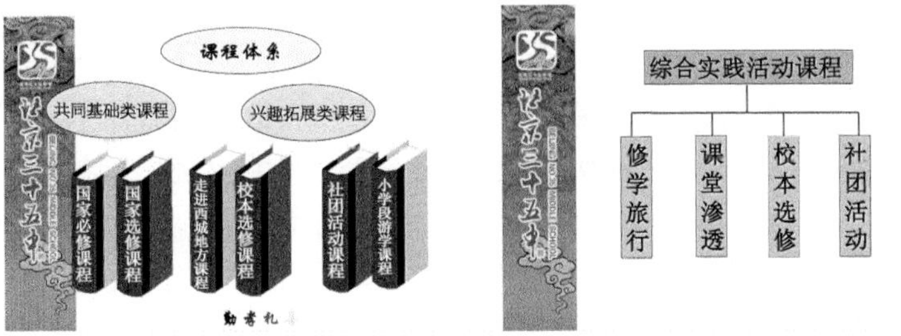

北京三十五中校本课程体系

北京三十五中政治学科开设的校本选修课程

课程内容	课程类型	选课方式	学分	适用学生	课程目标	评价方式	开设时段
时政纵横	校本选修	学生分类自选	2	对国际国内时政热点问题感兴趣	通过对国际国内热点、焦点问题的剖析，培养学生学会观察和分析问题，提高观察问题、分析问题、解决问题的能力	过程性评价	高一高二
走进西城			2	对西城的历史文化、风土人情感兴趣	通过对西城金融街、什刹海、阜景大街、四合院、名人故居等参观考察、合作探究，开阔学生视野，培养学生的综合人文素养	过程性评价	高一高二
商海论道			2	对投资、创业、理财等经济问题感兴趣	通过模拟投资、创业以及实战分析，培养提高学生的经济学素养	过程性评价	高一高二
生活与法律			2	对生活中的法律问题感兴趣	通过典型案例分析，提高学生的法律意识和运用法律维权的能力	过程性评价	高一高二
紧急避险与逃生			2	对应对紧急事件的处理感兴趣	通过典型案例分析，引导学生学会处理紧急事件，提高避险与自救的能力	过程性评价	高一高二

体系化不仅表现为横向课程间的有机组合和活动内部的机构化，还可以体现为活动跨越不同学段的纵向衔接。以四十四中为例，“制作美食的快乐”系列活动，从初中一直贯穿到高中。1. 自强自立——“我当家，我快乐”，是初一年级的教学内容。2.“孝敬父母，爱在屋檐下——我为家长做顿饭”(情感升华)，是初二年级的内容。3.“快捷早餐——经营之道”，是高一《经济生活》模块企业经营的内容。4.“美食大比拼——健康营养又美味”，参加月坛街道的健康主题活动是高二《政治生活》模块社区建设的内容。

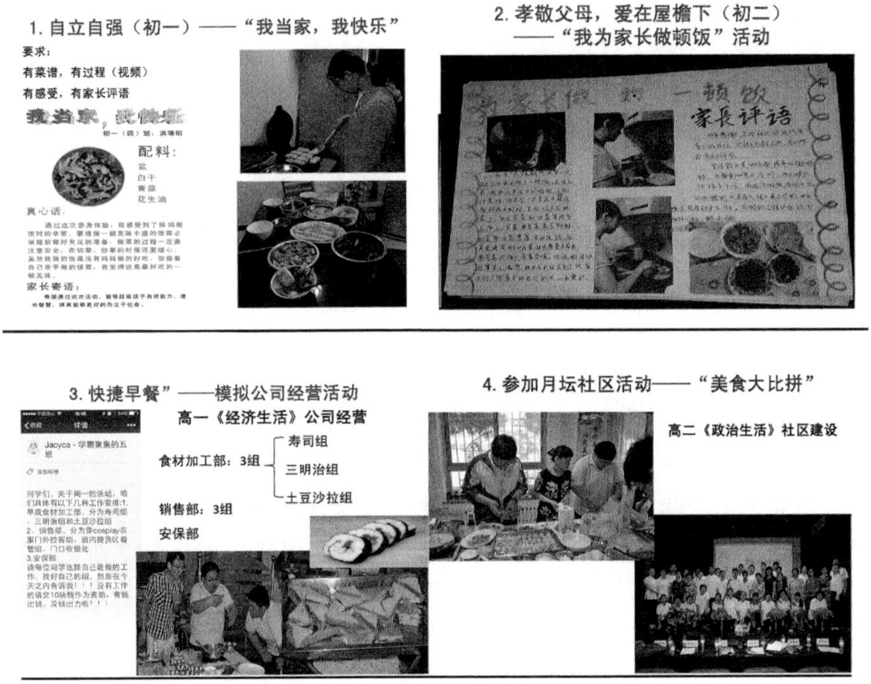

北京四十四中“制作美食的快乐”系列活动

在体系化建设的同时，还可以深入某些局部，开发一些微型化、小巧化的校本活动课，以满足学生灵活多变的需要，保持课程的弹性和灵活性。目前，国际上正在兴起课程微型化运动，提供给课程建设一个新的视角。相对于内涵丰富的、大规模、长期性、全校性的大课程，“微型课程”（Mini-course），通常聚焦于某个小主题，开设小规模或短时课程。微型课程具有“小”的特点：“主题小”而具体；“时间短”，通常是一节课到半天不等；“范围窄”，仅针对自己班内或某一社团的学生。学生的需要是多种多样、具体特殊、极具个性化的，适应范围越大，针对性可能越小。学生的需要也是动态、变化的，经常随着一些科技的新发展或社会情况的新变化随机出现新的需要，比如针对学生感兴趣的某项新技术的短时课程。系统性、固定化、长期的、涉及因素多的课程，很难针对需要及时调整，短小精悍、灵活多样、因时因地的微型课程，既可以为学生“量身订制”，也可以随时应运而生，同时由于涉及学生少、时间短，准备工作也相对简单，易于计划，便于实施。前面提到的北京五十六中的“面点”总动员，就是5课时的短期课程。八中的“社会课堂活动”，通常是利用周末的半天或一天，组织学校某个年级或某个班级的同学参加。

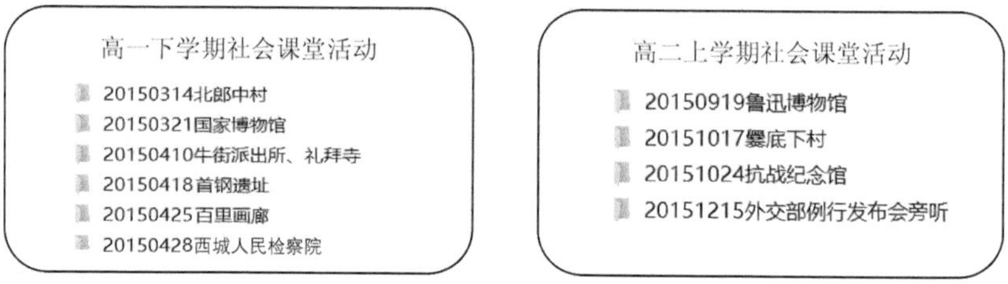

北京八中的社会课堂活动

三、反思存在的问题

（一）随意性强，缺少规范

校本课程虽然是学校自主开发、设计和实施的课程，但是不能把这种“独立性”“特色化”滥用为“随意性”。“随意性”主要表现在如下几个方面：1. 开发随意。校本课程建设过程中缺乏系统考虑和整体规划，忽视了从结构性的高度对校本活动课程进行科学系统的设计和统整，存在凌乱、碎片、交叉、重复的现象。2. 开设随意。一些课程在没有对学生、学校、社会的发展需要和课程资源进行调查、没有明确的课程目标、没有学校课程审议委员会评估和审议的情况下，就草草上马。3. 内容随意。一些课程没有完整的课程方案，是在已经开设之后，每次上课前，老师才临时编凑，想起什么就上什么，导致一些不具备课程价值意义和不适合学生学习的内容被拉进来。4. 实施过程随意。活动前没有让学生了解活动要达到的教学目标和主要内容的导学方案；活动时缺乏具体环节的安排、有序的落实组织；活动后没有客观科学的评价方法和反思总结。总之，一些学校的校本课程，特别是实践活动部分还处于不规范的状态，需要通过定期的研讨制度、教师学习培训制度、组织管理制度和监督评估制度，加强管理。

（二）引进的多，缺少转化

目前，有一些校本活动课程直接移植国外的项目，缺少与学校、学生实际情况的对接与结合，课程带有生硬感和违和感，学生并不适应。比如，有些学校的辩论课和戏剧课，是由社会上的教育机构直接引进纯英文课程，全部由教育机构授课、组织和实施，原封不动地按照国外课程的议题、环节和步骤开展，然后组织学生参加国际大赛。的确，国外在活动课程方面相对规范、经验丰富，也有一些比较成熟的活动项目，我们可以大胆引进，但是不能全盘照搬，需要结合自己的国情、校情、学情，考虑自身的实际情况，进行转化和改良，并且需要我们的教师参与进去，才能不断提高，转化为属于自己的、可以为我们所理解和操作的东西，形成自己的创生能力。

（三）走马观花，缺少深入研究

有些校本活动课就是出去走走看看、走马观花，带有形式化、表面化的倾向，缺少作为课程的深度的文化内涵。“所有人类实践都是文化性实践，都是在一定的文化背景中进行的”①，任何活动都要介入文化的更新与创造。但是一些学校只重视校本课程开发的数量，而不关注品质和水平，只专注于小组讨论、实地考查、动手实验、撰写报告等五花八门、丰富多彩的活动本身，满足于学生们动起来后热热闹闹、忙忙碌碌的景象，而忽略了活动中文化意义的深入思考。如果活动课程的内在本质与逻辑被虚化，任何活动都将成为无意义的花枝招展、徒具外表的空架子，最后得到的只是建立在直觉和感性经验基础上的零散的直观感受，这样的活动成果和校本课程是肤浅的。校本活动课程应该像北京三十一中和十一学校那样激荡起师生的热情，启迪理性思考，融注崇高的精神，承载文化教育的内涵。

① 许占权、孙颖：《课程领导及其实践意义分析》，载《教育科学论坛》，2006年第11期，第44页。

第四篇　研究性学习

一六一中学的“研学课”

王艳梅　赵岚峰　　北京市一六一中学

“研”，在字典里有研磨、细磨之义，常用来说深入的探求。通过“研究性学习”，让学生有“发现问题的眼睛”并逐步发展起“分析解决问题的方法”，是研究性学习的应有之义。作为高中政治教师，如何带领学生做好“研究性学习”课程？经过我们组老师的集体讨论和三轮教学经验的积累，我们的课程最终分两部分实施：高一上学期围绕“研学”的开题展开；高一下学期围绕“研学”的结题展开。

一、开题报告阶段

“研究性学习”到底研究什么？如果说传统的课程注重学科知识和学科方法的传授，研究性学习课程则侧重于将学生置于一种主动探究并注重解决实际问题的学习状态，让学生成为学习探究的主人。在这一过程中，我们不必苛求学生拿出令人满意的解决方案，而是强调针对生活中的某个现象或难题，展开有序的研究，并最终能够得到关于这个问题更清晰、更深入的认识，也就达到“研究性学习”的目的了。

(一)课程的设置

作为学习探究的主人，学生面临的第一个难题就是如何选题。为了帮助学生确定选题并撰写开题报告，我们设置了如下课程。

第一讲	走进“研究性学习”及如何选择研究课题
第二讲	研究方法的介绍(文献研究、问卷调查、访谈等方法)
第三、四讲	研究实践课(在机房、图书馆分小组完成)
第五、六讲	开题报告展示及指导学生开展问题研究

学生讨论

其中，第一、二讲侧重理论及基本探究方法介绍，主要是让学生对这门课程及探究方法有基本认识；第三、四讲依托于多媒体资料，从小组成员的兴趣爱好及生活经验出发，通过教师指导学生开展讨论，帮助学生确定选题；第五、六讲以学生开题成果展示为载体，通过本组同学的立意说明及小组间同学的质疑、探讨，帮助其完善开题，确定开题的可行性及探究价值，为下一阶段调查研究做好准备。

（二）选题的确定

刚开始，由于担心学生自己找不到合适的选题，我们给定了学生一些参考角度，如学校图书馆使用率？校园绿化？校园整体规划？（教学区、学生活动区等等）古建筑的美学及实用性？护城河的垃圾？涂改液、修正带的环保问题？等等。而在实际让学生探讨选题时，他们关注的焦点和内容的确让我们感到，老师的眼界太窄了！

学生们会想到什么呢？他们的生活不也是吃穿住用行，两点一线吗？是的，他们的确从亲身经历中寻找"自己的灵感"。他们会想到自己爱吃的"辣条""北京小吃""巧克力"……他们会想到自己每周五天都在穿的"校服"……他们会想到每天上学放学地铁、公交的拥挤……会想到爱看的足球比赛也有"黑哨"的存在……会想到喜爱的动漫和中国传统绘画的碰撞……会想到在学校里有好多面对众人讲话的机会，国旗下的讲话、课前演讲、班干部竞选、社团活动宣讲……会想到自己常常懊恼订好的学习计划没有在规定时间内完成……会想到高二即将面临的文理选择……

学生想到的选题是多样鲜活的，但感性的生活经验需要上升为理性的探寻。寻找到他们感兴趣的问题，选择有价值的研究角度才能让他们的学习研究变得有意义。因此，在两节实践课程中，我们适当引导学生进一步延伸思考。如很多人喜欢吃黑巧克力，为什么？它有那么多好处，都是真的吗？有时一两句的提醒，就会激发学生形成探究思考的路径，使学习探究的价值和可行性成为可能。同时，由于学生专业知识储备的不足，或问题太过复杂，或前人研究成果非常丰满，会发现有些话题难以继续探究下去，这时候就可经小组讨论后及时更换选题。

（三）开题报告的展示

开题报告会

选题对学生来讲是挑战，也是最吸引他们的地方。因为“研究性学习”的内容和研究的结论都是未知的，研究的问题是他们感兴趣的，要研究的具体问题开始时也许并不十分清楚，问题随着研究的进程逐渐清晰……这种“发现探究”的乐趣似乎是传统学科教学无法满足的。有的小组关注“再生纸的调查”，有的小组选择了“北京鸟类种群”作为研究对象，有的小组探究“交响乐中不同音调对情绪的影响”，还有的小组做的是“北京传统小吃的调查与思考”，内容十分丰富。各组围绕自己的选题撰写开题报告，准备答辩。

小组展示的毕竟仅仅是小组成员的研究成果，在答辩环节，其他组的同学可以就他们的选题内容提出新视角，成为小组成员丰富完善选题的重要参考。开题报告的答辩部分本身也成了完善选题的重要环节。

开题报告评分表

________组　　组长__________

满分（30分）	目的与意义（6分）	内容和方法（10分）	研究计划（人员、时间安排、研究步骤）（8分）	可行性分析（6分）

二、结题报告阶段

（一）课程设置

第二学期的研学任务主要围绕选题展开调查研究，撰写结题报告，展示研究成果等部分。这一阶段集体课程安排了三讲，调查研究主要是学生自己利用课余时间展开，同时与指导教师沟通交流。

第一讲（第二学期开学初）	如何撰写结题报告
第二、三讲（第二学期期中考试之后）	结题报告展示及答辩

第一讲设置在开学初，帮助学生尽快明确结题要求，以便学生有针对性、有计划地展开调查研究。第二、三讲设置在学期中段，目的是留给学生充分的调查研究时间，完成结题报告的撰写。教师做了题为《什么样的结题报告最优秀》的讲座，强调一份优秀的结题报告基本要素要齐全，这些基本要素包括：标题、摘要、引言、正文和参考文献，其中正文是研究者表达研究成果和研究过程的主体部分。一份优秀的结题报告标题要新颖，能准确表达研究内容，恰如其分地反映课题研究的深度和广度。摘要部分要短小精悍，准确完整，严谨流畅，使读者有继续阅读正文的欲望。正文部分的原始资料要详细、真实和完整，不能凭借自己的主观意愿，任意修改数据或素材，为自己的观点服务。并且，要善于运用统计图表等技术手段对原始资料进行归纳整理分析，从而得出课题的研究成果，对研究成果的论证阐述要科学严谨。参考文献一般要引用正规报刊杂志和正式出版物，如果是网上查询的，应注明网址。

学生的结题报告

通过讲座明确结题报告要求，有利于培养学生严谨求实的科学态度，也体现了对他人劳动的尊重。在研究与结题阶段，同学们可以继续使用学校的图书馆、阅览室和计算机房，查阅、整理本小组的各种数据、文字和图片等资源，也可以和课题相关的指导教师交流讨论，听取指导教师的意见和建议。也有的小组利用周末时间，走出校园，走进社会，充分挖掘课题需要的社会资源，把本组的研究过程和成果汇总，撰写成结题报告，并选派代表向全班同学介绍展示。最后，评委组给予评价。

结题报告评分表

组名	研究计划执行情况(10分)		研究过程(30分)				思想内容(30分)	
满分(70分)	人员分工(6分)	是否按时推进(4分)	材料真实性(10分)	问卷或访谈的有效性(10分)	实践活动次数及内容(5分)	参考文献(5分)	对现象数据进行分析(10分)	结论是否有价值(20分)
总分								

(二)明确要求

在这个过程中，我们遇到的最大难题就是如何对学生进行过程性评价？如何把握各个小组研究主题的专业性？我们尝试请全校不同学科老师帮忙，由学生自行选定其指导教师，给予相关咨询和帮助。

结题工作要求

结题时间	2016年5月15日
结题报告展示时间	2016年5月23日、30日
结题评价方式	同学互评与师评相结合
上交文本	两份Word版结题报告(附问卷或访谈记录)(一份电子版，一份打印版带指导教师签名)；一份发言展示课件
学生与指导教师沟通要点	调查问卷或访谈提纲是否合理 组员分工合作是否明确、落实到位 结题报告是否科学、完善 记录指导教师的修改建议，并请指导教师签名

续表

指导教师工作任务	审查调查问卷或访谈提纲是否合理，给出完善建议，在调查问卷或访谈提纲上签字 关注组员分工合作是否明确、落实到位 审查结题报告是否科学、完善，并给出改进的建议，在结题报告上签字 在最终稿结题报告上给出推荐成绩，如：优秀、良好、及格、不及格等

（三）结题报告的展示

结题报告展示和答辩部分提供给学生一个自我展示的平台，带着不服输的韧劲儿，各组同学使出浑身解数，与大家分享其“自主学习探究”的艰辛与乐趣，也让大家了解了许多生活中“熟知而非真知”的事情，感受到了“研究”带来的“意外惊喜”，我想这都是开设“研究性学习”这门课程之初没有设想到的收获。

还有很多同学的研究主题涉及校外调查、访谈，这些活动为提高学生社会实践能力提供了动力。他们中的很多人第一次走进社区居委会，感受到“居委会大妈”的和善和热心；第一次蹲在每天上学必经路口，监测交通高峰期拥堵状况；第一次伪装成需要做广告的公司，打电话咨询某商业区的不同形式广告价位及效果；第一次感受到街头问卷调查的发放员的不易……这些是传统课堂教学难以让学生真实感受到的，却又是学生成长过程中必不可少的，经历学习研究的过程，我们看到了他们的智慧、勇气与成长。

三、收获与体会

（一）来自学生的感受

“定题难，定好题更难！”“撰写开题和结题报告册比做数学题难多了！”这是很多同学发出的感慨。也许这就是研学，一群性格迥异可兴趣相投的同学们兴致勃勃地走到一起，共同研究一个问题。研究之路有成功、有收获、有喜悦，也有坎坷、有挫折，会遇到这样那样的难题，但是在战胜困难、探寻方法、转换角度、携手并进的合作中，同学们磨练了意志、提高了研究能力、增强了合作意识，在实践中摸索，在挫折中成长，同学们才真正懂得了“不经历风雨怎能见彩虹，不逼自己一下怎知道自己如此优秀”的真谛！厚厚的装订精美的报告册，再现了研究之路上的一幕幕，承载着满满的收获。

我们组的研究性学习的课题是“什么样的台阶人走上去最舒服最安全”，

说到研究性学习给我带来了什么，除了课题本身的研究之外，我最想提的是这三个微小的结果：团队精神、协商技巧和敢于担当。团队合作中，要善于和他人协调，找到平衡点，大家才能一起好好地工作……家国天下的担当精神是从在规定时间内完成自己的工作，承担自己的责任开始的。

随着那一本装订好的研究成果的上交，我们小组的每一个人都松了一口气。回想这一学年的研究活动，有迷茫、有苦恼，但更多的还是成就感，看着最终的成果，真是十分激动，真不敢相信就我们几个人能出这样一个成果？这是“压迫”下的奇迹。

我们组的研究比较坎坷，当时选的课题进行到一半的时候，发现做不下去了只好换题。当初定题太匆忙了，没有反复斟酌，也没有主动和指导教师沟通，选题的角度也太注重兴趣了，却忽视了研究这两个字的本来意义。在寒假调研中，才发觉原来的课题内容太少太浅，也用不上什么研究方法。回想起来，在研究的过程中遇到困难走了弯路，并不可怕，但要懂得选择和决断，不可以中也有通往可以的道路。

“研学为我带来了什么”，是对责任担当的再认识、是对自我的突破、是挫折中的反思和成长。

（二）指导老师的反思

从一份教学规划书，到研学课程落地实施，再到学生的成果和感受摆在眼前，作为指导教师，我们逐渐发现并理解了研学课的可贵之处。“研学课”的课堂是一个不需要教师刻意调动积极性的课堂，是一个没有人睡觉的课堂，是一个富有活力和热情的课堂。这归功于研学的学习模式的变化：几个志趣相投的同学要在一起研究共同的问题，于是他们把教室的某一个角落作为自己的地盘，聚拢在一起，如果是教师开设讲座，他们会伸着脖子扭着头认真聆听，如果是自由讨论本小组的课题，他们时而会大笑，时而会争吵，时而谁也不说话，低头沉思……这种变被动学为主动学，学什么可以自己选的模式受到了师生的喜爱！

“每一个高中生都具有发展创新精神和实践能力的巨大潜能”，研学课为每一位学生提供了这样一个平台，激发了他们的这种潜能。当时决定开设这门课时，有一种怀疑态度，高中的学业负担这么重，又不是高考科目，谁会花太多的心思来琢磨这些“无关紧要”的问题，学生们怎么可能投入？怎么能激发出创新精神？何况，高一的学生，能提出什么有创意的研究题目？能开展深入的研究吗？当最后看到学生的成果时，我们的心里不免有些惭愧，学生们还是挺有想法的，我们应该相信他们，应该竭尽全力搭建各种平台，创造更多的机会，激发他们的潜能！

过程中也是有遗憾的，有些研究小组的选题非常好，但要想研究得再深入些，再细致些，创新点再多些，我们需要时间，需要更专业的老师来指导，甚至需要与专家对话；也有些学生迫于高考压力，认为研究性学习的课程不是高考科目，因此不太重视，疲于应付而已。我们需要给研学课更多的时间、空间和指导。

这就是我们开设的“研学课”，虽然有些稚嫩和粗糙，但我们会一直在研究的路上，在行动中思考，在思考中前行。

对文理分科态度的研究

汪惠然　张力群　吴嘉姝　郑孝坤　王璐　史悦心　北京市一六一中学

在高一的学习生活结束的时候，我们将要做出一个可能改变自己未来道路的决定：选择文科或者理科，深入学习其所包含的几个科目，并在两年后参加相应科目的高考，做出选择的同时意味着我们也将减少其他几个科目的学习，在高二的会考过后将与他们说再见。那么我们该怎么做出这个选择呢？在做出选择的时候要考虑什么因素呢？大家对文科生和理科生分别持什么样的态度呢？对此，我们进行了调查。

一、研究方法

1. 文献法：查找了学校发的《高中生涯规划与职业管理》一书中的相关内容作为参考，大致了解了文科与理科所对应的一些专业，这也为我们的课题研究提供了有效信息。

2. 访谈法：访谈了多位老师，了解老师对文科生、理科生的看法、经验，为文理科的选择提出的建议。

3. 问卷调查法：发放了122份调查问卷，全部回收，除了个别问卷中的个别问题全部有效，问卷显示了高一、高二学生对文、理科(生)的基本看法。

二、调查结果、分析及结论

高二的学长和学姐，作为文理科选择的“过来人”，对这个问题有亲身感受。因此，本组对高二学生进行了问卷调查。

1. 高二学生对文科与理科的选择状况

我们在校内随机向高二的学生发放问卷，男生、女生的比例基本控制在1∶1左右。我们一共调查了30个男生，其中3个文科生，27个理科生；32个女生，其中19个文科生，13个理科生。可见相对来讲，理科生比文科生要多，学文的同学里，女生要比男生多，而理科刚好相反。文科男比理科女更加稀少。

2. 哪些因素影响了同学们对文科或者理科的选择

近半数的同学(45%)都提到了兴趣，选得比较多的选项还有“认为所选科目比较简单，学起来不吃力”(37%)以及“为了事业的发展”(31%)，其次是

“减少学不下去的科目”(21%)和“其他原因”(11%)。没有一个人选择“完全听别人的或随大流”，这有些出乎我们的意料。调查结果说明同学们做选择的时候还是经过了自己的认真思考的，没有完全麻木地被“包办”的情况。据调查，最吸引文科生学文的科目是历史，最吸引理科生学理的科目是物理、化学；对于文科生最难的理科是物理、化学(并列)，对于理科生最难的文科是政治。

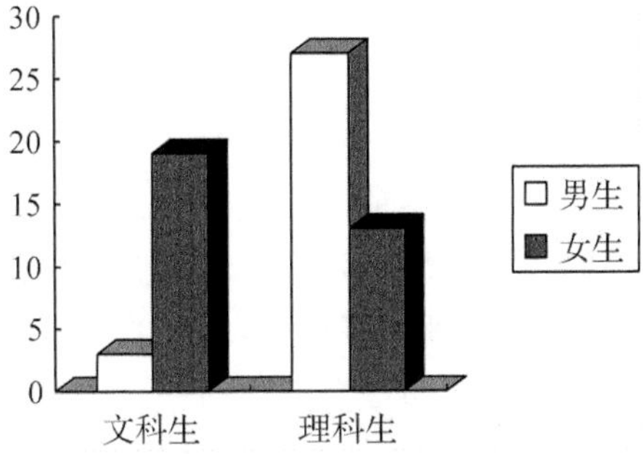

高二学生文理科选择调查统计

3. 高二学生是什么时候确定选文选理的

53%的学生是初中及其以前选择的，37%的是高一前半部分时间确定的，只有少数同学是临学校分文理时才做决定，这进一步说明同学们对文理分科是仔细考虑过的。其实对于文理科的选择可能也是影响当年中考志愿的因素之一，在这里不多加赘述了。

4. 文理分科的利弊与时间

受访者中，有41%的同学表示文理分科利大于弊，紧随其后的39%属于“无感”党，但还是按照学校的要求做出了选择，也有20%的同学认为弊大于利。据悉，以后的高中可能不分文理，看来我们现在的高中生可能会对此持反对态度。不过，在受访者中，44%认为高一结束的时候分文理的时机是合适的，紧随其后又有28%的“无感”党，这从侧面反映了高二同学当中有部分人没有认真思考过自己真正的人生目标以及为了接近或实现目标现在要做的事情，只是按照学校的要求做出了选择。

5. 人文素养和科学素养的提高

理论上来讲，高一是没有副科的，语数英物化史地政都是主科。(可是事实上，很多同学已经分出来哪些是主科，哪些是副科了，是不是?)主副科之分，其实应该始于高二分了文理后。依照普遍的划分方法，参加高考的是所谓主科，其余则是副科。对于副科的态度，50%的高二同学表示“一如既往好好学”。我们不排除“好好学”的概念因人而异，也不否认这对会考起着作用，但是如果有一半的同学认为自己认真学了非高考科目，那么我们学生的各方面素质应该是不差的。不管学文还是学理，我们都应该掌握一些为生活增色、在一些场合中可以帮助我们的学科常识。在目前阶段，我们可以有重点地学习，但是在高中毕业以后我们应该进一步提高自己的科学和人文素养。

6. 即将面对选择的我们

我们对 60 名高一学生随机进行了问卷调查，其中男生 26 人，女生 34 人。在这 60 名学生中，有 25%的人准备学文，53%的人准备学理，另外 22%人由于各种原因没有确定。我们的调查是这学期初进行的，所以有一部分同学没有决定好是可以理解的。与高二同学相比，高一同学“为了事业与发展”而选文理的多得多，而“为了减少学习劣势科目”而选择的也多得多。在这里我想引用物理李老师的一句话：“无论你怎么选择，我希望你是因为喜欢，而不是选择逃避。否则，你学什么都学不好。”

在 82%的已经决定了学什么的高一同学当中，60%都是初中及以前决定的，其余 40%则是在高一上半学期和寒假决定的。这又一次证明了我们现在的学生在此以前认真考虑过这个问题。和高二同学一样，在高一的学生中认为文理分科利大于弊的同学与“无感”党平分秋色(都是 42%)。认为文理分科“太晚”(37%)与“正好”(33%)基本上也是平分秋色，紧随其后的占 25%的还是“无感”党，这说明“无感”的现象在认真思考未来的趋势中还是普遍存在的。

同学们在问卷中所反映的优势科目最集中的选项是英语，而短板科目则是语文和物理。

7. 老师们的自身情况和一些看法

我们的组员采访了教我们的八个学科的老师。想当年在我们的老师还是学生的时候，选择文理主要还是因为兴趣和目标，当然也有“减少学习劣势科目”的因素(语文老师不喜欢物理，物理老师不喜欢政治)。老师们普遍感觉理科生有空间感、逻辑性强、抽象思维强、比较现实，但可能文学底蕴差、变通和交流能力也不是很强，甚至还有老师提出理科生有些时候太过专注于自己的世界。文科生的优点是有感性、浪漫、善解人意、语言表达能力强、想象力丰富，缺点则是可能比较唯心(存疑)，容易感情用事，优柔寡断等等。有意思的是“思维活泼”同时在文科生和理科生的优点里。

8. 同学们心中的文科(生)和理科(生)

除了和老师较相似的看法以外，在我们采访的 122 名学生中，占 23%的 28 个范例对文和理中的至少一科有偏见。理科和文科都对我们的社会做出了不同的贡献，希望大家不要戴着有色眼镜看待任何一科，还有学习它们的学生。不是所有理科生都不懂生活的享受和艺术，也不是所有学文的都是女生，学文的男生就一定是娘娘腔！

三、“特色答案”展示

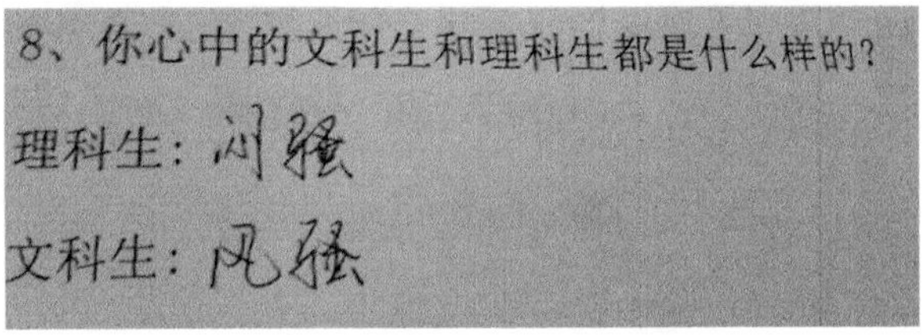

8、你心中的文科生和理科生都是什么样的？

理科生：闷骚

文科生：风骚

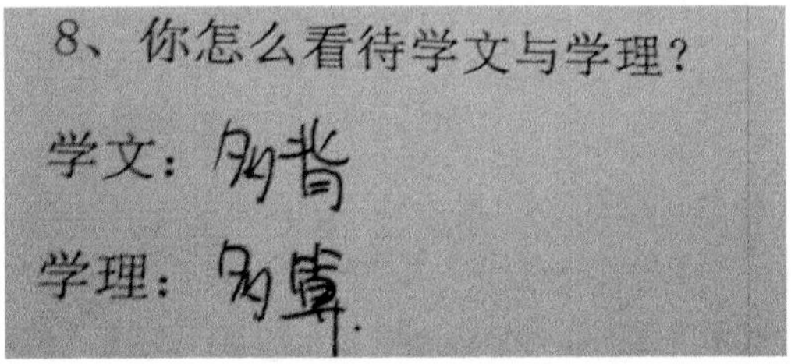

8、你怎么看待学文与学理？

学文：为背

学理：为算.

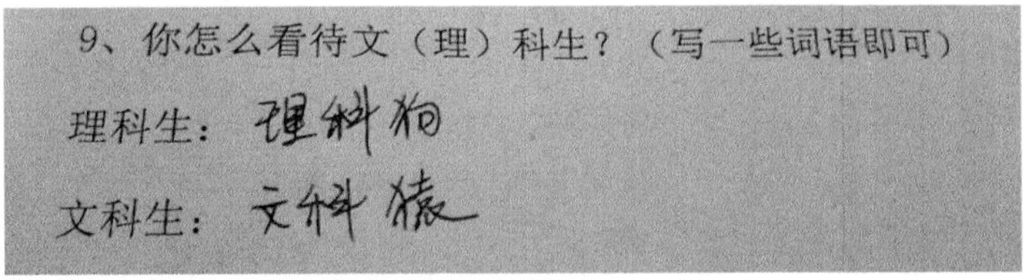

9、你怎么看待文（理）科生？（写一些词语即可）

理科生：理科狗

文科生：文科猿

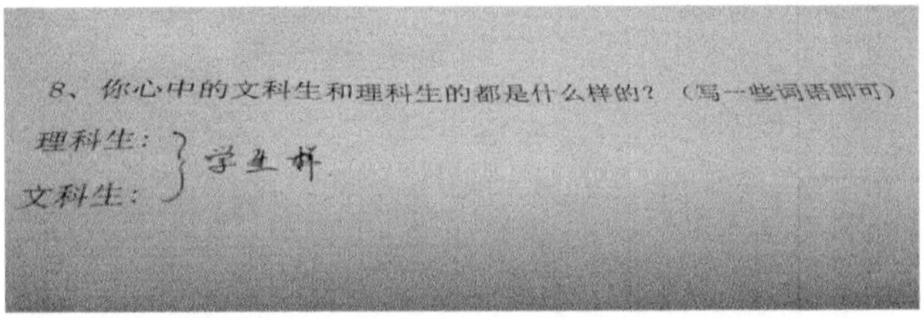

8、你心中的文科生和理科生的都是什么样的？（写一些词语即可）

理科生：} 学生样

文科生：

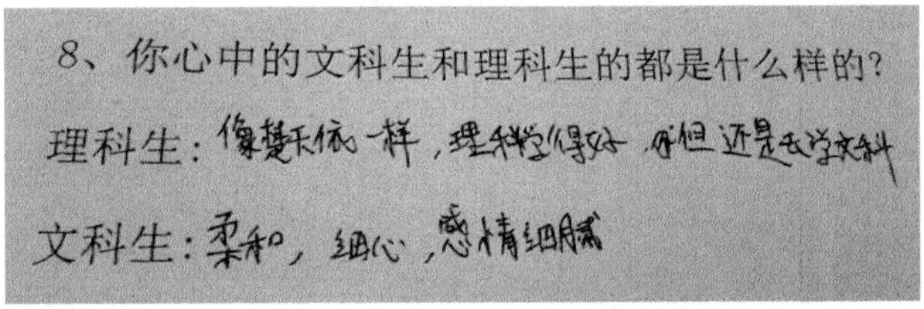

8、你心中的文科生和理科生的都是什么样的？

理科生：像楚乐依一样，理科学得好但还是去学文科

文科生：柔和，细心，感情细腻

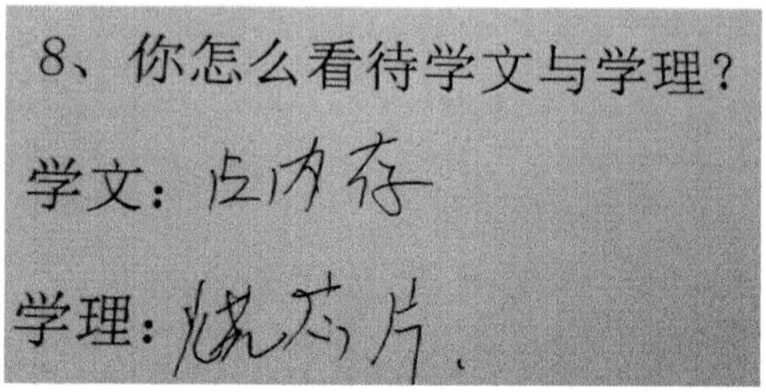
8、你怎么看待学文与学理？

学文：占内存

学理：烧芯片.

四、展望

了解了现在文理科的一些基本情况以后，我们可以再一次考虑一下自己的选择。老师们给了大家一些考虑的角度：喜好和兴趣很重要，其次也要看职业倾向和成绩。物理老师建议大家，选好了就不要改了，不要总是犹豫，不要以逃避的心理做出选择。此外，地理老师提示大家，如果对地理感兴趣，还是学理科吧，地理虽然在高中算文科，但是在大学算理科。

希望大家都能做出适合自己的、无悔青春的决定。

参考文献

1. 北京教育科学研究院. 高中生涯规划与管理[M]. 2013.

2. 齐军 . 高中文理分科：理想与现实博弈中的路径选择[J]. 教育理论与实践，2010(1).

3. 陈霞，施俊琦 . 北京文理科高中生职业兴趣差异研究[J]. 职业，2008(5).

附录 1：老师问卷

1. 您当时是学了文还是学了理？您当时是基于什么选择的？

2. 您认为文科生和理科生最大的优点和不足分别是什么？

3. 如果在要分文理科的时候有一个学生不知道该怎么选择，向您来咨询，您会根据什么因素给出怎样的意见？

附录 2：高一学生问卷

关于高一学生对文科和理科的理解

1. 你是

□男生　□女生

2. 以后你打算学文科还是理科

□文科　□理科　□都可以　□还在犹豫　□从没想过

3. 影响你选文或选理的因素包括(可多选)

□选择学习优势科目　□减少学习劣势科目　□兴趣使然

□遵从了别人的意见　□随大流　□以后自己事业、发展

4. 你确定选理(文)的时间是(单选，请选择最恰当的一项)

□初中及以前　□高一上半学期、寒假　□还没决定

5. 你认为文理分科

□利大于弊　□弊大于利　□无感

6. 你认为文理分科放在高二开始前

□太早　□太晚　□正好　□无感

7. 你有较为严重的偏科、短板科目或优势科目吗？若有，请全部写出

短板科目：

优势科目：

8. 你心中的文科生和理科生都是什么样的？(写一些词语即可)

理科生：

文科生：

附录3：高二学生问卷

关于高二学生对文科和理科的理解

1. 你是

□男生　□女生

2. 你现在是

□文科生　□理科生

3. 你选理(文)科的原因是(可多选)

□理(文)科简单，学起来不吃力　□对理(文)科当中的某学科非常感兴趣(若是，请注明科目＿＿＿＿＿＿＿＿)

□理(文)科太难了，学不下去(若是，请注明科目＿＿＿＿＿＿＿＿)

□为了自己以后的事业发展　□完全听别人的、随大流　□其他

4. 你确定选理(文)的时间是(单选，请选择最恰当的一项)

□初中及以前　□高一的前半部分时间　□临分文理时　□一直没想过

5. 你认为文理分科

□利大于弊　□弊大于利　□无感

6. 你认为文理分科放在高二开始前

□太早　□太晚　□正好　□无感

7. 在选择理(文)科后，你对于正式成为你的副科的科目态度是

□一如既往地好好学　□有所松懈　□从来就没好好学过

8. 你怎么看待学文与学理?

学文：

学理：

9. 你怎么看待文(理)科生?(写一些词语即可)

理科生：

文科生：

自主、自觉、自为地学习

石　芳　北京教育考试院

研究性学习并不是什么新鲜事物，自2001年国家将其正式纳入到必修课程之后，很多学校曾经开设过，也有很多学校后来觉得其在应试教育体制下浪费时间，不能带来分数的提高就停止了。但是在实践中切切实实坚持开展研究性学习的学校，经过多年的积累，形成了丰硕的研究成果，北京市一六一中学就是一个典型，学生们用一双发现的眼睛选择课间操、校服调查、文理科选择、学校附近的租房价格、音乐对人的影响、公交线路的合理设计等生动鲜活、贴近生活现实的课题，围绕问题灵活运用多种方法收集处理信息，形成对问题独到而有深度的见解，并尝试对问题做出创造性地解决方案，提高了对生活的观察力、分析力、思考力和动手实践能力。不仅从学生的角度，研究性学习带来了丰厚的成果，在对指导教师的深度访谈中，老师们对于研学课程优势的真切表达和似乎找到了真正教育的闪光的眼神，也证明了研究性学习作为社会实践活动课程组成部分的重要意义。

自21世纪初研究性学习在我国开展起来，在理论研究方面，虽然文章数量不少，但观点大致雷同，对研究性学习的内涵、作用、实施、评价等方面的论述，基本是国家文件和政策的重复，相对空泛、宏观、表面。实践研究方面主要是某个地区或某个学校实践经验的介绍，多是描述性或说明性的，停留于做法和成果展示，缺少由实践活动引发的理性分析和思考。而相比于前面所有的实践活动方式，研究性学习赋予学生自主、自由的活动空间最大，而且在作为一种学习方式、作为一门课程的意义上，其对学生的影响也是最深入、最广泛的，需要引起足够的重视。

一、研究性学习的内涵：一种学习方式、一种学习活动、一种课程形态

目前对研究性学习内涵的争议，主要表现为研究性学习是一种学习方式、一种学习活动，还是一种课程形态。这个定位非常重要，它影响着对研究性学习的本质、作用范围及影响机制的理解。笔者认为这三种观点只是看问题的角度不同，而在研究性学习的实践性、问题性、自主性、探究性等关键点上的认识是一致的，即是一种教育理念在不同领域、不同方面的具体展开。

(一)研究性学习是一种学习方式

2001 年 7 月颁布的《基础教育课程改革纲要(试行)》中明确指出，“针对传统课程实施过于强调接受学习、死记硬背、机械训练的现状，倡导学生在学习中主动参与、乐于探究和勤于动手。”作为学习方式，研究性学习是对赫尔巴特的学生被动接受教师灌输的传统学习方式的摒弃。传统教育强调以“教师为中心”的“接受式学习”，关注记忆和训练，学生作为被动的客体，在一定程度上丧失了自身的独立性。研究性学习从关注“教师的教”转变为关注“学生的学”，是一种以“学生为中心”的鼓励学生积极参与到学习过程中的学习方式。

作为一种学习方式，它可以灵活运用到各种课程、各门学科和各种活动中。北京师范大学附属实验中学的郑坛老师在《生活与哲学》模块关于“运动”内容的授课方式可以给我们一些启发。很多时候我们认为抽象的概念性教学没有留给学生什么探索的空间，只能采用直接的讲授法“灌”给他们。但是这节课告诉我们即使是抽象的学理问题，通过充满思辨张力的故事和问题，同样可以激发学生自主、深入的探究与思考。这节课紧紧围绕“四位哲学家的四个难题”展开。

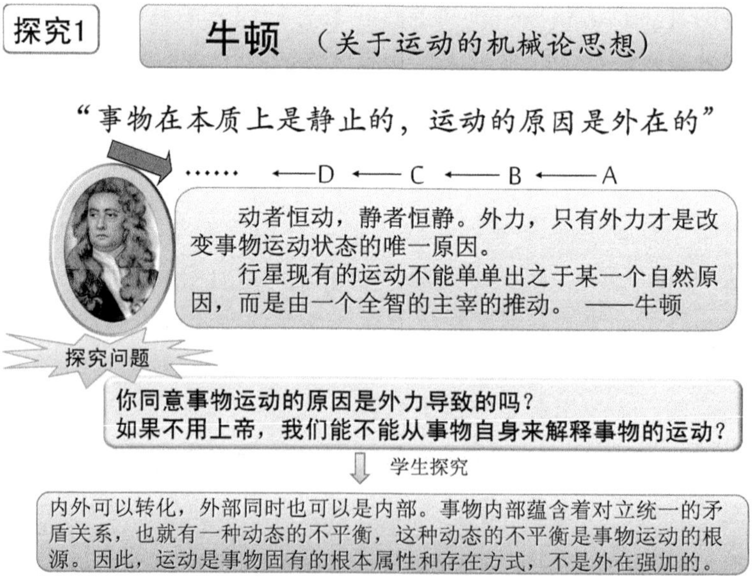

探究 1：与牛顿对话

探究2　**慧能**（关于运动的唯心论思想）

禅宗六祖得到衣钵后来到广州法性寺，听印宗法师讲《涅盘经》，有幡被风吹动，因有二僧辩论风幡，一个说风动，一个说幡动，争论不已。慧能便插口说：不是风动，不是幡动，仁者心动！

探究问题1：你同意谁的观点？风动、幡动、心动分别是在什么意义上说的？

↓ 学生探究

- 风动，是风吹幡动。
- 幡动是从结果层面说的，风动是从原因层面说的。
- 同意心动论，没有人的意识就不能知道、揭示事物的运动。

⇨

幡动——直接观测的结果
风动——由幡动推知风动
　　　　由果溯因（原因）
心动——在主客关系中研究运动

探究问题2：“仁者心动”？

↓ 学生探究

从思维和存在的关系分析：心动不是风动幡动的原因，客观事物运动是在先的，“仁者心动”属于主观唯心论。因此，运动是物质的运动，物质是运动的主体。

探究 2：与慧能对话

探究3　**欧布里德**（关于运动的唯心论思想）

欧布里德是欧几里得的学生，是个辩论家。欧布里德借了别人的钱，到期未还，债主来讨债。欧布里德说：一切皆变，一切皆流，借钱的我是过去的我，过去的我不是现在的我，讨债就向过去的我讨吧。债主发了脾气，打了他，两人撕扭到法院。法院问债主为什么打人？

债主说，一切皆变，一切皆流，打人的我已经不是现在的我，因此我并未打人。于是，这场官司不了了之。

探究问题1：欧布里德看到了事物是运动变化的，这是对的，可为什么还说欧布里德是诡辩？

↓ 学生探究

否定了相对静止

探究问题2：否定事物相对静止，认为事物瞬息万变会有什么结果？

↓ 学生探究

否定相对静止会导致相对主义，不能对事物下定论，难以认识事物。所以我们不仅要承认绝对运动，也要承认相对静止。

探究 3：与欧布里德对话

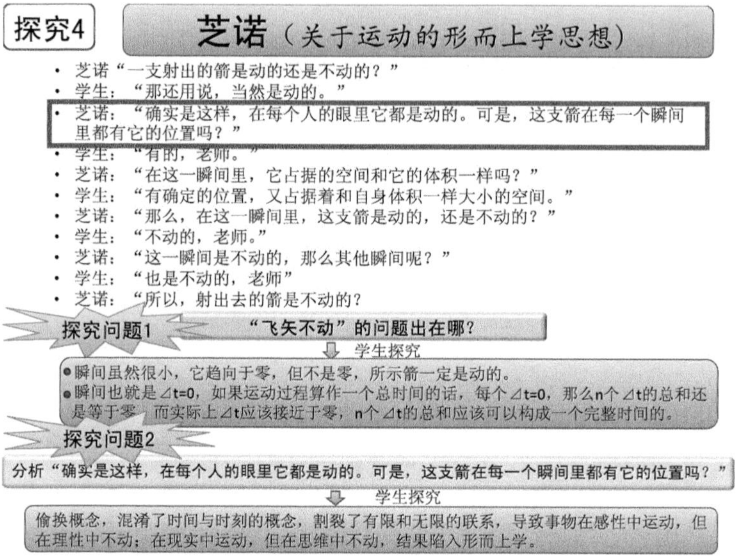

探究 4：与芝诺对话

通过与牛顿、慧能、欧布里德、芝诺的对话，教师引导学生探究关于运动机械论、唯心论、诡辩论等观点的问题所在，从中懂得要正确认识运动必须正确处理好内部和外部、绝对和相对、永恒和暂时、有限和无限、感性和理性、思维和存在等关系，坚持辩证唯物主义的基本观点。

通过上面的课例，可以看到研究性学习可以是针对实践问题的，也可以是针对理论问题的。这节课教师没有告诉学生结论性的知识，而是还原知识的产生过程，设计了专门的思考任务，通过引导学生探讨四大哲学家的具有思维震撼力的问题，层层递进地把运动问题一个一个地挖掘出来，引导他们在似是而非的理解中探究，在错综复杂的困惑中求索，从而逐渐澄清明晰，建构起自己对事物的逻辑及存在意义的理解。

(二)研究性学习是一种学习活动

教育部在《普通高中“研究性学习”实施指南(试行)》中将研究性学习定位于是一种学习活动。“研究性学习是学生在教师指导下，从自然、社会和生活中选择和确定专题进行研究，并在研究过程中主动地获取知识、应用知识、解决问题的学习活动。”①

① 教育部：《普通高中“研究性学习”实施指南(试行)》，2001 年。

作为学习活动，研究性学习存在的范围非常广泛，不仅存在于专门的研究性学习课程中，也可以非常灵活地穿插于必修、选修、校本课程中，可以是某个模块序列的研究性学习活动，也可以是课堂上针对某个小问题的教学活动。

现有的思想政治教材在高中必修和选修每一个单元的最后，都专门撰写了“研究性学习”的活动方案。新课程标准更加重视活动设计，在“教学提示”中对于研究性学习活动做了非常详细的要求和说明。例如《经济与社会》模块关于“感受个体和社会面临的资源稀缺约束，探究消费者和企业如何做出合理的消费与生产决策”内容的教学活动建议：以“我们如何做出理性选择”为议题，探究经济社会生活中理性选择的要领。可分析自己或班级、学校、社区、政府等在某项活动中要实现的目标及面临的资源约束，辨识选择的机会成本，探讨为什么要树立节约观念和效率意识；或结合各种生活实例和亲身经历，探讨如何权衡各种抉择中不同目标之间的冲突。可结合自己的消费活动，探讨如何合理决策，反思自己消费中的非理性行为，或就“如何做一个理性的消费者”举行班级研讨活动。可邀请企业经营者举办讲座，或通过模拟企业的生产经营活动，了解如何运用成本和收益分析做出合理的生产经营决策。

作为活动的研究性学习，也可以是针对某一模块开展的序列学习活动，比如北京一六一中学在《经济生活》模块开展的学习活动。

活动时间：2015 年 10 月 1 日～11 月 30 日

活动内容：调查身边的一个经济现象，或某个经济活动过程，说明其存在的原因、发展的过程，或给我们生活带来的影响。

活动方式：4～6 人一组，设组长 1 人，分工合作，形成文字报告，可插有相关图片，11 月 10 日上交。班内、年级展示以 PPT 形式进行，每组限时 3 分钟。

活动选题举例：

- 商场打折，利润在哪里？
- 沃尔玛和沃尔玛山姆店的区别和设置理由
- 团购真的能帮企业赚钱吗？
- 人民币防伪
- 人民币收藏
- 信用卡(种类、功能等)
- 各国货币介绍及汇率问题
- “十一”物价调查

· 商品码放的学问
· 为什么北京商场里的服装比在小城市更容易打折促销？
· 为什么美国有很高的生产电视机的技术，却不生产？
· 为什么牛奶通常装在方盒子里卖，而可乐装在圆瓶子里卖？
· 为什么电脑厂商免费提供超出电脑价格的软件呢？
· 为什么鲸鱼濒临灭绝，鸡却没有繁衍之忧？

活动要求：

· 选题能激发同学们的兴趣，报告内容阐释能够深入浅出，易于大家理解。

· 报告中应包括小组分工、问题背景介绍、产生的原因(理论分析)和启示。

· 报告能深化同学们对某一经济问题或现象的认识。

· 报告内容不超过3000字，PPT展示时间不超过3分钟。

研究性学习活动还广泛地存在于关于某个具体问题的教学中。比如在学习《经济生活》关于商品价格的内容时，北师大二附中的老师开展了"稻香村月饼价格调查与原因分析"的活动，学生们亲身到门店调查并记录中秋节前、中秋节当天和节后月饼的价格，绘制出价格曲线图，分析价格波动背后的原因。研究性学习活动可大、可小、可以序列化、也可以断点式，非常灵活地嵌入到各种课程、主题和内容的学习中。

(三)研究性学习是一门课程

2001年7月，在教育部颁布的《基础课程改革纲要(试行)》中，明确规定从小学至高中设置综合实践活动课程，并作为必修课，首先在学生的高中学习阶段试行开设，要求每个学生每学年承担一个或一个以上课题研究，以后扩展至初中和小学阶段。随后出台的《普通高中课程实验方案》《全日制普通高级中学课程计划(试验)》中进一步规定，研究性学习与社区服务、社会实践一起构成综合实践活动领域，综合实践活动和语言与文学、数学、人文与社会、科学、技术、艺术、体育与健康等领域一起构成新课程的八大学习领域。研究性学习课程以正课形式进入课堂，每周3课时，三年共288课时。自此，研究性学习被明确为一门独立的课程，在实践中渐渐形成了包括课程理念、课程目标、课程内容、学习方式、教学方式、课程评价的完整系统。

研究性学习是学习方式、学习活动和课程形态三位一体的结构，如果只看到其中的某一个方面，都会窄化研究性学习实施的范围、简化其内涵与功能定位。

二、研究性学习的基本特征

（一）学习目的的变革：从习得知识转向实际问题的解决

传统教学是“以学科知识为中心”“以理论逻辑为主线”的模式（见图 1）。研究性学习是“以问题为中心”的学习，问题是学习的动力、起点和贯穿学习过程的主线，所有的学习环节均围绕问题展开，发现问题—求证问题—解释问题—论证问题—解决问题（见图 2）。

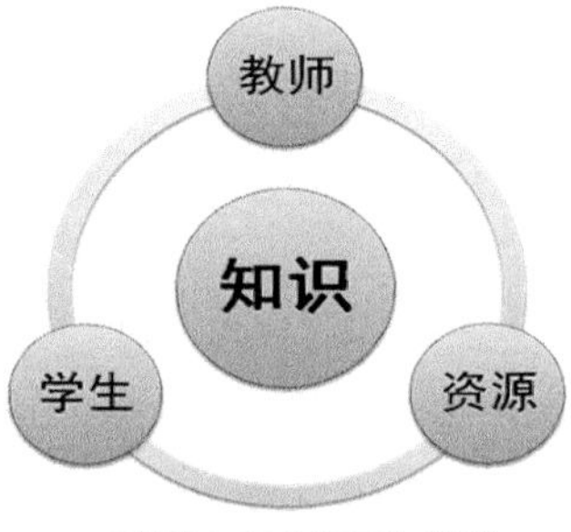

图 1

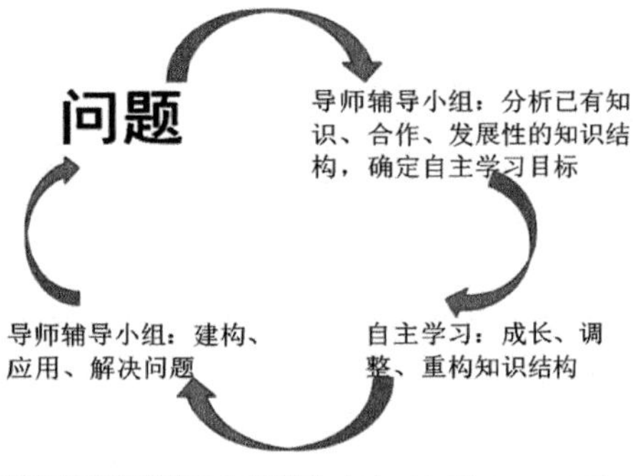

图 2

“学科知识中心”和“问题中心”是两种完全不同的教育理念和教学思路。以《经济生活》模块“影响价格的因素”为例，我曾听过关于这一内容两个教师的不同授课。两人的教学组织思路是不同的，一位老师从课前布置的对“十一”期间商品价格的调查入手，直接面向生活问题展开教学，引导学生一步一步地探究：“十一”期间哪些商品的价格发生了变动？发生了怎样的变动？这些商品具有什么特点？为什么它们的价格发生这样的变动？受哪些因素的影响？这些因素的影响机制是什么？这些影响因素之间是什么关系？围绕生活问题，引导学生层层深入地探究，所有的知识不再是教师灌输进学生大脑的结论，而是学生在解释某种生活现象、解决某个生活问题时，一步一步求索、思考，不断建构、拓展、延伸。另一位教师的教学设计是我们在教学实践中常见的，讲一条理论，举几个例子，这时例子的作用无非有三种情况，要么是调动学生学习理论的兴趣，要么是帮助学生更好地理解理论，或者印证理论的正确性和权威性，这时生活事例是为了“辅佐”理论出现的，是理论的“注脚”，这种“理例结合”的模式并不是新课程“回归生活”的本意。“回归生活”是要以生活问题作为建构课程内容的核心，在面向生活问题的思考中学习和探索知识，而不是按照科学知识的理论逻辑和脉络把生活事例一一对号入座，即不是图 3 所示的先灌输给学生知识，然后再让他们把知识运用到问题解决的路径，而是图 4 所示的学生直接面对问题，在发现问题、分析问题、解决问题的过程中，形成、建构、拓展知识。此时，知识是动态化的，具有明确的目的“为了生活问题的解决”，知识本身并不是最终的目的。

图 3

图 4

这就像总有老师问我，为什么我的学生知识都会背，但是高考题不会做？因为高考题是“问题立意”的，每道题都提出了一个现实生活中的问题，需要学生运用知识去分析和解决：“小区停车难问题如何智慧地解决？（2016 年北京卷第 39 题）”“如何把同学发明的产品利用互联网推向市场？（2015 年北京卷第 38 题）”“如何科学规划自己的人生道路？（2015 年北京卷第 25 题）”……这些生活问题是死记硬背、直接套用书本知识解决不了的。

进一步分析，什么样的问题才算是一个“好问题”呢？这就涉及研究性学习的“选题”问题。正如爱因斯坦所说的：“提出一个问题往往比解决一个问题更重要。”因为解决问题也许仅是一个数学上的或实验上的技能而已，而提出新的问题、新的可能性，从新的角度去看问题本身就是一个了不起的成果。选题过程中，学生发现问题、提出问题，正是培养创新精神的起点。下面，我们以北京一六一中学 2015 年和 2016 年高一年级研究性学习的“选题”为例，总结归纳好的“选题”的标准。一六一中学十分重视学生选题的过程，每个小组在开展正式研究之前，都会提交正式的开题报告，阐明研究的意图、方法及可行性，由教师和其他学生评价“问题”的研究意义。

序号	选　题	设计意图
1	消费者对中西快餐的选择因素研究	由于生活节奏的加快，55.2%的人会每周食用两次以上的快餐，本研究希望通过调查，了解人们选择中西快餐的比例，选择时的考虑因素，不同年龄层次的人对快餐的偏好，从而为人们的健康饮食提供更好的选择，为中国快餐业的发展提出一些建议。
2	对北京公交线路的研究	根据北京市交通的特点，以陶然亭、南北长街为主，实地记录不同时间段，陶然亭公交车站驶离与到站的时间差，采访北京市第十五中学、一六一中学的学生、老师及附近居民，查阅国内外解决公共交通问题成功经验的资料，探究适合北京市的公交线路规划方案。
3	音乐对学习的影响研究	音乐对人的身心状态会产生不同程度的影响，比如情绪、情感、体验、认知能力以及工作绩效等方面。目前学习是学生的头等任务，运用不同方法和途径改善学习效率和身心健康是很有实际意义的课题。本研究通过对学生进行问卷调查，探究不同类型的音乐对人的学习效率、情绪、压力、心态等方面的影响。
4	睡眠时间对上课听讲状态的影响研究	研究睡眠时间的多少对个人精神状态产生的影响。通过对本校学生睡眠时间与上课听讲效率之间关系的调查，进行数据的相关性分析，找出针对本年龄段学生的睡眠与学习相互影响的规律，引导学生通过保证合理的睡眠时间来提高听讲的效率，改变以牺牲睡眠时间来提升学习成绩的错误认识。
5	超市商品消费情况研究	通过问卷进行市场调查，了解人们的消费心理，分析商品码放对消费行为的影响；了解超市商品码放的知识，探究商品码放的方法和规律；针对物美超市的情况，找到不合理之处提出改进意见。
6	南锣鼓巷创意店铺研究	创意店铺是现代社会文化创新发展的映射，希望通过研究进一步了解现代人的创新意识，了解创意店铺的数量、经营种类、建筑风格、店面装饰、开店原因等，探究顾客的年龄、职业、身份、购物心理对创意产品消费的影响等。

续表

序号	选　题	设计意图
7	关于中学生是否应做广播体操的研究	广播体操具有放松大脑、培养身姿、促进血液循环等诸多优点。然而如今，很多学校只有极少数(甚至没有)同学能够认真做操，对于现代的中学生，失去魅力的广播体操是否还有保留的意义？研究希望通过对同学们的调查，了解当前广播体操在学生心中的地位和态度，对学校广播体操的改进提出一些建议。
8	关于学生、老师对文科与理科的态度研究	通过对我校高一、高二学生的问卷调查，老师的访谈以及资料查询，了解学生对于文理科的基本看法和选择文理科的原因，分析选择背后的影响因素，并给一些尚未决定的同学提供一些帮助性的建议。
9	对改善北京居民区周围乱停车问题的设计——以四方景园小区为例	通过对居委会主任、城管、小区居民们的采访、调查，在对四方景园小区停车现状有所了解的基础上，汇总各方意见并借鉴优秀小区的管理经验，提出一些切实可行的整改意见。
10	有关人权的探讨和研究	健全的人权保障包括两个内在的维度：一是权利的平等保护，二是弱势群体权利的特殊保护。这两者之间遵循着不同的原则，但又相互联系、相互制约。本研究希望在理论上明晰人权的相关问题，并通过对年龄相仿的学生进行问卷调查及资料查询，了解学生群体对人权问题的基本理解，从而提高学生的人权意识，为完善人权保障机制，促进和谐社会建设提出一些建议。

由上述选题可以看出，一个好的问题至少需要具备以下四个基本特征。

1. 现实性。研究性学习是一门“扎根生活、通过生活、为了生活”的课程，它强调理论与实际、科学与生活的联系，因此，问题的选取具有强烈的现实性。从上表可以看到，课间操改革、文理分科的选择、音乐和睡眠对学习的影响、中西快餐的选择、超市商品的码放、公交线路的设计、社区停车问题等课题都是来自鲜活的校园生活和沸腾的社会生活，都是学生在生活中发现的真实问题，具有现实意义。

2. 适宜性。问题呈现的是一个难度适宜的认知冲突。问题既不是学生现有认知水平和经验能力无法解决的难题，也不是只需事实性信息就可以直接判断的“伪研究”，应该是与现有的认知水平具有一定的不平衡和挑战性的问题。也就是说，学习应该围绕一些学生想知道，又不知道，但有能力知道的问题进行。合适的刺激度既激发了学生的好奇心，使其保持了对问题的“惊讶”，对学习充满期待与渴望，进入心求通而暂时不能达到的心理状态，又不会十分畏难、无从下手，带来困难、畏惧、不舒适的感觉。比如超市商品消费情况研究小组：“我们在超市购买需要的商品时，什么形式的促销活动会吸引我们的消费呢？在购物时你能否立刻找到所要购买的商品的位置呢？有没有想过我们为什么要购买那些商品呢？随着社会经济发展，网购深得我们青睐，那么有什么商品我们更倾向于在超市购买呢？”这些问题驱动小组同学充满兴趣地去探究、寻求问题的答案。他们通过调查发现，消费者去超市购物的心理不是“追求名牌”(14.77%)，而是“喜欢就买”(67.15%)和“价格实惠”(66.48%)。比起网购，人们更愿意在超市购买零食、清洁用品和生鲜类食品，而图书、音像、电脑办公类用品、户外用品、玩具和乐器等购买力相对较少(见图5)。学生利用课堂上学习的消费心理、企业经营、市场需求等知识，提出了超市吸引消费者的价格策略、进货种类以及商品码放位置的具体建议。

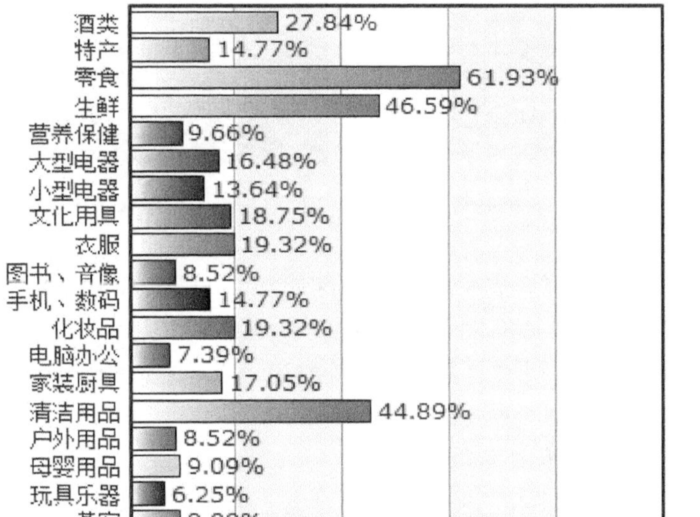

图5　超市商品消费意愿统计

3. 兴趣性。学习应该是一个散发着兴趣和热情的过程。新颖的问题情境、来自学生长期观察的疑问、生活中常见但又说不清楚的现象都会产生强烈的吸引力，它们就像“催化剂”一样激发学生们对问题的惊奇，萌生寻求解决的冲动，充盈发现的兴奋与激动。

“北京市宠物市场调查”小组在报告的第一段写道：“通过学习了一年的职业生涯规划课，班级里的一部分同学找到了自己的理想。我们这些对宠物事业感兴趣的同学组成了一组，共同探讨宠物市场的发展前景，以及确定宠物市场能否作为我们日后的就业方向。”研究性学习小组的成员组成不是学校或班级行政划分的结果，而是基于共同的兴趣爱好自主结成的志同道合的“兴趣部落”。作为文化组织，具有自身的偏好和独特性。“青春就是追梦的过程，做自己热爱的事情，尽全力去享受这快乐的、兴趣盎然的过程。”孩子们在报告的结尾写道：“在未来的生涯规划中，我们还会继续做市场调查，也会拜访这方面的专业人士，保持研究的状态，希望可以在未来对职业选择有所帮助！”

图 6　学生拍摄的自家宠物

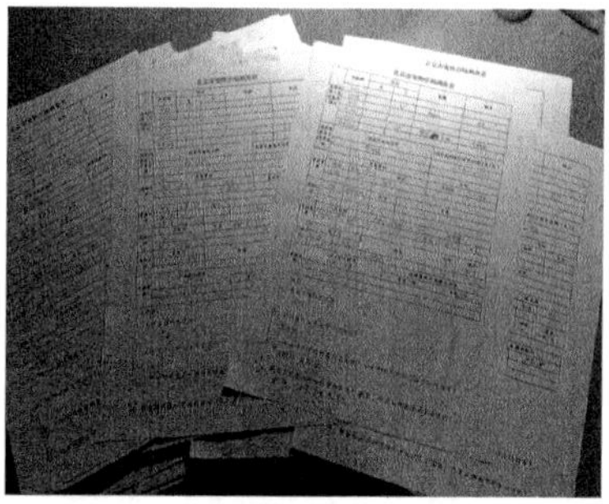

图 7　一六一中学调查问卷统计表

4. 可操作性。研究性学习活动不能过于复杂，不能耗时过长，要符合中学整体的教学安排；要具备相应的学习材料、实验设备以及相关部门的配合；操作过程要遵循安全、可靠、资源节约等原则。在一六一中学的开题报告中，专门列出了“可行性分析”的项目。

“有关人权的探讨和研究”小组：

(1)人力：我组共 5 人，大家热情都很高，此课题全体同意，并努力参与活动，导师对我们很有信心，而且说会全力支持我们，另外还有我们的家长中有这方面的专家。

(2)物力：有老师提供的关于研究性学习方法的一些资料。但由于这个课题的难度较大，所以学校给不了我们太大的帮助，这需要我们五个人更加努力。

(3)财力：我们还是学生，没有经济收入，在经费方面会注意节约，外出调查时主要以公交车为交通工具，饮食方面提前准备好，如自己带水等。

(4)时间：活动时间定为周末与课堂时间，还会利用些假期时间，经过计划，能保障我们的研学按时完成任务，也不会因为这项任务耽误其他学科的学习。

(二) 学习过程的变革：从被动接受转向主动探究

传统教学常常以教师讲授为主，学生很少有机会通过亲身实践来学习知识，得到发展；由学生主动获取信息、集体讨论质疑的学习活动也很少；教师布置的作业多是静态的书面练习，很少有观察、制作、实验、调查等活动性作业；课堂上学生更多的是理解、记忆、熟练掌握老师讲授的内容，很少能有机会发表自己的看法与意见。研究性学习改变了传统课堂教学中单向的“输出—接受”模式，它突出了学生的主体性。人的主体性是人的本质的最高层次，主要包括实践性、自主性和创造性三大特质。

1. 实践性。马克思视域中的人是实践的人。实践也叫生活实践，人永远处于实践之中，在实践中发现和感知世界，在实践中体验和发展自我。研究性学习让学生走进生活，通过亲身参与，积极主动地去“做”、去“尝试”、去“活动”、去“探索”，而不是在虚拟的理论世界中去“听”、去“记”、去“背”、去“复制”、去“再现”、去“练习”。卢梭提醒我们，“在任何事情上，你们的教育都应该是行动多于口训，因为孩子们是容易忘记他们自己说的和别人对他们说的话的，但是对他们所得和别人替他们做的事情，就不容易忘记了。”[①]要用实践活动去教育学生，而不是用“唠唠叨叨、废话连篇的教育，培养出一些唠唠叨叨、废话连篇的人”。[②] 知识是在行动与操作过程中获得的，在主体和客体相互作用的实践过程中获得的。知与能本就是同源词，“做事的能力是知识的最基本的意义。”[③]知与行是统一的，学生在所尝试做的事情、所经历的遭遇和所承受的结果中不断学习、觉醒和成长。

2. 自主性。美国《国家科学教育标准》指出，“学习科学是学生们要亲自动

① [法]卢梭著，李平沤译：《爱弥儿》，北京，商务印书馆，1978年版，第207页。

② [法]卢梭著，李平沤译：《爱弥儿》，北京，商务印书馆，1978年版，第237页。

③ J. A. Boydston(ed.) John Deway's Middle Works, Vol. 7, The Southern Illinois University Press, 1979, p. 265.

手做，而不是别人做给他们看的事情（Something that students to，not something that is done to them）。”①学习不是行为主义的训练反应，也不是认知主义的知识接受，而是主体公开运用自己的理性去主动观察、思考、积极建构知识的自主学习、自我筹划、自我发展的过程。北大附中特级教师戴颖老师曾经说起一件事，她调查“本学期学生最喜欢的授课环节”，没想到，课前5分钟的学生演讲占比最高，原因很简单这是学生的自主行为。

生命是一种能动的存在。英国哲学家洛克指出，人有两种能力：“一种是能引起变化的能力；一种是能接受变化的能力。前一种可叫作自动的能力；后一种可叫作被动的能力。”②人的能动性在于由被动变为主动。研究性学习是一种学生自主、自觉、自为的学习。学生根据自己的兴趣爱好自主地选择研究课题，根据自己的认知特点确定自己的学习方式，自我独立判断信息的取舍和加工方式，根据自己的特长和理解展示学习成果，实现自我对研究的期望。从发现问题、提出课题、设计方案、收集资料、实践考察、过程操作、探求结论，直到最后的成果展示和评价交流，都是学生“自作主张”“自我谋划”的过程。教师的作用是对学生进行指导和辅导，发挥促进者和协助者的作用，而不是取代学生来做这些活动。学生在自己的学习面前获得了尊严和控制的权利，拥有了与权威、教师平等的自主权，学习成为学生自觉追求真理的过程。

从被动到主动，从客体到主体，从他控到自为，不仅“强壮”了主体精神，还增强了主体的能力。“自主建构”发展了学生的认知和元认知能力。解释现象、分析原因、提出假设、因果推理、辨析比较、建构理论等自主行为，通过同化与顺应，在原有知识和经验的基础上生长出新的知识和经验，扩展、延伸、修正原有的知识架构，这些都促进了学生认知能力的发展。同时，自主性还包括对学习过程、思维策略进行自我反思、自我评价、自我监督和自我调控的过程，因此也促进了学生元认知能力的发展。

3. 创造性。创造性是主体性发展的最高表现。创造性学习是相对于重复性学习和再现式学习而言的。在传统教育中，学生是书本知识的虔诚复制者，他们无需独立思考，更无需质疑批判书上的真理。研究性学习围绕挑战性、新颖性的问题展开研究，这些生活问题书本上并没有现成的结论，甚至在生

① National Research Council. The National Science Education Standards. Washington DC：National Academy Press，1996，p. 2.

② ［英］洛克著，关文运译：《人类理解论（上册）》，北京，商务印书馆，1959年版，第204页。

活中也没有确定性的答案，问题的解答需要孩子们独立思考、自主发现，此时思想不再处于复制和再现的消极状态，而成为一种创造性行为。赫勒指出："'创造性'思维指谓被用于问题的意向性解决之中的思维。"①"问题"留给学生无限的创造空间，在提出问题、分析问题和解决问题的过程中，学生从重复性思维模式中解放出来，在与问题情境的相互作用中，知识和能力得到更新、替换、发展和推进，创造能力和创新意识被挖掘展现出来。

"关于中学生是否应做广播体操研究"小组，基于80%的女生和98%的男生希望取消广播体操的调查结果，提出了富有创意的解决方案和措施。

(1)自编班操(广播操、韵律操、健力操、哑铃操等)，鼓励学生创新。

(2)自选其他项目。

(3)采用分年级、分班、分组做操。

(4)坚持体育与艺术相结合。

(5)定期改变项目和形式。

(6)根据天气、季节的变化安排合适的内容。

(7)安排2～3套操，增加其他内容。

(8)建立科学的评价制度。

目前，中小学课间操仍是教学工作中的一个薄弱环节，所以国家教育主管部门应把课间操作为我国教育改革的一项重要内容来抓，应进行广泛、深入的调查、研究、实验和改革，应该建构一套新的课间操体系，把以前单一的课间广播操和现今多种内容与形式的课间体育活动综合起来，将课间操的价值真正体现出来。

(三)学习内容：从单一、封闭转向综合、开放

1. 问题的敞开性。传统教学以学科知识为中心，所以往往局限于某一个学科内部。研究性学习"以问题为中心"，生活问题通常具有丰富性和复杂性，一个问题会涉及多个学科，需要从不同领域、不同角度、不同层面进行分析，才能获得"全貌"的认识。

一六一中学的研究性学习课程，在学生确定选题后，会根据选题内容，选择一到几个不同专业的教师共同指导学生。比如"学生喜爱的音乐流派与MBTI性格类型之间的关系"研究，课题涉及音乐、心理学、政治学等多门学科内容，由音乐教师和政治教师共同指导；"对黑巧克力的功效和影响的研究"，涉及生物学、医学、心理学和社会学等学科，由生物教师和政治教师共

① [匈]艾格妮丝·赫勒著，衣俊卿译：《日常生活》，重庆，重庆出版社，1990年版，第138页。

同指导。小组研究时，学生也按照内容领域进行专门研究，比如生理组(研究巧克力的成分——类阿片活性肽和可可黄烷醇对人体多巴胺的分泌、心脏、皮肤、抗癌和减肥等方面的影响)、心理组(研究巧克力对人的情绪、心理感受的影响)。研究性学习打破了单一学科的封闭教学，实现了多学科的开放融合。

2. 方法的综合性。在研究中，结合课题内容常常需要多种研究方法的综合运用。

比如在公交线路的研究中，学生们恰当运用了文献查阅法、实地考察法、问卷法、访谈法以及专家咨询法等多种方法，形成了一个多元化、多途径的方法系统。

(1)文献查阅法：上网查阅资料，了解国外智慧交通管理的政策、措施和经验，撰写了三千多字的文献综述；上网查找调查问卷设计的基本原则与方法，为小组设计问卷提供指导。

(2)实地考察法：分早中晚三个时段，对5路汽车的到站和驶离时间差进行记录。

2015年9月8日：上一班车离开时间(因为满载没上去)4：30，下一班车驶来时间5：40，共计70分钟。

2015年12月16日：上一班车离开时间(因为满载没上去)4：50，下一班车驶来时间5：30，共计40分钟。

(3)问卷调查法：根据课题内容，拟定调查问卷

北京公交线路规划调查问卷

您好！我们是北京一六一中学的学生，我们正在做一个研究性学习，探究北京市公交车的规划问题，为了更好地了解社会需求，我们做了这个问卷，请您回答。谢谢！

1. 您的主要出行方式

A. 公交车　B. 地铁　C. 自行车　D. 机动车　E. 其他________

2. 您对北京公交线路满不满意

A. 满意　B. 一般　C. 不满意

3. 您有没有过，①等车时间长，②公交车十分拥挤(或挤不上去)，③住址附近公交车线路少车次少的问题

A. 有①　B. 有②　C. 有③　D. 两项　E. 三项

4. 您想不想让北京市的公交路网有所改进

A. 保持现状　B. 有必要

5. 您认为现在公交车最需要改变的是什么

A. 线路问题　B. 等车时间长　C. 拥挤问题　D. 其他________

6. 您认为现在最佳改变途径是什么(多选)

A. 加宽道路，设立单独公交车站方便上下车

B. 在有其他交通方式的地方减少公交车线路(如地铁)

C. 改变线路，在居民出行需求量大的地方设置公交线路

D. 加派车次，使公交车供应量满足出行需求量

E. 施行分时段发车制度，高峰期加派车次

F. 其他____________

(4)访谈法：对北京市第十五中学和一六一中学的同学、老师及5路车附近的居民进行访谈。

(5)数据分析法：对收集上来的数据进行归纳、分类、筛选、解释。

3. 结论的开放性。一些教师存在一种错误的认识，把研究性学习的开放性仅仅理解为话题选择的开放、过程的开放和方法的开放，在结论上仍然习惯于按照单一思路给出一些封闭性的、固定的答案，或总是想方设法、强拉硬扯到书本上的既定知识，而对于教材之外的丰富的收获视而不见。即使是“发现学习”的提出者布鲁纳，也犯过这样的错误。他将“发现学习”的最大益处定位于帮助学生接受专家、权威们给出的确定知识。“开放”只是在过程、方法和手段的层面上的，在学习结果中并不具有价值，这是一种不彻底、不完整的研究性学习。

就学习结果而言，研究性学习应该给学生创设一个相对宽松、自由开放的学习环境，鼓励他们多角度、多层次的发散性思维，倡导基于个人的实践经验和认识特点的个性表达和创造性思维，形成一个开放的、多元化、丰富的结论系统。学生们多元化的理解应该得到承认和尊重，发现过程中萌生的奇思妙想，意外的火花、节外生枝的收获、小组成员多种声音的“复调”所形成的丰富的、生动的、书本之外的理解都应该被纳入进来，形成一个借由学生的研究而不断生成的、开放的结论系统。

(四)学习成果：由知识量的积累到综合素养的提升

传统教育的教学成果更多地表现为掌握的概念、原理、规律等知识的数量和准确程度。研究性学习的成果超越知识的单维性，更为丰富、多维、全面，使学生的知识结构、关键能力和人格得到全面发展。

1. 促进形成个人化、结构化的科学知识体系

虽然知识不是研究性学习的最终目的，但是研究性学习并不是不要知识，

反而相比于以知识为中心的接受式学习，研究性学习的知识更加体现出个人化、结构化、应用性的特点。首先，研究性学习有助于个人化知识的形成。写在书本上的知识并不是个人化的知识，只有被个人所消化、理解、并能灵活运用、迁移到个人遭遇的具体情境中的知识才是真正属于个人的、“学会”了的知识。如波兰尼所说的，这种知识不是传统教育中抽离了具体情境、可以普遍适用于任何条件的、抽象的、客观的“简单原则”，它具有强烈的个体性。在研究性学习的亲身实践中，主体与客体直接接触，主体认识客体、探究客体的规律，客体也进入主体的世界，与主体的求知、发现、探究的本性结为一体。主体—客体由最初的“我—它”“人—物”的认知关系，转向“我—你”的平等对话关系，最后返回主体自身，形成“主体—客体—主体”的认识路径。于是，知识的理解和表达在本质上承载了主体认识客观世界的态度，表达了主体把握客观世界的方式，内聚着主体的世界观和精神追求。这种知识在客观性、普遍性、绝对性之外，带有了个体的主观性、境遇性和相对性。

其次，研究性学习有助于结构化知识的发展。新课标非常强调知识的结构化。面向问题的解决，围绕主题和任务，学生要不断地在众多的信息中寻找、筛选、整理出有价值的信息，寻找信息之间的相关性，根据获得的新信息不断调整、修正原有的认识，再从原有的认识生成新的认识，并把新的认识有机嵌入到原有的知识结构中，这一系列认知过程都是个体面向实际问题的解决不断梳理、整合知识，促使知识、信息不断结构化、有序化的过程。特别是研究性学习的问题通常具有综合性，其知识结构化的范围更加广泛，不仅包括一个学科内部的某些章节的知识，也包括不同学科知识和广阔的学习资源的结构化、系统化，有利于建构起层次清晰、关系明确、勾连整合的知识结构图示。

2. 培养综合性的科学能力

由于研究性学习的生活问题是综合的、探究问题的过程是开放的、运用的方法的是多样的、结论是不断生成的、丰富的、多元化的，这些开放的、综合的要素和主动参与的学习方式使参与研究性学习的学生能力得到了全面而综合的培养——洞察社会问题的能力、搜集和处理信息的能力、实验操作的能力、辩证推理的能力、综合分析的能力、提炼总结得出结论的能力、表达自己思想和观点的能力、批判质疑的能力、分享合作的交往能力等。这些能力对于适应现代社会发展都是非常重要且终身有用的，也是接受式教学中不能透彻、深入培养的能力。

3. 树立科学精神

研究性学习的成果不仅包括科学知识和实用性技能，还包括大量不可言传的探究过程中形成的求知的热情、研究的兴趣，认真踏实、严谨求实的科学作风，不断探索、追求真理的进取精神，不怕吃苦、勇于克服困难的意志品质，尊重他人想法和成果的民主意识，实事求是、客观理性、敢于质疑、大胆创新的科学态度，以及用科学促进人类发展和全社会福祉的社会价值观和责任感等。

科学精神、科学态度是人们在追求真理、逼近真理的实践活动中，所形成的精神气质和态度品格。科学知识、科学能力与科学精神、科学态度之间是“形”与“神”的关系。科学精神和态度是科学知识和能力的根基和精神内核。科学知识会不断更新，科学能力也会随着时代变迁的需求而不断调整，但是追求真、善、美的科学精神，是持续一个人一生和人类社会发展中永恒不变的精神要素。可以说，科学精神与科学态度的培养是研究性学习的终极价值。

在对科学内容的态度上，研究性学习倡导唯实、求真的实证精神。科学世界要如实地反映外部世界的客观规律，因此，调查、访问、考察、测量、实验等实践过程要脚踏实地、实事求是，力求精确、翔实、不杜撰。

一六一中学的“关于北京市 18 米级、13.7 米级公交车车内布局的研究”是科学实证精神的典型范例。学生通过上网查阅、实际测量、详细观察，对一踏车、二踏车和三踏车的型号的实际载客量、座位数、车内平均宽度、发动机位置、踏板高矮、轮胎处距离宽窄等，做了非常精确的测量和数据调查，还通过对公交司机和车辆专家的采访，了解汽车的结构、气罐位置、无障碍程度，使研究建立在科学可信、扎扎实实的调查基础之上，体现了尊重事实、唯实求真、脚踏实地的科学精神。

“消费者对中西快餐的选择因素研究”小组，在研究中付出了大量的时间，为了保证研究的准确性，他们利用课余时间完成了 750 份样本的调查，如此大规模的取样范围，让我们看到了学生们科学研究的顽强意志，而且为了保证样本的代表性，还不怕麻烦地通过偶遇抽样的方法，调查对象的统计细化到年龄、学历、职业等信息的具体区分(见图 8～图 10)。

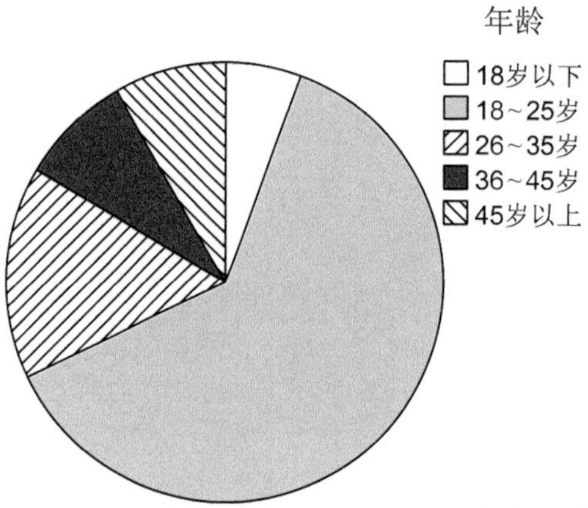

图 8　被调查者年龄比例

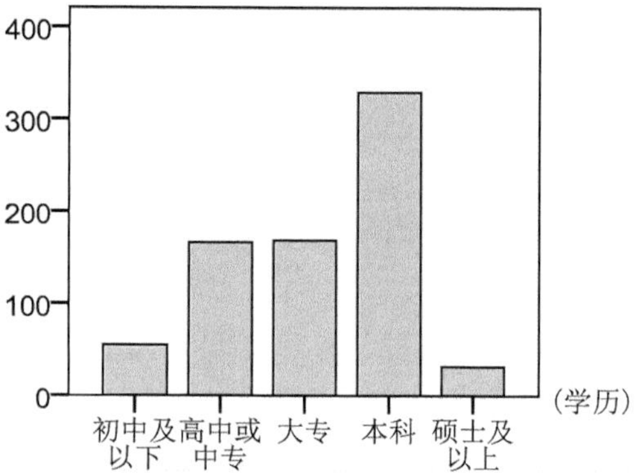

图 9　被调查者学历情况

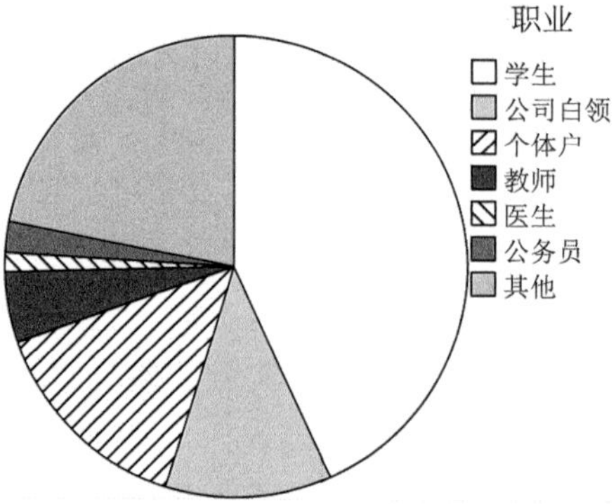

图 10　被调查者职业情况

由于做到了对人群年龄的细分，研究可以深入到对不同年龄段的人选择快餐意向的分析。“年龄大的人往往更趋向不选择快餐，因为年龄大的人对自身的健康关注较多。如果要选择快餐，年龄大的人也更偏爱中式快餐，相反年轻人更偏爱西式快餐。这是由于年龄小的人思想没有年龄大的人保守，他们更乐于接受新事物，勇于尝试。”对不同学历、不同职业的人用餐选择意向的调查细致、精确、详实，体现了科学、规范、严谨的态度。

在对已知成果的态度上，研究性学习倡导批判怀疑的科学精神。“批判性思维是指在确定相信什么或者做什么时所进行的合理的、反思的思维。”接受式学习的思维方式是轻信、接受书本上、权威的或既有的观念，是一种海绵吸收式的思维。批判性思维强调独立思考，要经过全面探查证据、严密推理论证等“我思”过程之后，才确定相信什么。批判性思维包含两个维度，一是解释、分析、推理、论证、评价、自我校准等批判性思维能力，以及一致性、相关性、清晰性等思维策略。二是求真、坦诚、公正、勇敢、冒险、好奇心、开放等“心理性向”。因此，批判性思维是“善于批判”的能力和“勇于批判”的精神的结合。①

“对黑巧克力的功效和影响的研究”就缘于社会上有黑巧克力具有减肥、有益心脏等功效的传闻，孩子们对传闻持有怀疑的态度，想通过研究获得科学的求证。“通过调查发现，听说过传闻的同学中有一小部分人是对传闻抱有怀疑态度的，我们研究的目标，就在于验证两个传闻是否正确，向同学们普及正确的知识。”于是，学生从巧克力的成分、配料表开始分析，展开推理论证、相关性考查等一系列探究过程，并得出自己的结论。

分析 1：黑巧克力与类阿片活性肽

分析 2：黑巧克力与多巴胺分泌

分析 3：黑巧克力与异黄酮类

结论：经过生理学、心理学分析，黑巧克力的传闻确实具有可信度。但是世界之大，还是要因人而异。我们小组只是初步探索研究，真正得出结论还是为时过早，还需要进一步深入研究。

可以看出，孩子们在研究中保持着理性、批判、怀疑的精神，力求通过客观、科学的研究过程证明一个结论的可信度，而不是武断地妄下定论。因此，研究性学习不是教条化的计问之学，而是要把学生们培养成一个用自己大脑思考、具有独立的判断能力、不唯上、不唯书、不迷信、不盲从的人。

在对未知领域的态度上，研究性学习鼓励执着的探索精神。科学本身就是求知、求是、求真的过程，学生们要有乐于探究、勤于动手、执着求知，揭示科学“惊讶”的积极态度和进取心。科学的本质是什么？从词源上看，科学一词来自于拉丁文 scire，是“求知”的意思。一个世纪前，在德语、法语和土耳其语中，科学都被指称为“系统的探究”。1996 年美国《国家科学教育标准》提出“作为探究的科学”的概念，指出以结果形态存在的系统化的理论知识仅是科学的一种表象，在本质上科学是一种探究活动。本特利指出，“自愿的探索去改变一个人已经知道的，就是科学……那些知道如何进行探究并且懂

① 石芳：《培养学生的批判性思维》，载《思想政治课教学》，2015 年第 6 期，第 20 页。

得探询过程意义的儿童，已经为未来独立地寻找问题答案做好了准备。”①因此，科学不仅仅是结论性的科学知识，而在本质上是发现、思考、创新的探究。

4. 培养人文情怀

研究性学习超越了概念性、程序性和技术性的科学主义层面，自觉通向“意义”“价值”“人文”的维度，在揭示“是什么”的事实性知识之外，还具有“will”的价值意向。学生们关于“人权”“环境”“交通”“饮食”等问题的深入分析，是出于感到自己应该为社会的进步、经济的发展、人类的福祉做些什么，由此生发出的一种责任感、使命感和担当意识，这正是现代科学的精神气质。

研究性学习在科学探究过程中灌注了一种人文思考与人文追求的深度。“消费者对中西快餐选择因素的研究”是为了帮助人们形成健康的饮食方式，也可以为中国快餐业更好地满足消费者需求提供建议。“南锣鼓巷创意店铺研究”是为了在国家大众创业、万众创新的背景下，探索文化创意产业发展的思路，体现了年轻人利用无限创意自主创业的美好追求。“汉服的认知与普及”是因为“汉族是世界上唯一没有确定的民族服装的民族，可没有民族服饰的民族是个被扒了皮的不完整的民族。要努力恢复丢失的美好的传统，不让其淹没在滚滚洪流中。”“北京公交线路的研究”“关于公交车车内布局的研究”“高铁座椅舒适度的问题”都是体察百姓民生，希望为城市发展贡献智慧，尽一份公民应有的责任——“希望我们的研究成果可以让公交车公司有所改进，结论被采纳。希望北京公交车更加舒适方便让人们满意”。“动物摄影黑镜头的调查”，试图通过对摄影师为了捕捉美丽的瞬间，而恶意伤害动物的行为的揭示，唤醒人们保护动物，“不能在捕捉美的时候，成为扼杀美的凶手”的人与自然和谐相处的意识。“有关人权的探讨和研究”是为了增强人们的人权意识，当在权利受到侵犯时能够自觉维护自身和他人的权利，推进社会的和谐与进步。科学研究成为提升人生质量、关怀社会现实、构建社会理想的重要途径和方式。“求真”的过程，也成为追求“美”、付诸“善”的实践，成为“求一种知识”的“为学”与“求一种境界”的“为道”的融合。

三、研究性学习中存在的问题及对策

（一）学校方面——转变观念，切实落实素质教育

目前研究性学习实施中最大的困难和阻力在于学校。一些学校的研究性

① ［美］本特利·艾伯特著，洪秀敏等译：《科学的探索者》，北京，北京师范大学出版社，2008年版，第11、141页。

学习开展了一段时间之后就停止了，还有一些学校，课程处于边缘地位，只要主科需要，随时被挤占。这些学校认为在现有的“应试教育”模式下，研究性学习无论是作为学习方式、学习活动，还是课程，都花费了大量的时间和精力，却没有什么成绩上的“实际收获”。甚至有的校长说“谁切切实实地搞素质教育，谁就实实在在地受损失。”

在改革的过程中，学校要有正确的课程观、质量观和评价观，明确课程在促进学生全面发展中的重要作用。教育是“十年树木、百年树人”的工程，不能急功近利，只重眼前利益，不能只简单地、片面地用考试成绩作为评价学校教育成功与否的唯一标尺。

当然，高考现在也开启了改革的进程，在全国及各地试题中出现了一些研究性、活动化的试题，以学生学习和生活中模拟人大、模拟政协、社区建设、文化游学活动等为背景材料，鼓励学生去实践、去探究，并且把真实活动过程中形成的经验和智慧作为考查的内容。

此外，研究性学习不同于传统课程，需要学校制定专门的课程管理制度，在资源开发、时间安排、教师组织、器材保障上切切实实地落实。比如一六一中学在课时管理上，安排每周一课时的活动时间，如果个别课题完不成，选题出现了调整，外出考察遭遇了挫折或过程中因错误、意外耽误了时间，老师和学生也可以向学校申请增加课时，可以依具体情况灵活调整。

（二）教师方面——成为民主型、研究型教师

1. 教师要积极营造民主、宽松、自由的教学氛围。传统教育中的师生关系是以一方为中心的二元对立关系，研究性学习建构了一种全新的主体间性的教育范式，即承认多级主体的存在，让教育者与学习者作为共同的主体，以平等的“我—你”关系进入到探究活动中。教育者要具有宽容、平等、关爱、民主的精神品质，赋予学生自主行动、平等参与和自由表达的权利，真诚地倾听他们的想法，理解他们的感受，分享他们的喜怒哀乐。师生之间围绕共同感兴趣的问题沟通、对话、理解，营选自由探究的场域，在主体间相互激发、质疑、融合中得到共同发展，促使学习“深度”开展。

2. 研究性学习中教师也要努力成长为研究型教师。教师不再是知识的传递者和权威的讲授者，面对新的实践任务和学生五花八门的选题，教师不再是拿出现成真理的人，而是要越来越多地和学生一起发现问题，共同推进活动的深入。而且研究性学习由于问题涉及面广、影响因素多、实施过程复杂和解决问题的不确定性，其挑战性比坐在教室里的接受式学习大得多。教师必须学会用科学研究的思维和方法进入到课程中，使自己也成为一名真正的

研究者，发掘学生的兴趣，不断扩展自己的知识面，掌握科学研究的一般过程，学会与学生、其他社会资源的主体进行交往，保持创新精神，从而与课程和学生保持一致。

(三)评价方面——建立多元化、全面性的评价系统

目前，研究性学习的评价方面还很不完善，存在着只重展示结果，忽视过程性评价；只重科学结论的获得，忽视研究过程中的体验、科学精神和素养的培养；重视小组的合作交流，忽视个体差异性的评价；重视他人评价，忽视学生反思性的自我评价等问题。

在实践中，要注意加强以下几点：1. 评价主体的多元化。研究性学习涉及的人员比以往复杂，要由过去单一的教师评价转变为多元主体的评价，可以是教师或教师小组、学生或学生小组、家长，也可以是研究中的相关企业、社区或有关部门，还有调查、访问的专业工作者等。2. 评价过程的全程性。评价不应仅针对最后的结题报告和成果展示，而是要贯穿于发现问题、确定课题、开题、组织实施、撰写报告、成果交流等全过程。3. 评价手段、方法的多样性。可以定性评价，也可以定量评价；可以综合评价，也可以重点就某个创新的部分评价；可以小组内评价，也可以组间评价；可以互评，教师评价学生，学生也要对教师的指导是否到位、学校的管理是否合适进行评价，也可以自评，学生、教师、管理者的自我反思有助于发现问题。4. 评价内容的全面性。研究性学习的内容丰富而复杂。评价时要全面，既要评价可见的方面，诸如学生付出的时间、设计方案、论文等显性学习成果，更要注重评价过程中所显现出来的参与态度、探究精神、创新意识、实践能力、勇于克服困难的意志品质、合作分享的团队精神，以及社会责任感等隐性成果的评价。

第五篇　社会调查

行走的智慧

——农村生活水平调查实践活动

冯　伟　北京市第四中学

一、研究的缘起

2016 年 2 月，在幸福祥和的春节氛围中，一则“假新闻”——“上海姑娘逃离江西农村”——引爆网络，揭示了城乡二元体制问题。随着城镇化不断加快，“农村人”进入城市，农村土地在城市建设中不断被“蚕食”，生态危机遍布全国，回不去的乡愁与逝去的美丽山水、农村的凋敝、社会保障的差异等问题都是城乡二元化的具体表现。“农村人”似乎代表了轻蔑，代表了自卑，这种社会角色的偏见源于不了解，是认识“标签化”的结果。用一些简单的标签形容一个自己并不了解的群体，这种简单化、片面化、想当然的认识方式是与现代公民精神截然对立的。培养学生包容的气质、理性精神、创新意识和实践能力是德育课程的核心价值。围绕这个主题开展综合社会实践活动，能够让学生了解社会现实的真相，增强学生实践能力和问题解决能力。

从学生的视角来观察农村问题，最直观的感受就是农村与城市发展水平上的差异，以及收入差距带来的精神状态、认知水平、发展理念、生活态度等方面的差异。而且，农村社会保障、留守老人和儿童、教育卫生条件、经济发展模式等热点问题也都聚焦于农村生活。对农民生活水平的关切、对他们日常生活的观察与理解，就成为对农村问题进行研究的重要切入点。

当然，再好的讨论也只是一种想法，只有行走起来才能达到目的。在行走中发现和解决问题，在行走中形成自尊自信的心理品质，在行走中思考和提升，在行走中关怀家国天下，这是社会学科教育的目的所在。

在这样的缘由下，2016年3月，我带领学生们开展了以“发现自己，认识社会”为主题的“农村生活水平调查”实践活动。

二、准备活动

这次实践活动是在思想品德学科初一年级第二学期的学习总目标“发现自己，走向社会”的主旨下设计的。在学期的起始课上，我与学生探讨了偏见与尊重、善恶与技术文明、苦难与平凡、反思生存意义、关怀与信任、回不去的乡愁等话题，聚焦内心成长与社会变革。这些讨论也是在为本学期教学内容做铺垫，希望能够引导学生以关心自己、关怀他人为起点，以关注社会为最终指向，通过实践活动真正走向社会，研究社会问题。

根据活动目标和学生具体情况，老师对活动进行了具体的指导，帮助学生有的放矢地设计具体的实践活动方案。

【调查背景分析】介绍农村收入与农民生活概况，我国城市与农村发展的异同等方面的基本情况。

【调查核心问题】生活水平由哪些方面呈现出来？农村居民的收入由哪些方面构成？农村与城市的生活水平有什么差异？你怎么评价农村的生活？围绕这四个核心问题从农村生活水平的表象出发，引导学生去探索农村生活水平的本质与农村发展的方向。

学生在怀柔区九渡河村调查

【调查方法介绍】向学生说明调查的方法，学生根据自己的设想设计调查问卷或访谈问题，在调查过程中，如何与他人进行良好沟通，得到比较准确地调查结论。

【调查报告格式】用科学的方式叙述自己的调查研究。明确报告由调查基本情况、调查对象介绍、调查问题与内容记录、调查分析、调查结论等部分组成。

【参考书籍推荐】向学生推荐与城乡发展和农村生活相关的经典书籍，主要有《江村经济》《城市的胜利》《金翼》《牛奶可乐经济学》四本书。

【调查形式的意义】基于同伴合作学习构成的学习共同体，可以更好地发挥合作学习的作用，提升小组协作能力。具体实施过程中，每四个孩子构成一个团队，在调查过程中分工合作，调动每个孩子的积极性和潜能。

三、活动实践与报告撰写

学生们利用两个周末的时间，对北京市近远郊的部分农村进行了调查访谈。有的编写了详细的调查问卷，有的策划了比较深入的访谈问题。他们利用所获得的简单数据和访谈内容对当代农村生活水平进行了大体勾勒。有的小组通过调查提出了农村生活的悖论：不高的收入水平与安于现状的精神状态同时出现，展现了农村居民独特的幸福观；有的小组分析了教育、医疗、产业、环境、政策、基础设施等不同因素对农村生活水平产生的影响；有的小组通过农民日常生活起居的详实观察，分析和讨论了农村生活水平的现状和未来；有的小组在历史的纵向延续中考量、梳理农村发展的脉络；有的则尝试破解提升农村生活水平的难题。

学生在平谷区南宅村入户调查

在实践过程中，学生们感知其他人的生活方式和生存状态，以“求同存异”的思维方法和态度去理解他人，在与陌生人的交流中锻炼沟通交往能力，在与同伴的合作中学会尊重与协作，这是此次综合社会实践活动最主要的目的。走出去了解他人，是消除“偏见”的开始，是理性的开端。

当然，理性的公民精神需要沉淀，需要用文字升华。对于十二三岁的学生来说，对社会复杂问题的把握肯定会有很多偏颇，但是他们能结合自己的行走，围绕主题积极思考。他们在报告中提到“现在的农村已经与想象中大不同”时，就已经改变了原有的认知，重新建构城乡二元发展地观念，这种建构不是简单地观察，他们亲身感受生活在同一片热土、甚至是近邻的农村居民的生活，而且从国家政策、历史变迁、城乡对比等多重维度进行思索，这些思考也成为这次实践活动最有价值的收获，成为他们人生发展中深刻的印记。

四、汇报分享

这次实践活动的成果让人欣喜，每个小组的调查报告都闪耀着智慧的光辉。智慧需要分享。在对60个小组的60份报告进行了3次详细的批改之后，选择其中的优秀者与学生汇报分享。这个环节中，汇报小组对自己的报告进行梳理，为了更清晰地表达小组的成果，他们学会了绘制不同类型的统计图表，学会了精确论证自己的结论，学会了用简洁的语言表达自己的思想。汇报分享中，听众对汇报小组的内容进行评价，发现他人的优点，也通过提问、质疑、讨论，深化和丰富了对研究主题的认识，并且富有创见地探讨解决城乡二元问题的办法、提出切实可行的建议。

五、反思

此次综合社会实践活动，基于合作学习进行组织和规划，采用群体调查方式，收获了意想不到的教学效果。

这种教学模式是在教与学的群体研究中遵循着这样的模式结构：第一阶段：学生面对问题情境(学生有计划地前往农村进行调查)；第二阶段：学生对情境做出反应(与调查对象接触沟通中出现的问题及应对)；第三阶段：学生分析任务并组织研究(农村生活现状、农村发展情况、农村居民幸福指数、农村可持续发展等)；第四阶段：独立研究和群体研究(个人的观点与小组的观点进行碰撞和融合)；第五阶段：学生分析成果和过程(将调查过程形成文稿并进行深入分析)；第六阶段：开始新的活动(对农村生活水平形成新认识并能够继续关注农村的发展)。

群体研究中，教师要尽量少添加自己的主观意见，教师的角色是顾问、咨询师和批评者。教师在三个阶段指导学生群体的反思活动："问题解决阶段(问题的本质是什么？涉及哪些因素?)；群体管理阶段(现在需要什么信息?我们怎样得到它?)；个人观点阶段(你认为这些结论怎样？当你对这些结果有不同看法时，你会采取什么做法?)。"①这种民主的教学模式的运用，能够凸显学生作为学习者的作用，也能更好实现活动课程的教学目标。

下面以某班汇报分享阶段，即小组成员表达个人观点阶段为例，展现教

① [美]布鲁斯·乔伊斯著，兰英等译：《教学模式》，北京，中国人民大学出版社，2014年版，第282页。

师在其中的引导作用。

引导共分为三组问题：

第一组提问：

该小组调查研究中哪部分最出彩？

这些出彩的地方对研究有什么帮助？

从他们的报告中来看，他们之所以能够做一份出色的调查报告的原因有哪些？

总结：

· 破题与提前预设。
· 对相关话题资料的搜集。
· 不同方向的论证。

体现调查的全面和深刻性

第二组提问：

这一组报告中最出彩的地方在哪儿？

这种方式对调查研究有什么帮助？

他们的调查报告中，有这样一句话，“我们不能以‘农村’一词来评判他们的生活质量以及幸福指数。”这句话透露出他们这个小组在思考问题时有什么顾虑？

他们小组说在组织上出现了一些挑战，那么你们小组在这次实践中都遇到了哪些难题呢？你们是如何解决的？

第三组提问：

通过两组的汇报，总结一下他们之所以能够做出出色的调查研究的要点。

总结：

· 破题：农村生活水平。
· 调查对象的选取。
· 调查数据(资料)的获取、整理和分析。
· 理性思考：预设—探究—结论。
· 经典文献资料。

有心栽花花不开，无心插柳柳成荫。我们都去做调查，可能调查结果不尽如人意，可能自己根本不懂调查，但是我们从调查这一行动本身，却获得了很多。比如第一组参加农活，老乡热情接待，第二组开阔了视野，学会了写研究报告等等。你们在这次事件活动中还有哪些收获呢？

总结：

· 能力的成长：调查询问、交流、表达、写报告、理性思考……

· 感知社会的温暖：尊重、理解、自信、自立。

大家分享自身的成长及感受，哪怕是参加干农活，哪怕是与陌生人的交流，哪怕是遇到好心人协助时的快乐，哪怕只是看到了农村的样子，这些都是调查之外的收获，是这次活动我最看重的一部分。正是我们走出去了解他人，我们的偏见才会减少，我们才能更加理性客观地分析我们身边的各种事情。当我们精神上能够独立，有自己理性的主见，能够尝试理解他人，尊重不同群体，自信地表达自我，这才是真正的成长，是内心的自立。

合作学习模式中的群体调查研究是一个有着多维度教学效果和教育影响的方式，是教授知识、提升社会认知的一种直接而有效的方法。同样，也能培养人际间的温情和相互信任感、对规则和政策的遵守，学习中的独立性和对他人的尊重。

在使用这种教学模式组织综合社会实践活动时，需要注意一些问题。第一，教师需要承担起学习顾问的作用，对学生收集、分析数据的方法进行系统指导。第二，教师需要创设合作性的群体氛围，让学生体验到学习共同体的凝聚力量，提升群体活动中的个体能力。第三，教师需要储备相应的社会调查统计能力，对学生的学习进行科学性指导。在这次实践中，我还不能很好地把握这种教学模式，影响了教学效果。

不过，就像我在课程结语中引用的《江村经济》的英文版序言，"为了解他们伟大祖国的文明并使其他的人理解它，他们需要去阅读中国人生活这本公开的书本，并理解中国人在现实中是怎样思考的。正因为那个国家有着最悠久的没有断过的传统，要理解中国历史还必须从认识中国的今天开始。"①理解自己的国家需要阅读生活这本公开的书，需要了解他人的想法、学会理解、消除偏见，这也是对现代社会理性公民的基本要求。

学生们在教师的指导下可以更为智慧地行走，教师在教学的进程中不断修炼，也不啻是一种智慧地行走。

附家长评价：

"真的忍不住和您分享！当孩子们团结合作完成了您的作业，那一刻我们才真的体会到您留这项作业的真正用途和深远意义！几个小子脱离父母的帮助，独立采访了农村的家庭妇女，小卖店店主，在外打工者甚至放羊人……农村人的热情让孩子们感动！那个放羊人和孩子们唠了许久，讲了许多大道

① 费孝通：《江村经济》，上海，上海人民出版社，2013年版，第9页。

理，嘱咐孩子们在优越的条件下一定好好学习，虽然放羊不丢人，但如果当初他努力学习也许现在没那么苦……孩子们回来又将录像过了一遍，真正感受到了农村的巨大变化！并且在回城的路上表达了这几点感受：第一，小组成员彼此团结合作(有采访的、补充的、录像的、做后期的)；第二，学生锻炼了独立活动的能力(家长不参与调查过程)；第三，锻炼与人沟通的能力(说服当地居民接受采访)；第四，了解了农村的现状以及与城市生活的差异；第五，放松了心情，在采访之余，领略了农村的自然风光。当初一些对此次活动的真正意图不太明了(包括我)的家长，当孩子真正参与了此次活动并深有感触时让我们感叹：有些东西真是书本上面学不来的！去了的家长在群里交流了想法、照片。还没去的家长们跃跃欲试满怀期待！谢谢冯老师交给的这次任务，孩子们很棒，很有收获！”

昌平区延寿镇部分村民生活水平调查

吕嘉仪　李明蔚　田　艺　李思颖　北京市第四中学

一、引言

对于本次调查，我们因听过老师上课时描述的农村状况人烟稀少、贫穷简陋，所以在一开始既感觉到恐怖又有点同情农村的人们，产生了以下想法：

1. 初步设想本次调查不会进展顺利，在一个简陋的地方，不会有人积极配合我们的调查。

2. 对于农民的生活状况我们一头雾水，很难和他们像平常聊天一样交流，我们直接问他们家庭隐私，效果不会太好。

我们对农村的环境想象也不好。

1. 农村是一个灯光灰暗人烟稀少的地方，到处野草丛生，有各种各样的虫子。

2. 没有柏油马路，只有土路；没有成排的树木，只有面目狰狞的正在开发的基坑。

越想越抵触。我们一致认为，这是老师留得最荒谬的一次作业。初步预设这是我们做过最难的调查。我们怀着好奇而紧张的心情上路了……

二、调查基本情况

1. 调查地点：本次调查地区为昌平区延寿镇下庄村及湖门村。

2. 调查对象：在调查地区居住的居民。

3. 调查方式：采用事先设计好的调查问卷，入户对村民进行一对一访谈。对访谈结果进行记录整理，查阅相关资料进行分析。

4. 延寿镇概况：延寿镇位于昌平区的东北部，是昌平区唯一的深山区镇，承载着生态涵养的区划功能。所辖区域东至怀柔区，北临延庆区，西南部与十三陵镇、兴寿镇毗邻，镇域面积约 126 平方公里，辖 17 个行政村，乡村户数 4251 户，户籍人口 10832 人，村址海拔 199.8 米至 400 米之间，镇域中东部处于中轴线延长线上。①

① 北京市昌平区延寿镇主页：http：//www.bjchp.gov.cn/ysz/tabid/2706/Default.aspx.

延寿镇经济发展中等偏下，2015 年人均年收入 0.8 万元，产业结构比较单一、基础薄弱，主要以文化旅游及林果业为核心产业，也有外出打工的一部分人。卫生服务站 2 所；村级卫生室 17 所，医生 17 位，药店 4 个，镇域有敬老院 1 所，有网络连接。总体生活状况还是不错的。①

三、调查结果及分析

1. 家庭生活概况

我们共调查了 5 户家庭，两个为 4 口之家，两个为 3 口之家，一个为 5 口之家。3 户在湖门村，两户在上庄村。在上述家庭中调查了 5 位村民。

我们看到，村中整洁干净，有林荫大道，村民家里也收拾得很好；他们的交通工具大多是摩托，也有一些私家车。调查显示，村民家庭年收入最高为 5 万元，最低不到 2 万元。家庭收入来源多为外出打工。大多数家庭住所为平房。

表 1　调查家庭基本情况信息表

调查事项	第一位村民	第二位村民	第三位村民	第四位村民	第五位村民
地点	上庄村	上庄村	湖门村	湖门村	湖门村
性别	女	男	女	男	男
年龄	42 岁	40 多岁	60 岁	40 来岁	70 岁
职业	公交车司机	寿衣店店主	饭店服务员	饭店服务员	卖薪柴个体
家庭规模	4 口之家	3 口之家	3 口之家	4 口之家	5 口之家
住房情况	独立小院	平房	平房	平房	独立小院
家庭年收入	4 万元	不到 2 万元	4 万元	5 万元	不到 2 万元
人均年收入	1 万元	0.67 万元	1.33 万元	1.25 万元	0.4 万元

注：家庭年收入不到 2 万元按 2 万元计算

表 1 说明此地多数村民的家庭规模不大，基本没有 5 口以上的家庭，都有住房，且平房居多，5 家之中收入最多达 5 万元，只有两家的收入少于 2 万元，人均年收入只有两家没有超过延寿镇 0.8 万元的人均年收入的值。总体状况是两村生活基本持平，都是中等的状况。

① “昌平区延寿镇”词条：http：//baike.so.com/doc/7020457-7243354.html.

2. 家庭生活质量状况

我们主要对收入来源、生活状况、娱乐活动及对生活的满意度等问题进行了调查。

表 2 调查对象家庭生活质量信息表

调查事项	第一位村民	第二位村民	第三位村民	第四位村民	第五位村民
目前生活状况	吃穿不愁	吃穿有点发愁	吃穿不愁	吃穿不愁	吃穿不愁
平常的娱乐活动	跳舞扭秧歌	没有	看电视	看电视、登山	没有
对现在生活满意度	比较满意	不满意	比较满意	非常满意	比较满意

当地多数村民以打工为收入主要来源。表 2 说明村民们大多吃穿不愁，令人欣慰，只有一家手头有点紧。五个家庭的娱乐活动并不是很多，看电视占半数，其余的还有登山、跳舞等，令人遗憾的是有两位村民没有娱乐活动。大家对生活状况多数比较满意，一人非常满意，一人觉得生活比较艰苦。总体来讲，村民们的生活质量高于我们的想象，还都比较幸福。

3. 村民对未来生活的憧憬

第一位：就这样幸福平安地过着，继续这样工作。

第二位：指望能更好点，生活目前还算方便。

第三位：平稳，现在太苦了，种地，地也不好，都不好，能上班不容易啦。

第四位：不打算把家人接来，自己一人继续干下去挺好的。

第五位：有养老金，要种地，希望村干部能更好一点。

这些村民都希望未来能更好一些，希望平安幸福继续保持下去。这说明村民能够积极面对各种生活处境，有良好的心态，这为延寿镇的发展奠定了良好的基础。

4. 城镇与农村的对比

我们做完农村调查之后，又采访了我们的父母，以便与农村进行对比。

通过对父母的初步调查，我们发现，从年收入看，农村与城市相差较多。我们父母的年收入大约是 8 万至 9 万元，人均年收入大致 3 万元。农村调查对象中家庭年收入最高的是 5 万元，人均年收入大约是城镇的三分之一。

我们家中有高清电视、电脑、光纤宽带、无线网络等高科技电子产品。而延寿镇虽说有网络全覆盖，但在我们调查的几家之中，并没有看到电脑，顶多只有一台老式的电视。

大城镇里公路多，繁华，车流量大，一幅热闹的样子。而延寿镇的公路车流量不大，我们沿途数下来只有十几辆轿车通过，三轮车和摩托车也很少。

四、思考与感受

通过上述调查问卷与询问的反馈，我们获得了一些认识及感受。

1. 村民人均年收入比较高，有过半数的人超过2013年昌平区农民收入的12829元(如图所示)。总体讲生活水平还是比较富裕的。①

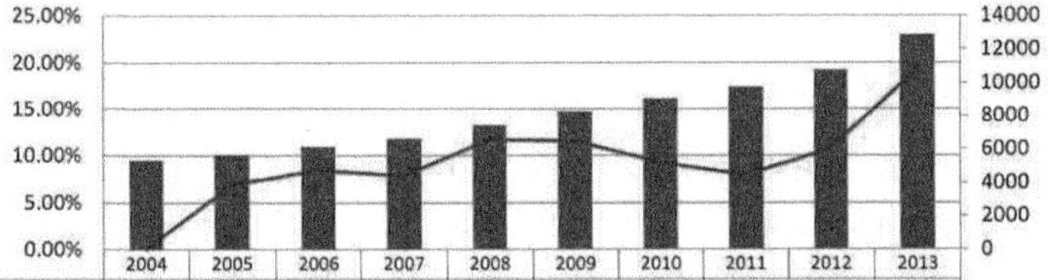

	2004	2005	2006	2007	2008	2009	2010	2011	2012	2013
人均纯收入	5292	5636	6133.7	6611.3	7386.3	8237.8	8995.3	9701.5	10741.5	12829
名义增长率	0.00%	6.90%	8.40%	7.80%	11.70%	11.50%	9.20%	7.90%	10.70%	19.40%

2004～2013年北京昌平区农民收入情况

2. 村民住房面积普遍较大，与昌平区人均住房面积82平方米相比要高，其中两户居民是独立小院，据我们估计，至少要超过100平方米。

3. 村民的生活幸福指数比较高，大多数人对目前生活现状比较满意，仅有极少数人感觉不好，但也希望能尽早好起来。

4. 村民对于本区的开发与农业建设、经济发展好像并没有多大兴趣，他们不喜欢从事农业劳动，有得过且过的想法，比如第一位村民就什么也不想干，只想养好孩子，在家里待着。

5. 经过城乡对比，发现农村在很多方面都比城市要差一些，其原因有位置偏远的问题，也有村记思想意识落后的问题。农村在就业条件与资源环境方面与城镇相比还不尽如人意。

6. 这次调查与我们当初对农村的想象相差很大。我们设想的脏乱差完全不符合延寿镇的现状，延寿镇干净整洁，有平坦的柏油马路，也有私家车。唯一有一点相近的，就是人烟稀少。

五、建议

1. 建议农村多动员农民做他们想做的工作，充分利用现有自然资源，比

---

① 何薇等：《北京昌平山区农民收入现状及增收对策研究》，载《科技和产业》，2016年第16期，第22页。

如林果业。我们调查的第一位村民，就是自己想在家待着，其实四十多岁正值壮年，应当去工作。延寿镇正在实行沟域经济的发展，在北京沟域迅猛发展的良好势头之下，对产业发展构建、农民收入来源、环境治理、重点项目建设、沟域特色构建等方面进行研究和规划，可以促进延寿沟域的产业转型，寻求新的经济增长点。所以村里应该统计一下每家人喜欢干的工作与他们的专长，尽量根据农民的个人喜好安排劳动，让每个劳动力都不闲置。这样延寿镇的经济发展才会更快一些。

2. 调查中只有两家的人均收入不到 2015 年的 12320 元，也没有达到 2015 年增长 9%以上的目标。据调查，这两户人家一位是开寿衣店的，另一位以修剪树枝、卖柴火为生，家庭收入都比较低。我们在调查中发现，村民们好像都不愿意到城镇打工，尽管他们年富力强。在网上，对于延寿镇的评价有一条是“接受教育不及城里好”，接受教育少，就证明他们没有太多知识，也就不会有太好的就业条件。这也是为什么“他们留在家乡干劈柴、在这么一个死亡率和出生率都很低的地方”开寿衣店等工作的原因，所以，延寿镇既要鼓励村民在本地或外地多方面就业，还要跟上现在北京的教育发展步伐。

3. 保护好现有的环境至关重要。我们在延寿镇看到当地环境优美，适宜游玩度假，所以，结合延寿镇的沟域经济，保护好环境也是发展的重要步骤，有美丽的环境，才会吸引更多游客前往。

4. 延寿镇应该通过从外地吸引、本地号召的形式增加劳动力。比起其他地方延寿镇还是人烟稀少，行人寥寥无几，这将不利于延寿镇的发展。应该就如第一条所讲到的，让村民们做想做的工作，让更多人帮助自己的镇子发展。

5. 加强宣传。延寿镇这个地方我们以前都没怎么听说过，多亏组内同学的爸爸认识，我们才勉强找到村子的位置，这说明延寿镇宣传不够，许多人都不知道有这么一个地方。他们可以在城里做广告，让大家都迷上他们山清水秀的环境，并动心来到这里消费，他们便可以用发展旅游业赚来的钱继续建设村庄并提高教育水平，这样延寿镇的人们就可以更富一些。

附录：关于农村生活水平的调查问卷

时间：　　　　　　　　地点：

被调查人性别：　　　　年龄：　　　　　　　调查单位：家庭

1. 家庭成员

①三口之家　②四口之家　③五口之家　④其他

2. 对现在的生活满意吗

①非常满意　②比较满意　③不满意　④不清楚

3. 平常有哪些娱乐活动

①看电影　②看书　③打麻将　④跳舞、秧歌　⑤唱歌　⑥唱戏

4. 目前住房情况

①平房　②独立小院　③楼房

5. 住房面积？

6. 家庭收入主要来源

①卖菜　②种粮食　③外出打工　④做生意　⑤其他

7. 家庭年收入

①2 万至 3 万元　②3 万至 5 万元　③5 万至 7 万元

④7 万至 10 万元　⑤10 万至 15 万元　⑥15 万元以上

8. 目前生活状况

①吃穿不愁　②饮食注意搭配　③穿衣讲究时尚

9. 对今后的生活有什么打算、计划？

行走·观察·发现·思索

石　芳　北京教育考试院

一、行走——生活世界的回归

关于这个活动的研究，一直到文章已经写完，仍有一种言不尽意的感觉。因为学生们一份份内容翔实、充满见地的调查报告，展示交流活动上自信沉稳的讲述、情感真挚的表达和心系他人的情怀，如此丰厚的收获，是任何语言和抽象的教育理论都难以概括和表达的。学生们的收获拜赐于生活的馈赠。生活总是激情的，她奔流向前，充满着活力，涌动着热情，保持着俏皮、丰满、意外、惊讶，生活中原汁原味的故事和经历，激发着学生们对问题不断探索和对解决思路的创造性思考，唯有真实、丰富、博大、厚重的生活，才能生发出如此深厚、精粹、言之不尽的教育果实。这个活动让我再次认识到“教育即生活”的无限深意。

冯伟老师用“行走的智慧”作为标题，我想“行走的智慧”在本质上就是“生活的智慧”“实践的智慧”。行走是走进生活、亲身经历，在与环境的互动中不断获得、改造经验的过程。在教育的视域里，我们始终面对着两个世界，一个是书本世界，一个是生活世界。这两个世界本来是统一在一起的。在原始社会，不存在独立的教育，教育与生活融为一体，在生活中教育，面向生活进行教育。后来教育活动不断发展，日臻完善和复杂，渐渐从生活世界中独立出来，形成组织化、制度化的教育。学生们坐在教室里按照循序渐进的课程设置安排学习，阅读学科专家编写的教材，听专业化教师的系统传授。独立后的教育带来科学、规范和效率，但同时也渐渐地产生了一种脱离生活的危险，封闭在用逻辑和思维建构的理论象牙塔中，渐渐远离了复杂的、鲜活的、流变的生活，安居在抽象化、教条化的概念原理的体系中，真实的、完整的生活被从生活中抽绎出来的理论所代替，教育开始变得不食人间烟火、充满着各种形而上的意义符号。记得在一次调研会上，一位高三教研员表达了对高考的“期待”：“现在我们的孩子没有生活，从早 7：00～晚 10：00 都在学习，有时周末还要加一天课，学生们不了解生活，老师们也不了解生活，我们只熟悉书本。所以，考试不要考生活中的运用，只要考查书本知识就好了。”①她的话，让我们看到理论与生活两个世界中间巨大的鸿沟。正如联合国教科文组织在《学会生存——教育世界的今天和明天》中描绘的景象，传统课程“表现出对抽象思维的偏爱”，造成了课堂教学与现实生活成为两个互不接触的世界——“在一个世界里，儿童像一个脱离现实的傀儡一样，从事学习；而在另一个世界里，他通过某种违背教育的活动来获得自我满足。”②这两个世界处于一种分裂的状态。

其实，教育与人的生活是统一的，教育本身就是人的生活的一部分，教学活动只有扎根于现实生活才能回复其最初产生时本真的意义与合法性。杜威曾在《我的教育信条》中指出：“教育在它最广的意义上就是生活的社会延续。”③生活是教育内容生发的土壤，生活中蕴藏着最真实、最生动、最丰富的教育内容。一切理论只有置于一定的生活背景中，付诸人类的实践，才能够被理解和把握。因此，现实生活是教育的起点与归宿。裴斯泰洛奇提出“生活是伟大的教育者”，陶行知讲“是生活就是教育，不是生活的就不是教育”④，正是这个意思。

在穿越生活的“行走”中，生活在学生们眼前展开了一个书本中没有的崭新的世界，这个世界丰富、真实、生动、鲜活、复杂，而又充满着矛盾、冲突、困惑和迷惘，在这个世界中他们或思，或想，或看，或理解，或欣赏，或批判，或创造，亲身体验着世界的存在、感受着生命的状态、求索着世界中的真善美，并使之返还、加入、扩展，成为自己生活的一部分。

王叔叔领着我们看他养的上千只鸭子，还有大白鹅，过一段时间这些鸭子每天能下三百多个蛋。王叔叔有自己的固定渠道，让厂商和客户定期来集中收购。中间的鱼塘等天气暖了撒上鱼苗，夏天就可以垂钓。后边的林子里种的是樱桃树，秋天会开放采摘。场院里还晒着很多吃剩下的羊骨头，晒干磨碎了可以添加到鸭饲料里给鸭子补钙，这样鸭子下的蛋，蛋壳就不会软了……这样每年净收入大概能到十万多元。从他洪亮的声音和愉悦的表情中，我们感受到满满的自信。从他身上我们实实在在地看到了书上讲的多种经营

① 石芳：《北京卷高考内容改革探析——兼析 2015 年北京政治高考试题》，载《思想政治课教学》，2015 年第 9 期，第 67 页。

② 联合国教科文组织国际教育委员会编著：《学会生存——教育世界的今天和明天》，北京，教育科学出版社，1996 年版，第 12—13 页。

③ [美]杜威著，王承绪译：《民主主义与教育》，北京，人民教育出版社，2001 年版，第 7 页。

④ 董宝良主编：《陶行知教育论著选》，北京，人民教育出版社，1991 年版，第 292 页。

给农民带来的巨大的经济效益。

生活世界把书本上抽象的理论变成了眼前生动的事实，构造出一种具体化、真实性的情境现场。理论总是缺乏一种现实感和生活感，生活世界的具体性、直观性和感性，使它比任何一种精彩的传授都丰富得多、鲜活得多。教育只有回归到生活，才能得到生动的说明、充分的诠释和多姿多彩的表现。

我们发现了一个奇怪的现象，就是原本印象中，村民都是种地的，但实际采访中发现大家要么老一代不工作了，中年一代去放放羊，或看看林子，采采草莓等，小一代去上学，要么就搬走。现在的乡下已经不种地了。也许是挣的钱太少，或是别的原因。原本以为农民都吃自己种的菜，调查数据显示他们现在的食品来源基本是从超市里购买。

人们很多时候生活在主观臆断和想当然中，原来我们并不了解社会的真相，行走还原了真实的生活、展现出一个真实的农村生活样态在学生们眼前。

公共设施极不齐全。在一个村庄里竟然连一个像样的医务所都找不到，唯一的一家诊所还是的一个墙上贴着八卦的中医，连一家西医诊所都找不到。村里的医保和社保一直迟迟定不下来，我们所调查的家庭的男主人心脏有问题，做过支架手术，花费十万元钱，要不是找人借钱并且和医院有些关系，或许已经去世了。医保是中国农村的大问题。

村里的供电也是大问题。家中供暖不足，在调查过程中我们穿着外套、喝着热水依然感觉到屋内的寒冷。调查对象告诉我们，村里不是城里的集中供暖，所以冬天和夏天的用电很贵。刚刚在年前七八月份交了6000元电费，但是过完年后就剩不下多少了。而城里一年的电费才七八百块钱，其差别之大令人惊讶。

调查中发现，很多乡民不爱读书。很奇怪，古人常讲“书中自有黄金屋”，可乡民们为何不愿分出一些串门儿、聊天、喝茶的时间读书呢？读书使人明理，哪怕随意翻翻也罢，他们却都没有过，常常是随意在村子里闲逛，小卖部有三四家，却鲜有书店。乡民那句“不读书，读什么书呀”让我心中酸楚。读书才可博学，不过这对乡民们来说太遥远，且荒谬。“我一个种地的，博学给谁看啊?”“去城里干啥呀，我们农村多好。”无奈，只好作罢，思其根本，如果不读书反映的是义务教育的问题，那安逸于农村便是观念落后的问题。

城乡差异不是书本上的几个数据、图表和政策口号，在生活中它要丰富得多、复杂得多，正面的、负面的，有序的、混乱的，逻辑的、冲突的，淳朴的、虚伪的，智慧的、愚昧的，令人兴奋的、不尽如人意的……生活世界是多维、多面、复杂的，而种种的多样性、矛盾性、境遇性、特殊性和不平衡性，大多被书本过滤和裁剪掉了，剩下的只是一些整齐划一、适用于任何条件的、充满逻辑一致性的、理智明晰的道理和规律。生活永远是教科书上的统一的大道理所无法涵盖和描述的。

当我们问及一个农民想不想进城这个问题时，被调查人有些激动，但也很理智、很现实："想去城里哪那么容易？钱谁出？到那我靠什么过活？"我们问："那假如呢？"他说："城里是留给年轻人玩的，我这老年人哪有能力，只能乖乖待在这小破地方。"于是他们都只是会在饭后搓麻将或是胡乱侃几句，然后接着过有点贫穷但安逸的生活。而实际上，他并不老，只有四十多岁。

这段访谈让孩子们体察到在由农业文明迈向工业文明的历史进程中，农民面对复杂的现代社会的无力感和无奈感。书本理论作为普遍规律的揭示，只讲述客观性、必然性、绝对性、事实性的话语——农业的定义、特点、作用、恩格尔系数、年收入增长率等，而人的情绪、心态、个体的境遇、主观的感受、爱、渴望、欢乐、悲伤，亦或五味杂陈等人的丰富的情感世界和内心世界的主观性的东西，只有走进生活，深入了解真实的个体，才能真真切切地感悟到。

怀海特曾说"对事物在其实际环境中的具体达成态的直接认识是没有任何东西可以代替的。我们需要的是具体实施，并且需要把它有价值的地方显现出来。"①杜威也曾表达"如果一个科目从来没有因其自身而被学生体验过或欣赏过，那么它就无法达到别的目的。"②生活的经验能够使理论的、思辨的内容丰满起来，使内心的主观感受凸显起来，把艰涩而枯燥的理论还原到生活中去，把真实生动的生活展现在人们面前，使抽象而复杂的观点，甚至深不可测的东西变得通俗易懂，使固着不变的文本充满了灵动的意味，使文字、内容有了呼吸、温度和心跳。③ 见到的、听到的、体验到的人、物、事，都是发生的、经历的真实的生活，这样的教育深入人的生命最深处，是与人的存在和发展同在的一种方式。

调查活动将课程内容的学习与"行走"的社会实践紧密结合，打破传统意义上学校的边界，使学习的场域发生根本性变化。围墙里面的学校只是学生学习、成长的场所之一，真正意义的学校应该是"有生活问题产生的地方就是

① ［英］A. N. 怀海特著，何钦译：《科学与近代世界》，北京，商务印书馆，1959 年版，第 191 页。

② J. Dwwey. Democracy and Education, in J. A. Boydston (ed.) John Dewey's Middle Words, Vol. 9, 1980, p. 249.

③ 王丹等：《教师印迹：课堂生活的叙事研究》，北京，教育科学出版社，2008 年版，第 3 页。

学校”。学生的调查成果无不证明着，生活中潜藏着巨大的教育力量和无限广阔的学习舞台，这是单一的学校、单一的教师的力量、视野和智慧所不能及的。如果放手让学生走进广阔的社会、走入沸腾的生活，学校教育就会迎来了真正的自由与博大，实现自如的吸纳与吐放。

二、探究——理性精神与创造性的培育

北京四中的农村调查活动创设了一个真实的问题情境，把现实生活中充满矛盾张力的城乡二元问题抛给学生，引导学生围绕问题一步一步地查阅资料、实地走访、分析、解释、探寻问题的解决方法。

科学在本质上就是“探究”。1996 年美国《国家科学教育标准》指出科学不是作为结果形态的知识，而是一种发现问题、思考问题、解决问题的探究活动。知识本身不是科学的目的，知识的真正价值只能体现在特定的生活问题解决的应用过程中。高中思想政治学科的新课标指出，学生的核心素养是个体在面对复杂的、不确定的现实生活情境时，分析情境、发现问题、提出问题、解决问题、交流结果的过程中表现出来的综合性品质。因此，对开放性、复杂性生活问题的探究是培育和形成学生核心素养的重要途径和主要方式。

“农村生活调查活动”是一次很好的探究性学习的尝试。首先，活动选择了适宜探究的问题。探究活动是以问题为中心展开的，是问题导向型的。问题是探究活动的核心，探究始于问题，围绕问题展开，并以问题的解决为目的。创设合理的问题情境是探究活动的前提，这个活动的选题是一个值得研究的“真问题”。第一，问题具有真实性。活动缘起于“上海姑娘逃离江西农村”的报道，虽然这是一则“假新闻”，但是它引爆的网络热议，足以证明其内容确实让很多城市人与农村人感同身受，它就像放大镜一样使城乡的差异和对立变得醒目而清晰。不断加快的城镇化脚步，涌入城市的农民工，“回不去的故乡”，空巢农村、社会保障等都是现实存在的问题。第二，问题创设了恰当的认知冲突。彼此陌生的世界，几乎没有交集；相互不了解的群体，或许还会因为有一些了解而发生冲突……撕裂的两面性、较大的差异性，起初我有些担心这样复杂、深刻、直接触及社会利益的冲突的、尖锐的问题，对于刚刚上初一的孩子来说，是否能够理解和领会。长期的城市生活使他们对于农村的认识仅限于采摘果实的喜悦、品尝农家饭的有滋有味、见到活的牛羊的兴高采烈和欣赏乡村蓝天白云的美景等“幸福”“快乐”的片段。他们的年龄和认知水平能明白社会不同群体的差异与分化，能够对问题保持一种，通常只有在拥有一定阅历后才有的尊重、包容的心境吗？加之，北京四中的孩子

作为社会中优秀的群体，他们的身影未来更多会出现在高档写字楼或高端行业中，他们或许更习惯于向前看、向上看，有没有眼睛向下的兴趣，能不能将心比心、共情于一个相对落后的群体，还是会带着一种天然的蔑视？一句话，初一的城市学生能否适应这样复杂的认知冲突和陌生的话题。但是活动的结果证明，恰恰是“不了解”的陌生领域像“发条”和“催化剂”一样，激发了他们探究的好奇心，产生了强烈的吸引力；恰恰是反差带来了巨大的心理震撼，生发出共情和悲悯；恰恰是优秀的群体，才深刻地意识到问题的所在，才会在将来他们有能力改变和影响政策制定的时候，睿智地承担起其改变社会的责任。

或许不是太早了，而是太晚了！我们的教育应该让孩子们在很小的时候就接受回归自然、回归乡村的传统教育，培养对土地的眷恋、对人民的情感，在传统绵延的历史语境中继续现代文明的逻辑演进，而不是在城市孩子长大成人之后，通过个别来自农村的同事，或是找对象时恰好遇到“凤凰男”的激烈冲突的方式，来接触农耕文明和占我国绝大多数人口比重的农民阶层。社会问题也是教育的问题，这样的选题突破了认识论的范畴，在更广泛的社会性、人文性、历史性、价值论的意义上体现了社会科学的价值。

其次，活动在探究过程中注重学科能力的培养。实践探究活动的一个重要理念就是不仅关注学习的结果，也关注学生在发现问题、分析问题、得出结论等环节中思维展开和推进的过程。过程不是空泛的，是由一系列环环相扣、层层展开的具体环节和步骤组成的，也就是冯伟在总结中提到五个环节（准备活动、实践活动、撰写报告、汇报分享、反思）和六个阶段（学生面对问题情境、对情境做出反应、分析任务并组织研究、独立研究和群体研究、分析成果和过程、开始新的活动）。“过程性”使探究活动处于一种有序的状态，循着科学的路径和步骤循序渐进地进行。

当然关注过程并不是表面的“过场”，按部就班地走完相应的流程即可，而是要针对每一个环节的特点和要求，扎扎实实地遵循一定的方法、提高相关的能力、保持研究的水准。下面展示几个在不同环节和阶段中，学生活动和研究的典型案例，希望他们的创意、做法、研究问题的思路和令人惊讶的成果，会提供给大家一些可供借鉴的地方。

【查找资料阶段】此阶段培养学生收集、加工、处理信息的能力。文献调查要做到信息全面、思路清晰，注意到不同层面的涵盖，不能有遗漏，同时要详实、深入，为整个活动的后续展开打下扎实的基础。

以对北京市门头沟区琉璃村的调查为例，该小组的文献研究主要由三部分内容组成。第一，国家宏观层面的关于农村发展的战略、政策的大背景。学生们研究了中共中央关于2020年全面实现小康社会的规划，了解了当前国家加快农业现代化、促进农民增收的新政策，以及农村扶贫工作的基本情况。第二，专家、学者的观点和研究成果。在广泛阅读相关资料后，学生十分认同朱启臻教授在《留住最美乡村——乡村的存在价值》一书中提出的乡村不可替代的五重价值——“生产、生态、生活、文化、教化”，以此作为调查开展的理论框架，用于指导小组对琉璃渠村的个案研究。第三，围绕调查对象琉璃渠村的具体情况，进行有针对性的文献研究。学生们提前了解了村子的地理、人口、历史、经济发展等基本情况。整个文献研究从宏观到微观，从总体到个别，既有历史也有现实，既有理论也有实践，全面完整，层次清晰。

【实地考察阶段】在这个阶段学生们走进农村，观察道路、公共交通和家庭车辆的拥有状况；看街上的农民聊天、打麻将的生活；走进农民家中，观察住房、摆设、电器设备、马桶和垃圾处理的状况，询问经济来源、孩子教育、村里的文化建设的情况；到田间、鱼塘里，看农业耕种、养殖的场景；走访卫生站、小卖部，了解医疗、购物……

村里的马路

班车站

生活环境

居住状况

卫生死角

路上丢弃的废电池

下面编辑了学生们对遍布北京市4个近郊区、8个远郊区不同农村实地考察中的一些记录。

入户调查

居住状况。都是砖瓦的平房，面积够大，室内装饰除了审美不同，其他和城市没有什么区别。多数农户安装了太阳能用于洗澡。冬季通过烧柴进行取暖，火炕仍在普遍使用中。家庭饮水为村内统一开采的地下水，未经净化处理，水质口感尚可。厕所多为室外冲水式。农户日常食用蔬菜、鸡蛋等以自家种菜为主，肉类以购买为主。村内有小型超市满足日常需求。此外，发现有裸露的电源线，存在安全隐患。

生活用品。厨房和厕所都很简洁，厕所除了马桶和一个简单的水龙头就什么都没了，厨房没有排油烟机。电视、冰箱、手机等家电和电子设备都有，但档次普遍比北京城区家庭的差了一截，很多人家里没有电脑、IPAD和其他智能家电。

卫生状况。村内道路边有分类垃圾箱，住户门口也有集中的垃圾收集处，但是，分类垃圾箱内未能做到垃圾分类丢弃，还有不少卫生死角，随意堆放着丢弃的垃圾，小路上有丢弃的废电池，塑料袋等白色污染物有散落在枝头或地面的现象。

经济状况。我们在调查中也发现，现在农村农民收入90%不是依靠种田收入，农村致富的渠道还是不多，有的农村居民等着折迁致富，或者进城挣钱，打工成为大多数家庭收入的主要来源。其他方面的收入(包含养老保险、最低生活保障等)加在一起还不多。

人员。因为种田收入太少，致使许多年轻人离开农村，去城市打工挣钱，农村空巢现象严重，我们在采访中很少遇见年轻人，接受采访提问的主要是老年人，接受调查人员中 55 岁以上的有 9 人，其中只有一人 30 岁左右。

心理。农民还是带着戒备的心理，他们不知如何与村外的陌生人打交道。我们小组接连遇到两位拒绝采访的村民。看来农村的封闭不仅是地域上的，更是心理上的。

感觉村民是要应付上层领导来检查似的，在跟我们聊完了村庄的大概情况后，就不愿再多说了，像是不想让我们这些“外人”知道太多事情，我们感受到和村民之间的隔阂。在这种情况下，我们小组成员开始了采访。

本阶段孩子们用自己的眼睛去观察世界，他们对农村的医疗、教育、住房、收入来源、地理、环境、文化、历史、社会心理等多个方面、多重要素进行全面了解，并尝试对考察中获取的各种庞杂、纷乱、无序、碎片化的杂糅在一起、没有头绪的信息，进行归纳、梳理：哪些是客观物质方面的，哪些是主观方面的，哪些是表面的、无关紧要的，哪些是本质的、关键的，哪些是优势，哪些是不足，哪些现象是由哪些现象引起的，哪些现象是哪些现象的必然结果。

【分析和解释问题阶段】从理论上讲，调查研究是一种在大量占有第一手材料的基础上，有目的、有计划地进行去粗取精、去伪存真、由此及彼、由表及里，以获得某种规律性认识的活动，因此，调查活动不仅要重视通过调查收集信息了解具体情况，也要重视理性分析和思考。毛泽东在《实践论》中指出，要完全地反映整个的事物，反映事物的本质，反映事物的内部规律，就必须经过思考作用，对丰富的感性材料改造制作加工，造成概念和理论的系统，从感性认识跃进到理性认识。因此，在观察、收集到信息和数据后，学生们要对获得的信息进行整理与思考，做出解释和推断，形成对事物全面的、本质的、内部联系的认识，即由空泛、肤浅、表面的感性认识上升为本质、深入、整体的理性认识。

下面以学生们对“农村生活满意度”的分析和解释为例，说明本阶段要完成的任务和达到的目的。每个小组都对“农村生活满意义”进行了调查，对这个问题的回答也是所有问题中最为一致的，95%以上的农民对于农村生活都很满意。但是绝大多数小组都停留在满意度的数据统计和农民原始回答记录的现象层面，其中有一个小组尝试对问题背后的原因进行了分析和解释。

农民对自己现在的生活几乎都感到十分满意。从他们的回答上看，似乎没有什么需要分析的，但思考后，会发现好像他们的幸福起点很低，对于城市人而言一些根本不值得一提的事儿，他们都会很满足。城市人认为是农村没有汽车、电影院、电脑是落后的，其实农民知道这些东西，只是不欣赏，也不需要。农村一天的生活如何度过？我们采访的第一位老爷爷，一天之中就是在草地放放羊，和守门大爷聊聊天，无聊了听听收音机，高科技产品他们基本用不着。而城市是新闻传播关注的热点，如"雾霾"的报道让他们认为与农村晴朗的天空、未被污染的土壤相比，城市是个糟糕的地方。

除了生活方式的原因之外，进一步想想农民幸福感爆棚的原因还有三个：一是采访对象基本上都是五六十岁的老大爷、老大妈们，因为经历过苦日子，饥荒等灾害，在现在衣食无忧的年代里，他们总认为我们"身在福中不知福"。二是农村的生活节奏不像城市那样紧张忙碌，没有压力，自然、轻松、闲暇、单纯、平凡、和谐也是一种生活的样态。三是城市里充满了各种欲望，物质的追求、竞争的压力、颜值的浮华、攀比的心理，还有一些丑恶的负面，导致我们失去那种油米柴盐的简单的幸福，整天抱怨着各种不满足。起点不同、需求不同、客观条件不同造成了人们幸福感上的巨大差异。（北京市平谷区某草莓园调查小组）

这个小组的同学没有停留于农民生活满意度的数据，而是由表及里，揭示出物质条件与主观幸福感之间的"悖论"——物质条件的低下并不影响主观幸福感，并进一步探索背后的原因。研究中他们发现幸福是个多维度的复杂的心理状态，它涵盖了生活的方方面面，物质、情感、心态(攀比、竞争、压力、欲望)，于是由此及彼将农村与城市、客观物质条件与主观感受、传统与现代、历史与现实等纵横相交的多重思路，融入到问题的分析中。使一个简单数字背后丰厚的主观感受，以及决定这种主观感受的社会客观现实都揭示出来，使研究达到了深入的程度。

【解决问题阶段】实践活动能够激发学生无限的创造力，使教育成为一个动态的、积极的创造行为。在提出问题、分析问题和解决问题的过程中，学生从重复性、机械性的思维模式中解放出来，在与问题情境的相互作用中，积极探寻问题的解决方法和路径，创造性得到了极大地激发。

针对在调查中发现的问题，学生积极寻找问题的解决对策，很多想法卓有见地。

医疗：

农户日常在村内卫生所进行小病诊疗，现在由农民自行负担，建议将这部分费用纳入医疗保障体系，以减轻农民的经济负担。

教育：

·要大力发展农村教育，农村好多青年还没读完小学。观念落后才是农民生活状况不佳的根源。很多农民对改善自身状况缺乏主动性，只是被动地寄希望于政策的优惠、市场的兴旺。解决农村问题要靠农民自己。

·农村没有图书馆和必要的书籍。我们认为应该多增加文化成分，建设图书馆等必要的物质条件。

·进城打工现在是农村收入的主要来源，应该加强对青壮年适宜打工人群的技能培训，避免只能进行价低的简单劳动，以提高打工收入。

养老。以前是养儿防老，现在农村年轻人外出打工，空巢现象严重，农村应兴建养老院等配套设施，解决养老问题。

经济：

·拓展收入来源。本组调查农民的主要收入来源为山里板栗的售卖收入，由于直接售卖，未进行加工，价格很低，与城市里加工后的糖炒栗子相比，只是10%左右。建议组织农户对山货进行深加工，制作成品，提高山货收入。

·发展农村旅游。我不得不说，这真是个太高明的政策。发展旅游能够吸引城市资金和人才向农村投资，让城市人往农村走。旅游是一个综合性产业，可以带动饭馆、宾馆、商店等基础设施，增加农民收入。另外，旅游产业可以使农民自力更生，而不是靠政府的扶助。而且各地的人来了，与农民说长论短之时，便把一个无形的大千世界栩栩如生地展示出来，这样一来，观念问题解决了。还有发展旅游业可以缓解农村劳力流失的问题，如果能从本地旅游业挣钱，在家门口就有饭吃，谁还愿意去城市呢？发展旅游要有特色，我们调查的村子，以苹果和驴肉闻名，这些都是很好的，可以实现农业与商业的结合。

国家政策。在大事未成之前，国家应该提供一些帮助。比如黑山寨盛产板栗，但产量很小，因为山上贫瘠，没有水源，国家应该给予适当的物质和技术扶持。

不能不说，学生的这些解决措施，有着自己的独立见解，不仅有针对性，也有合理性。

三、方法——问题解决的途径

这次"农村生活调查"活动，学生们通过亲身经历，体验并掌握了一种非常有用的研究问题的方法——调查研究。毛泽东指出，调查研究是“一种科学的方法论指导”，他把调查研究看作一切工作的基础，当作工作的基本功。“没有调查，没有发言权，不做正确的调查同样没有发言权”“调查就像‘十月怀胎’，解决问题就像‘一朝分娩’。调查就是解决问题”“调查才能不断地认识新的事物，获得新的知识。”毛泽东认为中国共产党人不是做书斋里的学问，而是要站在第一线发现问题、解决问题，通过调查研究把问题的来龙去脉搞清楚，解决问题的办法也就自然找到了。习近平总书记也指出，只有调查研究，从实际出发，才能得出正确的理论和策略。

经过这次活动，学生们对这些话都有了深刻的体会。相信将来他们在工作中遇到问题、碰到困难的时候，会自觉运用调查研究的方法去认识和解决问题。这种方法性的思维会超越具体的知识，使学生形成不唯上、不唯书、不唯众、不唯己(不自以为是，不以个人的偏见代替客观事实)、只唯实的精神品格，这是调查活动留给学生终身受用的东西。

这里具体介绍一些调查方法，给老师们开展活动提供一些提示和帮助。比如在“农村生活状况”调查中，学生运用了文献法、访谈法、问卷法、对比法、典型调查法(典型调查就是从被调查的许多对象中，筛选出具有代表性的进行调查，通过解剖麻雀，从个别中获得一般性认识)等具体方法，并尝试多种方法的综合运用。

【典型调查和对比法】

本次调查采用实地调查、体验并对当地农民进行随机采访的方法。为了能更直观地表达农民的生活水平和主观感受，我们对所调查的两位老年人做了对比，并与我国农村收入的总体情况进行对比。见下表：

两户农民的调查情况比较

	老年人 1	老年人 2
住房	长期居住在这个小村里，房间八十来平方米	看草莓时会回来，在村子里有套 300 平方米的大四合院
车辆	一台小面包车	两辆小轿车
工作	种植草莓和苹果	种植草莓、苹果、特色菜
儿女	在城里工作	在城里工作
收入	净收入近两万元	毛收入约十一二万元，未计成本
对现状的满意度	很满足，但是觉着现在的政策执行的不好，政府亏待了农民	没有什么不满，人生圆满

按照我国2015年出台的收入等级划分，这个村子的农民收入也能算是介于中低收入与初级小康之间(年收入12万元以下及年收入12万～100万元)，虽然和以前比已经增长许多，但仍然有待提升。

【观察法】

本组在实地考察前，拟定了详细的“观察任务清单”。

· 观察出高速后一直到住户之间道路状况，如：道路是双向几车道，或单项车道；道路平整情况，是否颠簸；路边绿化情况等。

· 观察村内住房状况，如：村落内住户整体布局如何，是否整齐规划？住宅平房还是楼房居多，平房以一家一院为主还是多户共住一院，砖结构还是混凝土结构，住宅密集情况等。此部分可结合询问。

· 观察村内垃圾处置情况，如，路边是否有垃圾集中点设施，村内房外路边是否有污水排放水沟等。此部分可结合询问。

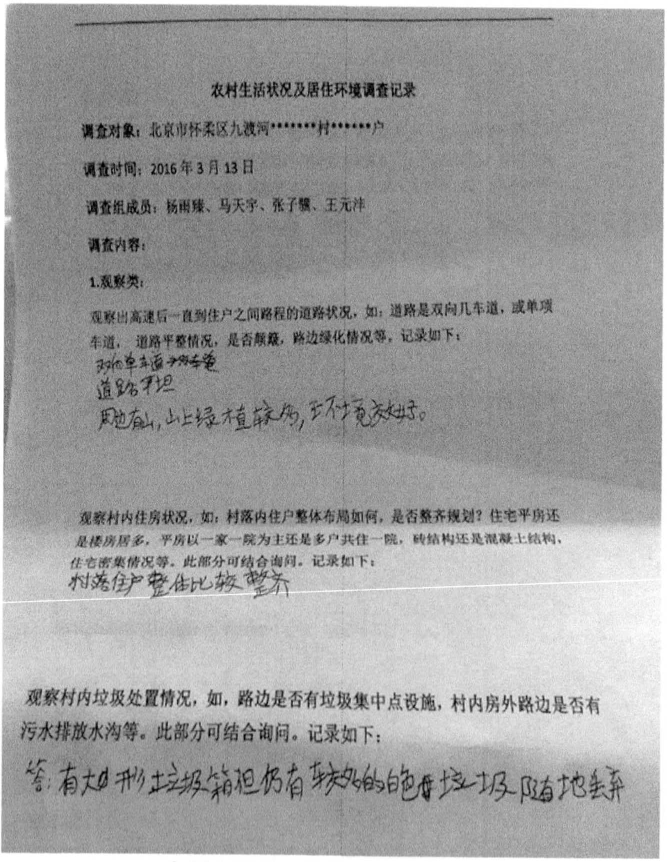

农村生活状况及居住环境调查记录

调查对象：北京市怀柔区九渡河*******村******户

调查时间：2016年3月13日

调查组成员：杨雨臻、马天宇、张子骥、王元沣

调查内容：

1.观察类：

观察出高速后一直到住户之间路程的道路状况，如：道路是双向几车道，或单项车道，道路平整情况，是否颠簸，路边绿化情况等，记录如下：

双向单车道 双车道

道路平坦

周边有山，山上绿植较多，环境较好。

观察村内住房状况，如：村落内住户整体布局如何，是否整齐规划？住宅平房还是楼房居多，平房以一家一院为主还是多户共住一院，砖结构还是混凝土结构，住宅密集情况等。此部分可结合询问。记录如下：

村落住户整体比较整齐

观察村内垃圾处置情况，如，路边是否有垃圾集中点设施，村内房外路边是否有污水排放水沟等。此部分可结合询问。记录如下：

答：有大型垃圾箱但仍有较多的白色垃圾随地丢弃

农村生活状况及居住环境调查表

【问卷法】

本组设计了调查问卷，共对11人进行了调查。其中本地9人，外地人2人。男士6位，女士5位。年龄是从40岁至85岁的中老年人。

1. 您是否接受过初中及以上的教育？（2人）

是50%；不是50%。

2. 您愿意生活在农村还是城市？（10人）

农村60%；城市40%。

3. 您的主要经济来源是什么？

上班、村里发放的老年费。

4. 您多长时间去市区或县城一次？（5人）

每月2～4天、天天(上班)、偶尔、不去、有事才去。

5. 您最近有没有出去旅行过？（8人）

是50%；没有50%。

6. 您觉得自己幸福吗？（9人）

是100%；不是0%。

7. 您更倾向于积极进取还是过安逸的生活？（8人）

积极37.5%；安逸62.5%。

8. 您参加过音乐会等活动吗？（9人）

有60%；没有40%。

9. 您闲暇时喜欢读书吗？（10人）

喜欢40%；不喜欢60%。

10. 您遇到过手头紧张的时候吗？（7人）

是90%；不是10%。

11. 您一般关注怎样的新闻？（4人）

国家大事、军事。

12. 您的孩子是否在接受教育？（2人）

是100%；不是0%。

13. 您的孩子在家做家务吗？（3人）

是100%；不是0%。

14. 您希望您的孩子生活在农村还是城市？（7人）

城市70%；尊重孩子选择30%。

15. 您孩子一个月的生活费大概是多少？（1人）

2000元左右。

16. 您和您的邻居经常来往吗？（7人）

是90%；不是10%。

【访谈法】

本组对10户共10位村民进行了访谈。

第一个采访对象的记录如下：

问：您家的收入来源？

答：种地和外面打工，种地挣不着钱，主要靠打工养活自己。

问：什么原因种地挣钱少？

答：成本高、粮食便宜呀。

问：您家孩子的教育情况如何？

答：我们非常重视教育，离家不远有小学、初中、高中一整套教育，上学很方便，我儿子读的是大专，他感觉还不够用的，想让他继续深造。

问：您这儿看病方便吗？有医保吗？

答：很方便，乡镇卫生院、区医院离家也不远。我们村已实现了全员医保。

问：您对当前的生活状况满意吗？

答：很满意，共产党带领我们过上了好日子，农村变化大，村村通公路，我们家还住上了二层楼房。

四、意料之中与意料之外——丰硕的教育成果

实践活动与课堂教学相比，不仅获得了显性的成果，比如概念、原理等知识，还包括由此产生的丰富生动、书本之外的、不可言传的隐性知识。这个隐性的场域丰富而深刻，它包括发现过程中形成的求知热情、学习兴趣、创新能力、实践能力、科学方法、情感态度、意志品质等。相比于知识和能力，精神和品质更具有迁移的价值和实践的意义，它们是获得显性知识的根基，更能支持学生长久的、终身的发展，这是实践调查活动相对于接受性学习的特殊意义所在。

实践学习模式把实践活动与公民的思维方式、行为方式结合起来，强化了公民意识，提升了实践能力，促使学生关注社会、关心他人，成为一个具有社会责任感并有能力服务社会的人，这体现了思想政治学科的教育功能和

“立德树人”的根本任务。

实践学习还促进了学生与其他社会成员的交流互动，真诚地倾听他们的想法，了解他人的境况、经历、渴求和忧虑，有利于他们消除偏见，形成宽容、平等、坦诚、友爱的精神品质，从他人的角度去理解不同社会群体的需要和感受，分享他们的喜怒哀乐，形成彼此尊重、关怀友爱的伦理情怀。

· 在充分的调研后，我们改变了自己从前对农村的看法。了解了他们的生活和精神状态。我们应该多去了解不同的人和物，对生活的认识不能只停留在自己过去的看法上。

· 农村的生活和城市大概是一样的，但又不大一样。在农村和城市，人们都是为了生活而在不同的行业里打拼，每个人都想有钱，想让自己的妻儿过上好日子。

· 农村人大都能吃苦耐劳，他们朴实、简单而单纯。

· 国家正在开展社会主义新农村建设，也打响了消灭贫困的攻坚战。我们要加倍珍惜现在的美好生活，也希望农村的生活水平进一步提高，让所有农民的基本生活都有保障，让农村的小朋友和我们一样幸福成长。建议同学们要多多参加志愿活动，如积极参与为贫困农村孩子捐衣服、捐书等活动，献上我们的一份爱心；建议学校也可以考虑定点帮扶贫困农村的小朋友。

培育公民意识和公共精神的方式主要不能靠灌输和说教，学生在课堂上所学习的道德原则只是知识和观念层面上的，没有转化为行动。实践活动将学术知识、道德观念和责任行动有效结合起来，将自我与他人、社会紧密联系起来，使学生在对社会问题的思考中，更加深切地意识到自己的责任，更愿意去探究如何通过积极的作为去影响社会的变革，促进知行合一。实践活动让学生内心中的公共理性精神、公共服务意识、公共责任感不断萌发和生长。

五、反思——进一步商榷的地方

（一）关于教师的职责定位

社会调查活动无疑是一种以学生为中心的“自主—合作”的学习方式，它突出了学生的主体地位，使学生由被动的接受者，转变为主动的学习者和研究者。但是学生的主体地位，并不意味着要抹杀教师的主体地位，教师不是在交给学生一个选题之后，就可以放任不管，由学生自主而为。如果把教师的职责定位于“尽量少添加自己的主观意见，是顾问、咨询师和批评者”，我认为这个界定，在一定程度上弱化了教师在实践学习中的作用。的确，在实践学习模式中，教师的角色与传统的课堂教学不同，教师不是课堂的控制者、知识的提供者，但也不仅仅是顾问、咨询等"边缘化"的角色。

教师应该是调查学习活动的组织者、引领者和促进者，教师要在调查意义的揭示、活动方案的设计、调查问题的设置、过程中的推动、活动后的评价与反馈等一连串的过程中对学生进行有效的指导和帮助，从而将活动引向深入，特别是当调查者是年龄较小的孩子时。比如在学生的汇报展示中，我发现，有些小组的调查问题过多，35 个问题交叉重复、逻辑不清。有些小组设置的问题没有切中选题的要害和本质，只是在外围打转。有个小组询问站在村头的大妈，"你知道引力波吗?""你看电视吗?"似乎看电视能够代表文化建设的水平。有的小组只是观察农民家里的摆设等表象，而对农民收入的来源与支出状况等关键问题没有涉及。有的小组的调查对象不具有典型性，三个采访对象全部是工资收入来源的，年龄结构也不合理……我想这些问题可以不要等到最后成果展示的阶段才"泄露"出来，如果教师作为组织者，能够密切关注活动每一步的进程和存在的问题，及时进行引导和调整，就会使每个小组在自己原有的水平上得到更大的收获，而不是完全依赖小组成员"天然"水平的高低。当然，这种引领不是代替学生去做，而是采用适当的方法，引导学生去反思，查找自己调查中存在的问题，积极寻求改进的措施。调查不应仅仅满足于学生走出去了，用自己的眼睛看了，自主而为了，还要通过师生的共同努力，在每一个过程中获得真实的提高。

(二)关于教学环节的设计

学生因为时间的限制，大多采用典型调查的方式，即通过调查几个具有代表性的对象，得出一般性的结论，用以形成对整个农村的认识。我认为这种课程模式，最后应该加上一个环节，就是从个别到一般的拓展。将调查的个别村落，拓展到介绍北京市农村、农民的状况，而北京市也有着自身的特殊性，应该再纳入地域差异和宏观整体的维度和视角，进一步展现全国农村发展的一些总体情况，这样由个别到一般，从特殊到普遍，从某个村子的调查，拓展形成一个总体性的中国农村基本情况的认识。没有这个环节，就容易以偏概全，反而会形成一些偏见。

(三)关于研究的深度

调查活动可以进一步超越感性认识的层面，进一步深化理性认识的成果。

学生通过调查活动，获取了城市与农村的经济收入与支出的数据，并进行了对比，老师可以适时地引入基尼系数和恩格尔系数的概念和理论，使学生通过实践获取的经验和认识，上升到科学理论的层面。

第六篇　课堂模拟

今日意见领袖　明日合格公民

吴国英　北京师范大学附属实验中学

一、“意见领袖”活动设计缘起

照片中的女孩子是我的一个高三的学生，那一年她参加了北京市西城区人大代表的换届选举。这是她人生第一次行使我国公民最基本的政治权利选举权和被选举权，当时的她很开心。平时对政治学科淡淡的她一直缠着我问了很多关于选举制度的问题，而且特别要求我将她把人大代表选票投入投票箱的时刻拍照留存下来，在她看来这是一件有意思也是有意义的事情。那时高中政治部分的教材还叫作《政治学常识》，学习时间是在高三学年第一学期。而今的教材叫作《政治生活》，是在学生高一学年第二学期的时候进行。这时的学生因为年龄所限是无法亲身体验“广大选民选举产生人大代表”当家做主的经历了。

参加区人大代表选举

当前中学教学十分强调通过教师创设情境和活动来培养学生的学科核心素养。情境和活动在发展学科核心素养中处于核心地位。同时，我也从我的这个学生的变化看到，活动和情境对于学生提高学习兴趣、积极主动地学习的重要意义。那么，如何突破学段安排的限制，通过创设情境和活动，引导学生关注我国最根本的政治制度——人民代表大会制度，并在活动过程中体验、感悟政治学的本质呢？作为教师，我在现有课堂教学的基础上创设了意见领袖的活动，并以此为依托进行《政治生活》教学实践改革的尝试。

二、"意见领袖"活动设计的整体思路

下图是意见领袖活动的基本模型。这个活动系统包括了"一个平台，两种角色人物，三种互动关系"。

（一）"一个平台"

"一个平台"就是"公民讲坛"的平台。在以往《政治生活》课堂教学中，我就曾经进行了"公民讲坛的学生演讲"活动，在意见领袖活动中我继续将其保留了。教师进行课堂教学活动的创设，是一个体现教师教育教学智慧的艰难过程。我认为，教师在设计课堂教学情境和活动时，可以采取"重打鼓另开张"的方式进行，也可以从整合现有教学活动入手，进行教学情境或者教学活动的再创造。于是，我在构思课上活动之前，先梳理了我自己在《政治生活》教学中已有的比较好的课堂活动或者课堂活动中比较好的部分。于是，我保留了"公民讲坛"活动平台，再结合教育对象的学习特点，添加了更加能够调动学生学习兴趣和积极性的元素，开始了"意见领袖"教学活动的创设。

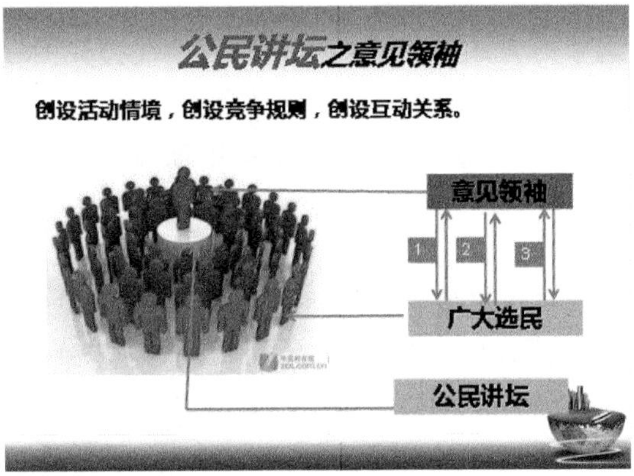

意见领袖的模型

（二）"两种角色人物"

"两种角色人物"，是指参与意见领袖活动的两种身份角色的人们。其一是登上公民讲坛发表自己思想的"意见领袖"们；其二是坐在公民讲坛之下听取"意见领袖"演讲的普通公民即广大选民们。他们都是我进行《政治生活》学习的学生们，因为有了这两种身份角色，他们进入了意见领袖的活动氛围中来。

什么是意见领袖呢？从传播学角度看，所谓"意见领袖"是指在人际传播网络中经常为他人提供信息，同时对他人施加影响的人，他们在大众传播效果的形成过程中起着重要的中介或过滤的作用，由他们将信息扩散给受众，形成信息传递的两级传播。一个人只要在某个特定领域很精通或在周围人中

享有一定声望，他们在这个领域便可扮演意见领袖角色，对听者施加影响。从中可见，意见领袖这种身份，要求他要总结选民的意愿，要及时反映选民的呼声，他要善于表达思想，其行为结果是对公众施加一定的影响力。

广大选民是我的学生们作为中国公民在未来都可能担当的一种社会角色。他们要在今天的《政治生活》课堂中去学习，倾听人大代表候选人的“政见”，并根据自己的判断，找出谁是能够代表“我”所在群体利益的候选人，或者谁才是有能力可以代表“我”所在群体的利益的候选人，以投出正确填写的合格选票的方式，让他们成为代表去代行我的权利。

（三）“三种互动关系”

“三种互动关系”是指发生在意见领袖和广大选民之间的交互的关联关系。在以往教学活动设计中，教师比较关注活动中师生之间的互动关系，而对学生与学生之间的互动关系留下的空间不足。在意见领袖活动设计中，我有意识地突出了发生在课堂中人与人之间的多次往返交互的关联关系。这无疑增加了教师对课堂教学掌控的难度，但却激发出鲜活的生成性的学习空间。也正是因为存在这样的空间，学生学习才有了兴趣和积极性，甚至也感到了必须充分准备的学习动力。

从学科理论角度看，突出“意见领袖”与广大选民之间的关系也是符合学科理论的基本规律的。从政治学中看，我国的国体是人民当家做主，通过人民代表大会制度这一政体来实现。基于中国国情等实际情况，我国采取的政体实际上是代议制的模式。在代议制中，人民和人民代表之间的关联如果落实到位，才能真正体现我国的权力属于人民这一国家本质。因而，在意见领袖活动设计中，我有意识地引导学生去体验并感悟广大人民与人民代表之间的关联关系，为未来他们进入真实的政治生活，推动我国的民主政治建设奠定知识和能力的准备。

意见领袖活动中的“三种互动关联关系”主要发生在以下三个方面。

1. 意见领袖只有获得选民支持才能登上公民讲坛

在意见领袖活动中，什么样的学生才有资格登上公民讲坛，获得意见领袖的身份去发表自己的思想呢？有这样意愿的学生要先提出自己的发言大纲，进行“演讲前游说”，获得一定数量的选民支持之后才有资格成为意见领袖登上公民讲坛去演讲。

从政治教学角度看，这是希望学生能够充分感受“争取权利”的体验。从政治学角度看，公民权利从哪里来的呢？任何权利都不是“天赋”的，都是要依靠公民不懈地努力去争取才会获得的。

2. 意见领袖演讲获得选民选票才能在竞争中脱颖而出

什么样的意见领袖才是杰出的？在意见领袖活动中，同一时间内，集结最多10位意见领袖共同发表面对广大选民的演讲。意见领袖的活动引入竞争机制，激发了同为意见领袖的学生之间的竞争，他们会充分准备，会关注活动规则，会在意选民的意愿。广大选民通过投票选取自己心目中的“最佳”意见领袖。

从政治教学角度看，这是希望学生体验人大代表的“代表性”，你是代表一定人群在发言，你的发言会影响一定人群。从政治学角度来看，凡是杰出的政治家，是应该有自己的思想的、站在广大选民的立场上，了解选民意愿、为广大选民发声、能够对民众施加一定的影响力的人。

3. 合格选民投票选出最佳的意见领袖才能维护自己的利益

怎样才是合格的选民？如何才是完美行使自己的权利呢？作为选民要认真听取意见领袖的演讲，要有眼光评判出哪几位意见领袖的演讲是好的，审慎填写并投出自己的选票。作为广大选民，只有投出最佳意见领袖才能保住自己的“利益”。

从政治教学角度看，这是希望学生能够在意识上提高公民意识，在行动中审慎行使选举权和被选举权。从政治学角度看，代议制是将选民的权利让渡给有能力的人或者机构代行的制度。选票投出，就是交托出我们的权利。广大选民的利益是被维护、还是被侵害，取决于我们将权利交托给谁。

总之，在“意见领袖”活动设计过程中，我整合了课堂教学中现有资源，进行活动的创新；拓展了原有一个舞台：公民讲坛；赋予学生两种身份：意见领袖和广大选民；引入了竞争机制，意见领袖只有争取一个机会，获得一定支持才能登上讲坛；唤醒一种重要的权利：选举权和被选举权；建立意见领袖和广大选民之间的互动关联关系；培养一种责任：让学生在活动体验过程中感受“我代表谁，谁代表我”。

三、“意见领袖”活动纪实

意见领袖活动是结合《政治生活》教学过程开展的课上活动，历时一个学期。教学第一个月，是活动规则制定阶段。在之后大约四个月教学时间中，我每个月拿出两节课时间来专门进行课上意见领袖活动。教师在活动过程中及时进行总结，对学生表现点评，来推动并引导学生进入意见领袖活动状态。在学期最后，教师利用一节课时间进行了活动总结。

（一）意见领袖活动规则制定纪实

从政治学角度看，谈到一个国家的治理方略一定会涉及“依法治国”。然而，依法治国的第一步，是有法可依。大如治国，小如一个活动设计，道理是一样的。意见领袖活动的开展离不开一整套系统的活动规则，这套活动规则究竟让谁来制定呢？

作为教师，我根据不同的班级学生特点，分别采取了“精英决策”方式或者“民主决策”的方式，分别制定了本次活动的一整套基本规则。

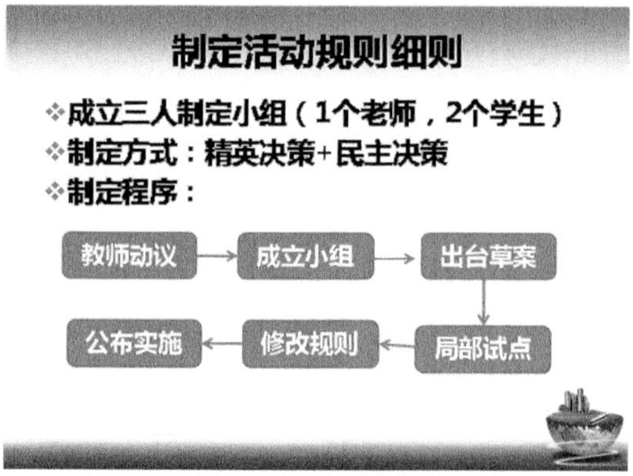

活动规则

具体制定的流程大致为：教师提出规则制定动议，阐述大的行动方向；委托课代表成立学生规则制定的“专家小组”，由2名学生组成的规则制定小组，教师列席；规则制定小组草拟活动规则方案，并公示征求全体同学的意见；局部试点，在第一周活动按照活动规则草案实行，发现问题，由规则制定“专家小组”进行修改并再次公示；最后在全体学生范围内投票，因涉及同学重大分数利益，以三分之二多数票通过后，正式颁布实施。

在这一意见领袖活动过程中，教师引导学生思考以下问题：

1. 制定小组为什么一定要基数构成？

2. 教师为什么一定要参与活动规则制定过程？

3. 活动规则制定为什么一定需要有学生参与？

4. 我们班级适合什么样决策方式？为什么？

5. 民主决策和精英决策方式的利弊分别是什么？

6. 活动规则制定后为什么有必要进行局部试点？

7. 什么是程序正义？我们体会到的程序正义有什么？

8. 为什么在活动规则制定过程中，大多数人是沉默的？

9. 为什么需要规则的解释权？规则的解释权归属是怎么确定的？

10. 为什么在规则中有老师的特殊权利？你们是否想过要限制教师的特殊权利呢？

……

在活动规则制定完成后，教师引导学生关注我们身边实际发生的社会改革规则制定情况，探究其规则制定的内容并梳理其规则制定的程序。例如，

《北京市高考考试方案》的制定，教师引导学生思考，目前北京市高考考试方案都有什么内容呢？假如你是人大代表、普通公民、学生家长、应届考生……你会如何发表自己对这一政策的意见和建议。此举旨在引导学生从眼前的《政治生活》学习，迁移到社会大课堂中去，提高学生学科学习探究的实效性。

在意见领袖活动规则制定问题上，教师不仅在活动之初引导学生密切关注，而且在活动过程中以及活动结束前，都在不断引导学生反观之前规则制定的合理性。这是希望学生能够从活动规则制定的切身体验中去感受，良好的活动规则对于我们眼前活动的积极意义，从而进一步体会在我国进行法治建设的过程中，“有法可依”对于我们的法治社会的重要性。

（二）意见领袖们的表现纪实

意见领袖的演讲题目是围绕《政治生活》涉及的主题展开。意见领袖们可根据自己的兴趣以及自己了解的广大选民所关注的焦点，自由选择演讲题目内容。意见领袖的演讲要求，论点明确、论据丰富、论证充分，展现形式不限。意见领袖可以自主决策是否在上台之前寻求老师帮助。在意见领袖活动中，教师的角色变化了，从以前站在学生对立面的演讲评价者，转变为和学生站在一处的学生演讲的辅导者，成为学生学习的“导师”。

1. 意见领袖选题精彩多样

意见领袖的出彩表现首先在丰富多彩的选题上。这是意见领袖能够登上公民讲坛，获得广大选民支持，并最后获得高票数的核心步骤。意见领袖们挖空心思，有的购买了好几本关于政治学的课外书，有的连续一周泡在学校图书馆看各种杂志，有的让自己在高校执教的父母旁听演讲并给出意见（这个孩子的家长原来是完全被排斥在该生的学习生活之外的），有的则下载了近一个月的时政新闻，下足功夫观摩视频和文字资料，仔细认真研究归纳……有的还去了解其他同学收集的资源，并进行相互比较，力争自己的选题最为“亲民”。

下面列举一些学生的选题——

- 关于钓鱼岛的争端
- 中国大阅兵背后的政治考量
- 美国重返亚太战略对两岸关系的影响
- 如何反腐，才具有实效性
- 由南海问题看美国霸权思想
- 中式“旋转门”

- 浅谈日本解禁集体自卫权
- 打不打——中国外交的强硬和软弱
- 从乌克兰问题看大国博弈
- 从红场阅兵看当今世界格局
- 我看一带一路
- 习朱会后两岸关系往何处去?
- 希拉里的总统竞选“纸牌屋”
- 奥巴马和卡斯特罗握手具有历史意义
- 从亚投行看中美外交暗战
- 伊朗核问题
- 从也门撤侨看中国软实力
- 从香港占中说开去
- 今天我想说丘吉尔
- 昆明暴恐事件
- 中央政治局常委的职务及排名
- 习近平的足球外交
- 从官员只许喝红酒看中国八项规定
- 如何成为国家主席?
- 被压制的反思——对红卫兵主题结婚照现象的思考
- 伊斯兰国崛起和影响
- 巴基斯坦——中国可以信赖的邻国
- 从呼格吉勒图冤案看中国法治建设
- 浅谈中国游行示威活动
- 谈谈美国的FBI和CIA
- 我说“互联网封禁”
- 由中缅边境演习看国际关系
- 证明“你妈是你妈”
- 地球变暖，其实是个阴谋?!

……

2. 意见领袖在公民讲坛上的精彩表现

这一精彩瞬间是属于高一九班的小宋同学的，她是围绕“香港占中”事件进行演讲的意见领袖。在收集阅读了大量的关于此社会热点事件的图片资料、文字资料、网络截图，她制作了很大气的演示文稿，可谓准备充分。演讲开始，她从昔日繁荣的香港中环街景说起，对比展示了香港中环地区被占领后的混乱不堪，呈现了占中事件给香港人民的生活带来的影响。小宋同学最大程度、形象生动地介绍了香港占中事件发生、经过和结果，以及民众的思想转变。丰富翔实的一手资料加上小宋绘声绘色的描述，坐在台下的选民们听得津津有味。在大家沉浸其间后，小宋同学话锋一转，抛出了一个问题，“为什么香港会在这一时期发生这一事件呢?”小宋同学开始呈现其所搜集资料的内在关联，将事件背后的原因一点一点地道来，有理有据地分析，丝丝入扣。最后，小宋同学将自己的演讲结束在对这一事件的和平处理中。“摆事实，讲道理。香港人民要民主，也要和平和发展。”小宋同学走下讲台，台下自发地响起掌声，其中包括同场竞争的其他意见领袖们。结果，小宋同学获得票选第一名。

这一题材有多个学生选择演讲，小宋同学能够获得大家认可，是因为她在展现政治事件表象的过程中，有意识地透过现象去揭示隐藏其后的本质和规律，自觉地去理解和运用政治学的基本规律来分析问题。

这一精彩瞬间是属于高一五班小明的。他的出色在于演讲之前，功课做得足，表达内容充实。在课前围绕自己的选题，他大量阅读了相关资料，截取了近二十万字的文字稿件，以此为基础结合自己的想法整合出一篇在六分钟之内的演讲稿件。在演讲时他不仅脱稿，而且声情并茂地面对着同学演讲，一双大眼睛注视着台下的同学，积极地和台下选民们互动。他不仅自己相信自己所讲的内容，而且十分自信地展现着自己的主张，让台下的同学也相信他所讲的内容。虽然他没有使用 PPT 来辅助自己的演讲，但是他的演讲激昂慷慨，很有力量，最终他也得到了同学的高票支持。

课堂上的教学活动，带动了学生课下自觉地扩展阅读，学生有意无意地综合使用了学科知识，对阅读素材进行了处理，转化和输出表达，提升了学生的综合能力。教师的课堂教学的时间毕竟有限，而能够将学生课上和课下学习有机结合起来的教学活动，提升了学科教学的实效性。

3. 对话表现不佳的意见领袖

与精彩表现形成鲜明对比的是，在公民讲坛上也有表现不佳的意见领袖，有的甚至相当狼狈。面对这些学生，教师的学科知识教学和思想教育不仅不缩小空间，反而获得了更宽阔的领域。当学生在活动中遭遇困境时，学生开始带着实际问题来找老师咨询了。教师的身份角色不是“我灌输，你学习”而是“你学习，我导学”。教师工作的价值感、成就感在不断提升。

随着教龄的增加，我渐渐发现，我们每天都和学生们面对面，却不一定能了解和把握学生们的所思所想，不一定能够走近学生们，特别是他们的内心世界。而在活动过程中，我们有机会去获得他们比较真实的想法，有机会领略学生们的精神世界，而这也为老师有效教育教学提供了可能性。

在演讲中我观察到了学生的行为表现，在演讲之后我与那些表现不佳的学生们对谈，感受他们的情绪，和学生一起共同分析问题，尝试去解决学生们的困惑。在活动中我了解到他们的一些想法：

“就六分钟，我选择的主题根本讲不完，这个规则制定的不好！”最后，他没有在规定的时间内讲完，他十分愤怒地冲着规则制定者所坐的方向说，他很不高兴。

我是班里最棒的学生(她是这个班内考试成绩第一的学生)，我讲的内容很深刻，其实他们(她的同学们)听不懂的。我并不想做什么改变，我相信他们也应该给我投票的。而结果，她的演讲得票率很低，她很受挫！

老师，我把我的演讲大纲公布出来了，但是明天就是上台讲的日子了，我还没有得到足够的支持票，上不了台了。这可怎么办呢？这是一个性格内向的学生，她最后丧失了登上公民讲台成为意见领袖的机会，她很伤心。

老师，我的选题跑题了，讲了经济的内容。这次票选太低了，我应该如何面对给我投票的那些同学们呢？后来，我听说她一一去找了给自己投票的同学道歉，并争取了第二次上台的机会。在第二次演讲之前，她专门找了老师帮助确认演讲主题是否跑题。她在第二次演讲开头，感谢了再次给予信任依然支持她的同学们。

创设活动和情境，并有效地引领学生进入学习状况开始真正的学习，这是教师培养学科核心素养的工作重心。在活动和情境背景下，学生通过外化的行为活动，真实地反映出他们在内心上、思想上、观念上的基本情况。老师们要注意观察归纳，及时地把握学情，给予他们有针对性地学科引导，提高学生的学科核心素养水平。在教育实践活动中，教师需要尊重学生的主体身份，这样才能促进教师以“导学”为核心的主导作用的发挥。

(三)选民众生相

在意见领袖活动设计中，我将选民的选票和学生的切身利益挂钩的方式，让学生提升选民意识，审慎投票。教师提示学生关注以下问题：

1. 我应该如何培养自己的眼光？(从活动内容上看，去发现优秀的意见领袖)

2. 我应该如何填写自己的选票？(从活动形式上看，填写选票，投出选票)

3. 我应该如何正视规则？(从活动提升层次看，如何渗透政治生活的学科核心素养的教育)

理论是枯燥的，然而现实生活中的学生在面对“选人、投票”的任务时，是那么的复杂和纠结。

同学找我投票，我抹不开面子，其实他的稿件真好烂。我其实看好某某，但是昨天刚和她吵架。我该怎么投票呢？

老师在点评某某了，意思是看好他是不是？那我追随老师，应该不会错的吧？

我觉得某某比较好，但是我能够成为大多数吗？否则我的分数就会被扣走，真为难呢。

我支持票时投给了某某，那么赞成票的时候也必须投给他，否则我的总票数就会有损失了。

虽然想法都不一样，但是这背后隐藏着一个共同的诉求，即对于自身“利益”的看重、权衡和实现。在意见领袖的活动中，学生们开始学会甄别和比较，学习权衡和取舍，学习不断用行动去争取、实现并维护自己的利益。这正好与政治学基本理论的题中之意相吻合。作为老师，我有理由相信，未来他们走入真实的政治生活中，一定会比今天相对从容和淡定一些的。

四、教学活动设计实施后的反思

（一）教师要有勇气走出教学安全区，敢于创新、开发活动课

如何才能设计出好的活动课呢？突破习惯性的教学模式和行为，敢于走出让自己觉得安全的教学方式，这是可以进行大胆的活动课教学尝试的第一步。其次，教师需要走近学生生活，了解学生关注的社会和世界，了解学生喜欢的认知世界的方式和特点。最后，教师要不断解放思想，加快理论学习的步伐，不断从各种活动课范例中汲取营养，去大胆尝试创设活动课。

（二）驾驭活动课，为教师提出了教育能力和教学水平的更高要求

创设活动课，是艰难的。但是，在我看来，驾驭好活动课，才更难。在活动课的课堂上，学生比较起教师讲授课上有更加鲜活的表现，其中有的学生的表现确实出现在教师备课的预设中，但有一部分学生活动的课上生成却是出乎意料，超越教师的想象的。在教学活动中，教师需要对以下问题迅速做出判断：

1. 教师应关注来自于学生的哪些课上生成？

2. 教师是否能够迅速辨别出学生生成具有哪些价值？

3. 教师要在短时间内做出决策，是否要将这一学生生成纳入教学活动中来？

4. 有价值的学生生成如何和课堂上已有的教学内容进行整合？

……

这一切都在考验教师们的教学能力水平和教育智慧。这促使老师们抖擞精神，积极应对挑战。

（三）能够培养学生的学科核心素养，是教师教育教学的初衷和目的

教师要进行教学设计，但是不要被设计好的教学流程束缚住手脚。关注到学生的思维、关注到学生认知、关注到学生的成长，是教师主导课堂教学的重要原则。那么，什么才是我们教师在活动课堂上可以放弃掉既定设计的内容，关注可能是学生提出的以前被认为是枝节的东西呢？我认为，在现在学科核心素养的教育提出后，这一问题的回答就明确了，教师的教学活动应该也是必须围绕着提高学生的学科核心素养来展开。

“小活动”展现“大叙事”

石　芳　北京教育考试院

一、传统活动出新意——课前演讲升级为意见领袖

上课前学生 5 分钟的演讲活动，相信很多老师都曾开展过。老师们是不是常有这样的体会，演讲的质量十分依赖于台上学生水平的高低。如果学生的水平高，并且认真准备，活动就会非常吸引人，如果学生研究得不够深入，或是准备不充分，效果就会很差，浪费“听众”的时间，达不到教育的效果。因此，为了提高学生课前演讲的积极性，老师们通常的做法是以分数作为激励，把演讲表现计入到平时成绩或学期成绩中去。那么，有没有更好的办法，让传统活动由于新的机制的引入而焕发出新意呢？北师大附属实验中学的吴国英老师的“意见领袖”活动给大家提供了一个很好的思路，通过“一个平台、两种角色、三种互动关系”的创设，不再仅仅借助于分数的法宝，学生们就自觉主动、情绪高涨、热情无限地投入其中。

以往类似“公民讲坛”的课前演讲，是模拟公民在公共领域发表个人意见的权利。按照传统机制，这种天赋的自然权利是不能推卸的，因而也是一种强加的义务，捆绑在每个人身上。从政治学的角度来看，剥夺了学生自主选择的权利。

“意见领袖”的出现，首先在主观意愿上，实现了人的政治角色的划分。一部分有意愿成为意见领袖的学生，会走上公民讲坛，积极表达个人思想，自信地宣讲个人的主张，对公众施加自己的影响。另外一部分没有领袖意愿的学生，则可以选择成为广大选民，行使自己投票的权利，由他人代表自己行使政治权利。演讲不再是赶鸭子上架的、统一的角色和整齐划一的任务，也不再是获取个人分数的个体行为，而是一种对应的、关系性的、社会性的存在。

其次，演讲的权利不再是天然享有的，而是要通过积极努力地“作为”争取而来的——“提出自己的发言大纲，进行‘演讲前游说’，获得一定数量的选民支持之后才有资格成为意见领袖登台演讲。”竞争、表现、发言、获得承认，使演讲变成了学生主动的行为，由教师要求的外在压力变为个体自觉自愿的

参与。

第三，意见领袖需要获得10个人的支持才能登台，选民手中的选票在客观上体现了登台人物的能力与实力。选民的投票也不能任意妄为，要根据与集体投票结果的相关性，确定自己投票的准确度，得到相应的分数。因此，无论在客观上还是主观上，都保证了演讲的精彩性，使教室这个公共领域的公共参与的质量得到切实的保证。

二、学科内容生活化——巧设情境，亲身体验

在内容上，《政治生活》有两条线，一个是国家，一个是公民。其中，关于国家部分的内容离学生相对较远，老师们普遍认为宏观层面的知识，学生不易理解和把握，对于很多大道理只能死记硬背。以选举为例，在高三的时候，才会有部分学生亲身行使选举权，但是根据模块安排的进度是在高一学习这部分知识，因此学生只能对条文规定进行抽象的理解和机械的记忆。如何将国家层面的知识与个体生活有机结合起来，把整个国家的运行机制自然而然地转化为学生学习、生活中的行为规则和做事机制，这是一个困扰老师们的难题。

"意见领袖"活动通过巧妙的情境设置，将大问题、大叙事转化为到学生平日学习中的"小活动"，让学生通过亲身参与性、体验性、实践性的"做事"领悟"国家大事"。"意见领袖"活动实际上是国家选举在现实生活中的模拟，一部分学生作为选民，听取意见领袖的发言，判断其能否有能力、有智慧代表自己参与政治决策的过程。意见领袖则必须了解选民的需要，真正代表他们的利益，通过对公共问题发表演说的话语表达方式，赢得选票，争取当选，这一过程正是我国选民与人大代表之间选举与被选举的活动。在角色亲历的体验中，学生可以真实地体验到我国政治制度的民主性、国家制度设计的科学性，以及政治学中公民权利、义务和利益等核心概念的真正内涵。

三、活动设计科学规范——人、事、规则相得益彰

"意见领袖"活动胜在设计——角色设计、内容设计、行为设计、规则设计的精巧严密、相互呼应、相得益彰。

（一）主体：一种身份变为两种角色

以往的教学活动，所有的学生是整齐划一的身份、统一的要求。"意见领袖"活动将人物角色置于相互对应、相互依存的关系之中，设置了两种不同的政治角色——"普通选民"和"意见领袖"。

“普通选民”也就是一般大众，他们要理性投票选举他人代表自己行使权利。作为选民，他们的职责是明确自己在政治生活中的利益，全面获取意见领袖的各种信息，比较辨别不同的政治主张，预测不同政策措施的可能结果，正确填写自己的选票，审视规则的公平性，监督程序的执行过程。

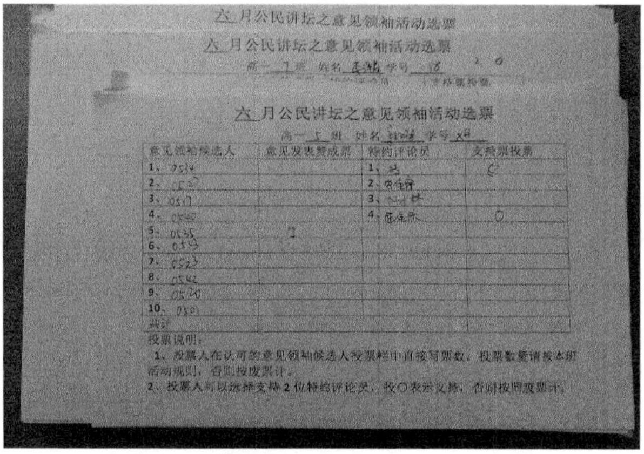

填写选票

“意见领袖”则是为选民提供信息，把经过自己加工、分析、评价的信息传播给选民，对他们的态度、价值观和投票行为施加影响，成为舆论传播中具有一定影响力和威望的领袖。“意见领袖”最早是由传播学者拉扎斯菲尔德在 20 世纪 40 年代提出的。拉扎斯菲尔德等人在 1940 年美国总统大选期间，对选民的投票行为进行调查研究，获得了一个完全出人意料的重大发现：大多数选民并不是依据从大众传媒那里获取公共信息，做出个人的判断，他们更信任、依赖于听取身边的另一部分选民的意见。这部分选民十分关注报刊、广播、电视新闻等媒体报道，对国家政治和社会事件的来龙去脉、事态发展了如指掌。他们把经过自己思考和加工的信息传递给周围的民众，即“信息—意见领袖—一般大众”的模式。这一部分在信息传播中起着重要作用的选民就是“意见领袖”(Opinion Leader，简称 OL)，也叫“舆论领袖”。

综上所述，可以看出在信息传播和选举决策中，两种主体的角色职责和行为方式区别明显，同时他们又相互关联，相互作用，相互监督，彼此交换意见，交流沟通。课堂模拟活动两种主体的角色设置，符合现代国家大众传播媒介和选举的实际情况，深刻体现了政治学中广大普通民众通过政治参与对政治决策影响的具体机制。

(二)内容：个体性、随意性向公共性、深刻性的转化

意见领袖作为信息传播的中介，要对选民产生影响力，需要对社会问题比其他人有着更长期、更深入地关注，对政治有着更多、更准确、更广泛的信息来源，专业知识更加丰富、更加渊博，对事件和现象有着更深刻的理性分析，对问题的处理和解决有更成熟的判断和经验。这些角色要求促使学生

努力提高自身能力，以承担起相应的职责。

1. 意见领袖要选取社会重大热点问题作为研究主题。从吴老师列出的演讲主题可以看出，话题十分丰富，有实际的社会价值，都是当前公共领域中关注度极大的热点话题。虽然主题看似可以自由选择，但是要想获得选民的信任和投票，必须选择大众普遍关心和社会亟待解决的问题，这样研究内容的确定就避免和减少了过去课前演讲中个人行为的随意性和偶然性，而是紧紧围绕政治生活的核心问题展开，体现了普遍性、社会性和大众性。

2. 研究内容由课内延伸至课外，开阔了教育的空间，扩展了学生的视野。意见领袖作为信息的传播者，需要对问题的历史渊源、人物关系、症结难点、发展态势、解决措施等全面把握，掌握真实充分的信息。于是为了 6 分钟的演讲，同学们会广泛查阅资料，突破书本、教材、课堂的局限，在真实的生活中，回到社会问题本身，开展广泛、深入的学习与探讨。同时，学生会在多元观点和思想的比较、辨别中，自主地去提高自身驾驭材料、分析材料的能力。

3. 研究内容深刻，能够透过现象挖掘本质。意见领袖的作用不是传声筒，或者杜威说的搬运砖头，把公共信息原封不动地传下去。他要对先期收集的信息做出自己的解释和评价，使选民在态度和行为上发生预期的改变，发挥支配和引导的功能。因此，演讲和研究不能满足于照本宣科、归纳资料，而是需要独立思考，加工、反思信息，寻找资料的内在关联，揭秘现象背后的原因，逻辑严密地论证，进行观点鲜明的论述。由于不是面向书本知识的学习，而是直接面对重大的生活问题和社会问题，问题情境的复杂性和综合性，会使学生自然而然地综合各学科、各模块的原理和规律进行全面的分析和深入的思考。

(三)行为：单一行为到多种行为的交叉互动

课前演讲对于每个人而言只有一种行为方式，要么说，要么听，二者没有互动。“意见领袖”则是在两种主体之间，发生了三种相互关联、相互交叉的行为关系。第一，有成为“意见领袖”意愿的人与选民之间的互动，为了能让自己成为正式候选人，“游说”他们，争取支持。第二，“意见领袖”在公民讲坛上进行演说，表达自己思想和主张的行为。此行为中包含两种关系，一是“意见领袖”与选民之间的信息沟通和相互理解的互动关系，二是一定数量的“意见领袖”之间的彼此博弈、相互竞争的关系。第三，选民聆听意见领袖的演讲，了解意见领袖的政治见解，理性地判断其智慧、能力与品德，仔细品评，庄严地投出自己的一票，选出能够代表自己利益的“领袖”的行为。因此，社会公众选择其代表与代表获得其正当性，是一个过程的两个方面。从选民的角度看，通过候选人的竞选演说或介绍，选民有了更多的知情权，理性地选择代表自己政治利益的候选人；而从候选人方面看，竞选能锻炼人的意志和提高各方面才干，更重要的是使候选人时刻记住自己的当选是由选民的投票推举出来的。于是，双方的行为突破了简单的听与说，在交叉互动中，形成一个关系密切的整体。

（四）规则：从实质正义到程序正义

“意见领袖”的活动设计引发我们关注政治生活中一个容易被忽略的问题——程序正义，即程序与规则的制定与执行。在政治生活中，人们往往十分重视活动行为上的有声有色，比如演讲的感染力、投递选票的庄严性，也注重活动结果的正当性。比如每个选民的投票权利是否得到了维护，每个意见领袖登台演说的自由是否得到了实现，社会权力是否得到合理的分配、制约与监督等，这些都属于实质正义（Substantive Justice）的范畴，是政治生活中人们追求的价值目标。但是，为了保证活动的有序进行和整个结果的正当、合理，必须确保程序正义（Procedural Justice）。

小到一个班级活动的有序开展，中观到一个企业、单位的运行，大到国家政策的管理，必须以科学合理的规则与制度为前提。规则通过一种可持续、可预测的方式，将组织管理和社会生活置于有序的状态，避免了任意性、反复性和无常性。所以，面对实际生活，学生们不仅要有政治家侃侃而谈的口才，有远见卓识的谋略，有理性公民不盲从的明智的判断力和分析力，还必须有能够制定正当、合理、科学、有序的规章制度的能力。这看似不是“意见领袖”活动的目标，因为选民与领袖之间的选举与拉票活动才是“正题”，但是这个“副产品”却是活动得以正常开展的基础，是学生将来走向社会所必备的能力。如何制定一个好的规则，切实维护各方的利益，维持公平正义的秩序，对于学生的终身发展十分有益。

程序正义包括“实体性正当程序”（Substantive Due Process）和“程序性正当程序”（Procedural Due Process）两个方面。实体性正当程序是指规则本身是否正义，“程序性正当程序”是指制定规则的程序是否正义。

在这个活动中，关于“意见领袖”的行为规则和“选民”的行为规则属于“实体性程序”。

关于“意见领袖”行为的规则

1. 拿出一个《政治生活》领域的话题，获得一定的支持率，取得登上公民讲坛的资格。

2. 提交话题的相关文件，抽签获得讲演席位。

3. 正式讲演，争取获得台下同学(选民)的赞成票。

4. 按照在10人组中的得票排序，获得平时成绩。

关于“选民”的行为规则

1. 认真阅读意见领袖的书面稿件，投出自己的支持票。

2. 认真倾听意见领袖的演讲，投出自己的赞成票。

3. 认真记录意见领袖的演讲，记录演讲点，写出自己的感受。

4. 结合自己投票的精准度，得到自己的分数。

“意见领袖”也关注了“程序性正义”，制定了活动规则制定的程序，确定了制定主体、机制、步骤和决策方式：1. 制定主体：1个老师+2个学生。2. 制定机制：精英决策或民主决策。3. 制定规则的程序和步骤：教师提动议，成立“专家”小组，草拟方案，征求意见；局部试点，修改规则；全体投票(以三分之二多数票通过)，正式颁布实施。

而且，非常有意思的是，在活动过程中，有些同学搞“阴谋诡计”，私下拉票，让自己的票数达到上限甚至超过上限，以减少竞争对手的票数(因为每个选民一票，先投完了就没有票了)。实际问题产生了，怎么处理？是批评学生的道德水准不够，价值观有问题？还是……客观地分析，这个问题的产生有两个方面的原因：一是主观原因，反映出我们要培养的政治人物需要有公共理性、自律、公正的态度，以及整体意识；另一方面，这也是个制度问题，暴露出当一个组织、一个社会的规则和程序不完善时，可能产生的危害。在美国的政治制度史上，社会公众秘密投票制度及其公开、竞争、平等的精神，正是美国社会是经过长期的试错过程，探索出的一种制度性安排。所以，这个“节外生枝”，其实是一个良好的教育契机，学生可以从中深刻地体会到作为一个公共领域里的人应该具有怎样的道德品质，以及公平、合理、正义的规则和制度对于一个社会的重要性。老师可以把这个“意外”，交给学生，鼓励他们运用自己的大脑去思考，去积极地修改、完善活动的规则，使之更加科学规范，从而有效地维护活动的秩序。实际问题的产生和解决过程真实地教育了学生，亲身、真切的经历之后，学生将来走向社会，在一个单位、组织和社会管理中会自觉形成建立和维护公平、民主制度的意识和能力。

四、公民核心素养的培育——民主、自由、平等、法治

创设表达的舞台、赋予意见领袖的身份、争取登上讲坛的机会、唤醒选举和被选举的权利，这一系列举措和设计不仅仅是为了收获一些的政治行为、政治规则、政治主张或是政治措施，更是为了培育公民政治认同、理性精神、法治意识和公共参与的学科素养，树立爱国、诚信、民主、平等、自由、责任、担当等政治价值观，实现立德树人的根本任务。

（一）形成了政治认同

活动过程中，学生自然而然地形成了对社会主义制度的政治认同，培育了制度自信。在选民与领袖的互动交流中，在中国和西方政治材料的广泛学习过程中，学生对我国人民当家做主的国体和人民代表大会制度的优越性有了深入、全面的了解，切实体会到我国公民的选举权是真实的，没有西方国家很多资格方面的限制，人民可以利用手中的投票权，选举自己满意的代表，确保代表由人民产生，代表人民的意志，为人民服务。代议制民主中专业化、高素质、组织化的人大代表，充分听取各方意见的机制，可以“把选民分散的、模糊的、情绪化的意见和诉求变为集中的、明确的、理性的意见和要求，将分散的、无序的个体公民的潜在力量变成强大而公开的影响力”，从而在终极意义上，实现人民当家做主。

（二）树立了责任意识

意见领袖与选民在演讲、投票的互动行为中，双方都树立了一种对对方负责的责任意识，始终铭记“我代表谁”“谁代表我”。意见领袖通过选民投票，获得自身地位的合法性，不敢忘记选民的信任与期待，“如果我没有排名在前，我应该如何面对给我投票的同学们（选民）呢？而选民的投票也是审慎的行为——我应该把自己的权利交给谁？谁能代表我行驶政治权利？我应该怎样与他沟通我的想法，帮助他做出更加理智的决策？”在健康的公民社会中，公民具有强烈的国家主人翁责任感和担当意识，对个人与社会、国家的关系有着正确的认识，能够胸怀国家，自觉地把自己的命运与他人的利益、国家的发展紧密结合起来。

（三）培育了理性精神

理性精神是政治学科新课标中提出的四大“核心素养”之一。一方面，意见领袖在对问题的分析过程中表现出理智、自主、反思的思维品质和行为特征，能够自觉运用辩证思维方法，客观地观察社会问题，审慎分析、理性地

解决矛盾，冷静面对政治生活中的各种问题，以负责任的态度做出恰当地解释、判断和行动。另一方面，公民不是毫无思想受他人左右的臣民。真正的选民有着自己独立的判断能力，他们虽然是某个意见领袖的追随者，受他们影响，但是这是经过比较、鉴别、分析之后，基于共同政见的志同道合的“跟随”，是有主见和独立意志的理性行为。

（四）树立了社会主义核心价值观

在对制度、程序的反思中，学生深深体味到民主、平等、公平、法治等社会主义核心价值观的“价值”。意见领袖的选举和排名，引入竞争机制，选民具有选择的空间，有助于从制度上切实提高选举的民主化程度，让优秀人才脱颖而出。通过代表与选民的演讲、沟通，加强了代表与选民之间的联系，保障了选民的知情权，有助于选举体现选民的真实意志。制定规则的专家小组由学生代表和老师组成，确保了不同利益主体的诉求都会得到尊重，保证了代表的广泛性。活动规则因关涉每个人的切身利益（分数）需要向全体征求意见，并有三分之二以上的学生投票才能通过，修改后，再次公布。选民有权决定把票投给谁，也有权监督代表履职，不满意时，还可以罢免代表的制约机制……这些制度的制定和决策过程都让学生真实地感受到民主、法治、公开、透明等政治价值观的重要意义，并在活动中从知行合一的角度形成自觉的政治行为。当然，活动也表现出另一个侧面，选民中出现了一定数量的废票，对于实验中学的学生而言，废票与智商无关，而是有些选民随便投出自己的一票，并不关心投票结果如何，证明规则意识、责任意识、法治精神还没有成为一部分学生的自觉习惯，表现出的“政治冷漠”也恰恰从反面证明了价值观教育的重要意义。

（五）强化了道德意识

意见领袖活动让学生认识到，道德在政治生活中的重要性。意见领袖对于信息的加工和阐释可能是公正的，也可能是歪曲的，其支配和导向功能可能是积极的、进步的，也可能是消极的、破坏性的，可能是秉持爱国和公正的精神、超越自身的狭隘利益以人民利益、国家利益为重，也有可能受个人利益或某些集团利益的左右，进行虚假宣传，误导选民。选民可能客观地按照候选人的能力投票，也可能受个人私利左右，违背“真实意愿”。

我和她是好朋友，可是她的表现并不如某某，我该怎么投票？

某某的观点真的很新颖，但是从同学们的反映看，他可是少数派，我是应该坚持自己的判断，还是为了分数选择多数？

“人无德不立，国无德不兴”，意见领袖和选民要有个人的德，更要有一种“大德”，国家的德、社会的德。活动中学生们明白要摆正个人与社会关系是一个核心问题，于是很多学生自觉站在“大德”的立场上，对我国民主政治制度的建设，提出了很好的建议。

为了让“向选民负责”真实地落实到实践中，需要加强选民与人大代表的密切沟通，推进人大代表履职公开，完善对人大代表的监督。

人民代表代表人民的利益，不仅是人民的整体利益，还应包括不同群体的特殊利益。不仅代表人民长远性、全局性、整体性的利益，也应该包含当前的、个体的、局部的利益。“群众利益无小事。”

第七篇　参观游学

品游故宫　鉴赏文化

刘丽娜　北京市第一五九中学

一、教学目标

（一）情感、态度与价值观

学生了解故宫博物院在我国历史、文化中的重要地位，感受绚烂多彩的中华传统文化；懂得在保护、弘扬优秀传统文化的过程中，不能盲目照搬照抄，不能失去传统文化自身的独特性；增强保护、弘扬我国优秀传统文化的责任意识。

（二）能力目标

学生在实践活动中，培养观察、分析、归纳问题的能力；学生以小组为单位，完成“学案”和实践汇报，提高合作学习的能力。

（三）知识目标

学生了解故宫博物院的历史由来、建筑特点、当时的民俗典故，以及参观礼仪文化。

二、设计初衷

在实施《多元文化“地球村”》一课的教学时，我注意到，学生对自己身边的传统文化很少关注，缺乏兴趣与探索热情。虽然他们也知道一些北京的名胜古迹，但是对其中所蕴含的传统文化了解很少。

身居北京，身边有很多优秀的传统文化资源，我觉得有条件也有必要，带学生开展一次实践活动，引导他们走进传统文化，近距离地感受中华传统文化的魅力和博大精深，以此激发学生的探索热情、学习兴趣，提升他们的民族自豪感！

故宫博物院是我国传统文化的典范。如果提前预约，就可以在指定时间，组织学生免费参观。它距离我校比较近，周边交通便利，组织实践活动的可行性强，所以我将故宫博物院作为这次实践活动的地点。

三、课前准备

如果毫无准备地带学生去参观故宫博物院，很可能将这次实践活动变成一场“秋游”，难以达到预期的学习目的，所以我在学校的大力支持下，做了以下准备：

（一）读本

根据学科需要，请合作单位为学生量身定制了《探寻传统文化系列课程——故宫》的读本。里面有关于故宫博物院的介绍，也有按照学科需要而设置的思考题，方便学生随身携带，随时阅读。

读本内页

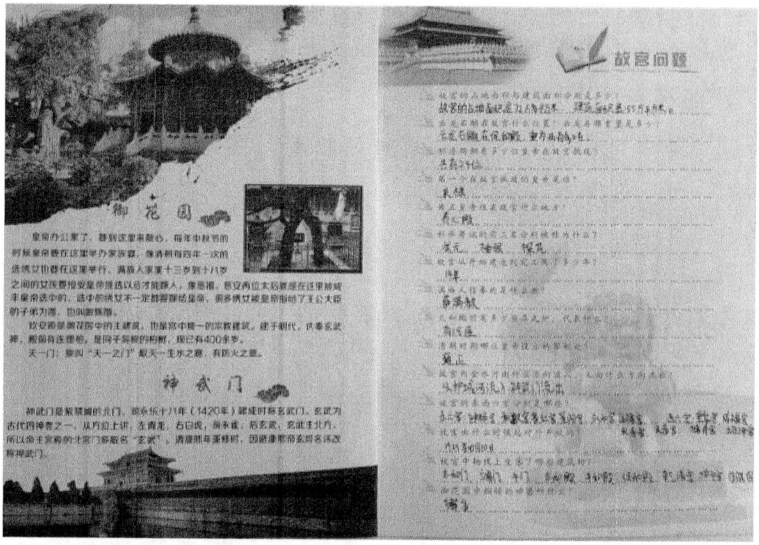

学生完成读本相关问题

(二)学案

为了实现此次实践活动的目标，针对学生的学习现状，教师设计了学案。在学案中提出小组活动要求，由学生在实践活动中完成小组任务。活动结束后，结合学案进行交流。

(三)行前课

活动当天，请一位对故宫历史文化有了解的教师为学生开设讲座。帮助学生对故宫博物院有个初步的了解，激发他们的学习热情。

行前课

（四）随班教师

在实践活动中，为每个班配备指定教师，负责组织学生参观，实时讲解。

四、实践汇报课的具体过程

结合“品游故宫，鉴赏文化”的实践活动，我和学生在课堂上进行了总结分享。这堂课主要是基于实践活动中产生的问题，思考如何保护和弘扬我国优秀的传统文化。分为“尊重、保护传统文化”和“继承、弘扬传统文化”“提出倡议”三个部分。

第一部分：尊重、保护传统文化

在实践活动时，学生提出问题：能否在故宫博物院里开设“星巴克”这样的咖啡店？回到课堂后，我请大家针对这个问题继续进行思考、讨论。引导学生认识，面对丰富多彩的世界文化，我们不能迷失自己，不能失去自身的独特性。由此增强学生保护传统文化的责任意识。

在活动中，学生看到，有些游客由于好奇会用手触摸文物，大家认为这种行为会对文物造成损伤。那么，面对这种行为，我们应该怎么办？在课堂上，学生们积极讨论，寻找解决办法。最终形成共识，触摸文物是一种破坏文物的行为，也是对传统文化的不尊重。我们不仅要提高自身保护传统文化的意识，更要积极践行，努力为保护文物和传统文化做一些力所能及的事情。

第二部分：继承和弘扬传统文化

参观故宫的过程中，许多学生看到故宫商店里出售的“故宫文化创意产品”，大家意识到，传统文化通过文化创意，可以帮助故宫文化更好地从故宫博物院进入公众生活，被更多的人认可和接受，所以继承和弘扬传统文化需要创新与发展。

除了通过故宫实体商店购买文化创意产品，学生还发现网络是人们购买故宫文化创意产品的另一途径，故宫博物院触网，让传统文化更接地气，传统文化与现代技术的结合有利于文化传播，继承和弘扬传统文化需要现代技术手段的支持。

在参观过程中，延禧宫、永寿宫等影视作品中出现的拍摄场所深受大家关注。这些地方都是真实存在的，在故宫博物院 90 周年院庆时已经对游客开放。故宫为什么要增加开放面积和内容？经过分析和讨论，学生得出结论：此举既是为了满足时下人们参观的需要，也可以缓解故宫博物院客流量大的问题，同时还可以给观众更完整、丰富的参观体验，这说明对传统文化资源需要不断挖掘和展现。

第三部分：提出倡议

在教学的最后一部分，倡议学生将自己的感悟转化为实际行动，为保护、弘扬优秀传统文化多做一些力所能及的事情！

倡议内容

我们能做到：

1. 设计一件具有传统文化意义的创意品

2. 策划一项保护传统文化的公益活动

3. 为故宫微信公众号提供一个历史小故事

五、课后反思

（一）学生的收获

由于是第一次将教学过程延伸到课堂外，学生对这次活动充满好奇。以前，我经常为学生不认真听讲、不愿主动参与课堂活动而发愁，但是，在这次活动中，许多学生却有了不一样的表现：

1. 行前课上。学生听讲认真，在互动环节主动与老师交流。故宫博物院的地理位置虽然离我们比较近，但离我们的生活却比较远；她的故事很多，我们了解得却比较少；她的神秘激发了少年的好奇心，在老师的讲解、引导下，学生对接下来要进行的实践活动表现得跃跃欲试。

学生有序前往故宫参观

2. 活动中。当老师指着鎏金水缸上明显的刮痕，给学生讲述八国联军攻入北京，在紫禁城中大肆掠夺时，那些伤痕累累的鎏金大缸，就是一位历史的证人，它默默地展示着曾经的耻辱。孩子们安静地听着，脸上流露出庄重的神态，这是在课堂上无论用图片还是视频教学，都不曾有的教育效果，他们静默的神情下是被激荡出的深厚的爱国之情。

平时我们总是感慨，有些学生的举止不够文明，尽管课堂上经常渗透文明礼仪教育，但收效并不显著。在实践活动开展前，我反复对学生进行叮嘱，提出要求，鉴于个别学生平时的表现，我都不敢有太多奢望。

结果在实践活动当天，学生们的表现远远超出我的预期。故宫中处处都是百年以上的文物，老师提醒学生，对待每一件文物、甚至每一块地砖都要像对一位饱受沧桑的老人一样，要敬重、要爱惜，不要随意碰触，更不能恶意损坏……我特别留意了一下，我们的学生没有一个人去伸手触摸那些布满刮痕的大缸或其他文物。

以前，在课堂上，我也列举过一些旅游不文明行为，学生们大多觉得可笑、与己无关。恰巧在这次参观时，学生们亲眼看到一些旅游不文明行为，他们怒目而视，有的学生还出言制止。我能感受到他们发自内心地珍惜这些文物，他们发出的声音虽然不能阻止所有的不良行为，但保护、弘扬传统文化的意识已经在他们的头脑中萌发。“做一名志愿者”“设立志愿宣传岗”这些提议，就是在这种情境下产生的。（参见附录《开展“保护传统文化”志愿活动的倡议书》）

游客触摸文物

3. 活动之后。实践活动中的“听”“看”为学生埋下了很多“想”的种子。

(1)学生将参观过程中发现的问题记录下来，回学校后，继续和老师、同学们交流讨论。例如，一位学生发现故宫博物院内有多处售卖饮料的站点，游客也能随意将饮料带入故宫博物院，于是提出“饮料对文物是否会产生破坏作用”的疑问。

利用课余时间，这位同学在家长的支持下，又多次前往故宫博物院实地调查。在化学老师的指导下做了对比实验，最终完成了题为《饮料对文物破损情况的调查及建议》的小论文。

学生的文字还很稚嫩，存在许多需要完善的地方，但他们能够在观察中提出问题，在思考求证后形成成果，我觉得这不仅是兴趣驱动，更是责任使然。

(2)实践活动的学案中，有一个提议，希望学生能结合实践感受设计一件文化创意产品。学生在活动中，留心观察纪念品商店里出售的商品，觉得很多纪念品不够美观、不够时尚、缺乏实用价值，不符合他们的审美和需求。“如果不满意，不妨自己动手”，这是我给他们的建议。活动结束后，学生们自己动笔，交出了一份份令人刮目相看的作品。(如下图)

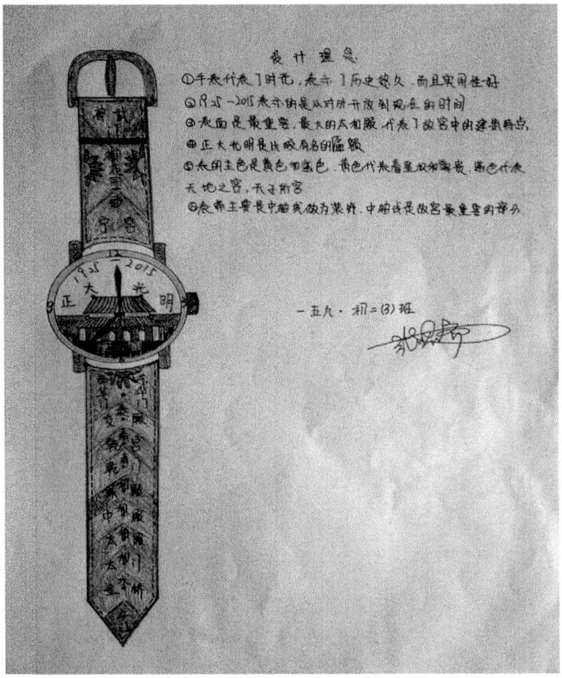

手表设计　北京市第一五九中学初二(3)班 张思齐

这之后，全年级兴起了一股设计文化创意产品的热潮，很多学生利用课余时间继续创作或者完善自己的作品。

(二)教师的反思

1. 教学活动要有留白。教师备课，除了关注教学内容，还要关注学情：学生的兴趣点、已有的认知、可能产生的问题……但是无论怎样预测，教师都很难完全预测出学生的真实反应。学生的思维有很大的弹性，即使平时从未涉及的领域，或者表现平平的方面，也可能因为一个闪念，从而激发出他们的探究热情。

学案中有一项任务，请同学们分享自己在活动中的“小发现”。这个“发现”没有范围、没有要求，只是希望学生能将自己独特的视角展示出来。这项内容是我最担心的环节，没有给学生“划定范围”，他们会发现什么？或者什么都发现不了？结果，在课堂展示中，最令我欣赏的却也是这部分内容。

学生们发现，大殿外的红柱子上，剥落的外漆下面还有一层层红漆；语文教材中描述的“斗拱”在故宫博物院里就有；石狮子的耳朵基本是竖着的，只有一处石狮子的耳朵是耷拉着的；博物院里有一些独特的游览标志……提供分享的同学为自己的发现而自豪，得到分享的同学听得津津有味。

正是因为可以自由发挥，学生不拘泥于条条框框，他们才展示出最真实的自我，这也帮助教师更深入地了解了学生。教学活动的留白，有利于学生的自由发挥，也会给教学带来惊喜。

2. 教学内容要有提升。最初接触初中《思想品德》教材时，总觉得教材内容简单，缺乏深度。听过一些优秀示范课后，我发现很多优秀教师将教材的内容进行了延展。教学内容的广度、深度可以根据学生的实际情况进行调整。学生已经掌握的内容由学生自己来讲，学生达不到的层面由教师来引导、补充。

例如，通过在实践活动中的聆听、参与，学生已经明白了保护和弘扬传统文化的重要性，对如何保护和弘扬，也有了初步的想法，这时教师不需要再重复他们已知的内容，而是要进行提升，从宏观、发展的视角帮助学生形成更加完整的认知。

如果缺乏提升，实践活动就会止步于“活动”层面，而丧失学科意义。教师应该做到学生会的不啰嗦、不重复，提升高度、扩展广度，让课堂更有深度。

3. 教学的实效是什么。我校教研组开展“提高学科教学实效性”的课题研究已有多年，不同年级根据自身特点进行研究。例如，学案的使用、课堂活动的开展、理例融合、有效运用多媒体，等等。之前，我围绕这些课题也做了一些尝试，但是经过这次实践活动后，开始反思什么才是教学的实效。

在实践活动之后，课余学生经常主动找我交流，不是问应该背什么，练习题怎么做，而是和我谈他们自己的感受、发现的问题、产生的困惑……我真切地感受到，学生开始发自内心地关注教学内容了，将学习的内容融进了自己的生活。

我反思为什么会有这样的变化？这堂实践活动课的目标源于教材，但是教学内容和设置的问题，都来自学生在实践活动中呈现出来的真实需要。学生在课堂上，自然而然就参与进来了，有可说的内容，有思考的基础，更有了探究的动力。

从学生的需求出发，从学生的实际出发，才能提升课堂的实效。让学生动手、动脑、动心，才能是一堂有实效的课。

4. 实践活动课与学校教学活动的关系。实践活动课能助力于课堂教学，但是学生走出课堂学习的机会毕竟是有限的，教师应该利用好有限的实践活动机会实现教学效益的最大化。如何更好地扩展、延续实践活动课所带来的教学效果呢？

(1)根据教学内容，规划整个学期的实践活动课。尽量做到一次实践活动的成果，能在不同的单元，从不同的角度使用，以提高实践活动成果的利用效率。

(2)实践活动之后，通过“总结汇报课”及时反馈。如果脱离课堂的锤炼和提升，实践活动设计再精彩，也会犹如昙花一现，活动的意义很难得到实现和巩固。

(3)思想品德、历史、语文等学科可“联合教学”，通过一次活动实现多个学科的教学目标。

(4)实践活动还可以与学校的德育、团委等部门合作，开展更多有意义的后续活动，巩固实践活动的效果，丰富校园文化。

附录：

开展“保护传统文化”志愿活动的倡议书

尊敬的故宫博物院工作人员：

我是北京市第一五九中学初二年级的学生。不久前，我参加了学校思想品德学科组织的“品游故宫”实践活动，在听了老师的讲解和实地参观后，我被祖国博大精深的传统文化深深震撼。在活动中，我也发现了一些问题。我认为，身为中学生，我们有义务参与到保护和弘扬中华传统文化的活动中去，针对我发现的问题，我倡议故宫博物院能开展“保护传统文化”的志愿活动。

具体志愿活动方案如下：

1. 在游览故宫的过程中，我们发现，部分游客在参观时总喜欢触摸文物。老师告诉我们：故宫里的很多物品都是历史文物，它们犹如百岁的“老人”，游人的每一次触碰都会让这些文物受到伤害。因此，我们想以志愿者的身份，守护在这些文物旁，对触摸文物的游客给予提示和劝阻，保护文物不受伤害。

2. 在参观过程中，随队老师就故宫的文化和历史给我们做了充分地讲解，可很多游客没有导游，一直跟随我们听老师的讲解。我觉得，每个中华儿女都应该了解我们的传统文化。为了让更多的游客进一步了解故宫的历史和中国传统文化，希望故宫的工作人员能够对我们进行一些故宫讲解知识的培训。这样，我们就可以利用自己的闲暇时间为游客做义务讲解，让更多的游客对故宫展现的传统文化有更加深刻地认识和了解。

3. 在参观结束后，同学们对传统文化的兴趣十分浓厚。许多同学看到礼品店里可爱的文化小商品，也想尝试自己动手设计。这段时间以来，我们年级掀起了“设计故宫创意产品”的热潮，经过大家的评选，产生了几个优秀的创意方案，希望贵单位能帮助我们完善这些创意方案。如果这些创意方案能够被采用，会激励更多的同学关注我国的传统文化，也更有利于传统文化的传承和弘扬。

我们是一副全力以赴的弓箭，希望为保护和弘扬传统文化贡献微薄之力。我们已经拉满弓弦，随时准备出发，还请贵单位能对活动方案中的不足之处，给予指正，请您，助我们一臂之力，圆我们的“文化之梦”！

此致

敬礼

北京市第一五九中学初二(3)班

闫俊成

2015 年 12 月 15 日

饮料对文物破损情况的调查及建议

游　越　北京市第一五九中学初二(2)班

2015年10月26日，学校组织初二年级的同学进行政治学科实践活动，这次学科实践活动的地点就是故宫博物院。这是我第一次来到故宫博物院，一天的游览让我感受到了故宫博物院的历史文化气息，但是我也发现了一些问题。

在故宫博物院一天的游览过程中，随处可见拿着各式各样、不同品牌饮料的游人。由于游览时间长，许多游客会带一些饮料；故宫博物院内也有很多售卖饮料(包括碳酸饮料)的地方，这种现象引起了我的注意。我觉得很多饮料是带有腐蚀性的，尤其是碳酸饮料。这些饮料的塑料外包装，也会破坏环境。

故宫博物院内有众多文物，甚至地面上铺设的每一块石板砖都有上百年的历史，他们是人类的历史遗存。万一游人饮用饮料时不小心溅洒到文物表面，或者有人随手乱扔塑料瓶，是否会对故宫博物院的文物、建筑物造成损害呢?

游人携带的饮品，一般是矿泉水、纯净水、果汁饮料和碳酸饮料这几种。饮料的基本化学成分都是水、碳水化合物，有些软饮料还含维生素和矿物质。所以饮料中都会含有一定程度的酸性物质，都具有一定的腐蚀性。矿泉水等白水型饮料腐蚀性很小，可乐等碳酸饮料的腐蚀性则较大。我在故宫博物院中见到游人所携带的饮料各式各样，这些饮料，尤其是碳酸型饮料出现在故宫博物院内，是不利于文物保护的。

为了深入了解这个问题，我做了一些调查和实验，具体情况如下：

一、实地调查

(一)本次调查主要针对以下三个问题

1. 故宫博物院内的饮料售卖点都出售什么类型的饮料?
2. 故宫博物院是否对游客携带饮料进入故宫有限制?
3. 故宫博物院周边是否有售卖饮料的地方?

(二)经过实地调查发现

1. 故宫博物院内有多处售卖饮料的地方，一般都是以小商店售卖的方式。

售卖的饮料各式各样，有果汁类饮料，也有碳酸类饮料等，囊括了市面上大部分饮料的品种。此外，还有专门售卖咖啡和热饮的地方。

2. 经本人实际体验发现，故宫博物院对游客携带饮料进入故宫并没有限制，而且很多文物在没有相应保护措施的情况下，就允许游客携带饮料进行参观。

3. 故宫博物院周边也有很多小商贩售卖饮料，稍远一些的地方还有各种烟酒超市，售卖的饮料品种繁多，几乎囊括了市面上的各种饮料。我所观察的具体情形是，故宫博物院并没有对周边或入口处的商贩进行管理，也没有做任何提示宣传牌，提醒游客参观时不宜携带饮料进入。从我实际体验的结果可以看出，在外面购买饮料携带进入故宫是不受任何限制和提示的。

二、相关实验

（一）实验目的

求证饮料对建筑材料是否具有损坏作用。

（二）实验准备

1. 实验仪器：托盘天平、镊子、量杯。

2. 实验材料：木块、铜片、石材（这三种是常见的建筑材料。由于石材种类繁多，不同种类的石材与碳酸饮料的反应差异较大，所以实验的选材可能会影响实验的结果）。

（三）实验过程

步骤 1：将矿泉水分别倒入放有 7 克铜片、5 克木块和 16 克石块的烧杯中；

步骤 2：将可口可乐分别倒入放有 7 克铜片、5 克木块和 16 克石块的烧杯中。

实验材料在烧杯中浸泡 120 个小时。

（四）实验结果

1. 在矿泉水里浸泡的三种物质在外观上均没有明显变化，质量也都没有变化。

2. 在可口可乐里浸泡 120 小时后的三种材料：

（1）铜片外观边缘有一些凹凸不平的痕迹，质量由原来的 7 克减少为 6 克，减少了原来质量的 14%。

（2）木块的外观有非常明显的变化，整个木块有多处下陷痕迹，质量由原来的 5 克变成了 4 克，减少了原来质量的 20%。

(3)石块外观没有变化，质量也没有变化。

(五)实验结论

通过本次实验我了解到：矿泉水对建筑材料的影响和破坏性较小；碳酸饮料对绝大部分建筑材料都会产生一定的影响和破坏，所以我认为应该禁止携带碳酸饮料进入故宫博物院。

根据我的实地调查和所做的实验结果，我有以下建议：

1. 故宫博物院应该向游客提出相关要求：

(1)明确禁止游客携带碳酸饮料进入故宫博物院。

(2)撤销故宫博物院内售卖饮料的地方，增设一些直饮水或者矿泉水自动售卖机。

2. 增设一些警示标语提醒游客不要携带碳酸饮料进入故宫博物院。

3. 设立饮料瓶回收机，便于游客处理饮料瓶，提高环保意识。

4. 在适当位置开设少量“水吧”，满足游客对其他饮品的需求，但是提示游客不能将饮品带出“水吧”。

以上是我针对“饮料对文物破损情况的调查及建议”，希望对于保护故宫博物院的文物能够有所帮助，有不当之处还请老师和同学们给予指正。

世界那么大，一同去探看

曾　阳　北京市西城区教育研修学院

近年来，越来越多的中学生走出校门，进入博物馆、科技馆、寺观、名人故居或历史文化保护区，甚至是游学于名城名镇名村。他们在“社会大课堂”中学习，在行走和观看中增长见识，在体验和感悟中追寻意义……外出参观学习是社会实践活动的重要形式之一。开展参观教学活动并提高其有效性，是当前教师们普遍关心的问题。

一、从“探看世界”到“触碰心灵”的参观活动

北京市第一五九中学组织的“品游故宫，鉴赏文化”参观活动，是当前中学社会实践教学的一个典型样本，从中我们可以感受到教师积极迎接教育改革、转变教学方式的热情。

感受故宫文化遗存的分量

一五九中刘丽娜老师说，有句流行语“世界那么大，我想去看看”，这句话一直触动着她。虽然在 2015 年，八年级的课程设置中还没有社会实践学时，但她特别想带着学生们走出校园，进入更广阔的世界。故宫博物院收藏

和凝聚了经典的中国传统文化，地理位置离学校又不远，所以，就把故宫确定为参观的第一站。

正如刘老师一样，不少教师都想与学生一起从传统的课堂教学中“破壁而出”，踏入社会大课堂，释放生命活力，追求人的全面发展。教师是学校教学的主体，教师的教学改进是学校教育进步的基础。很多情况下，教师改进教学不是因为上级的指令，而是因为教师尊重学生，希望通过拓宽学生的视野，为学生成长提供更好的条件。

这次一五九中的故宫参观活动，虽然是刘老师等学科教师在社会实践教学方面的初步尝试，但是我们仍会被教育者的责任意识、探索精神，以及在学生身上收获的成果所打动。总结他们的做法有以下三个特点，顺便也说说一些相关的问题。

(一)目标明确

教学设计意图清楚，三维教学目标全面。教师要像设计日常课堂教学一样去设计参观教学活动，设定全面、明确的教学目标，这是增强参观活动有效性，甚至是往课程化方向发展的一项要求。一五九中的教学设计不是抽象地罗列教学目标，而是针对故宫参观学习的具体策划。教学实施方面也是通过大量细致的准备工作及组织管理，使教学效果得以保证，从而避免了学校组织参观活动容易出现的“走马观花”。

随着今后学科社会实践教学的广泛开展，教师们可能更专注于教学技术的掌握和使用。前瞻未来，一方面，要看到只有懂得有效利用教学技术，才能使教师头脑中的素质教育变成现实；另一方面，我们也应告诫自己，不要因迷恋技术手段而忽视甚至是偏离育人目的，要始终不忘开展社会实践教学的“初心”。

(二)组织有序

整个教学过程分为三个阶段，教学活动的有序性强，而且有创意。在参观的行前阶段，由于组织了讲座，制作了读本和学案，教师和学生都能有备而去。在行中阶段，学校配备了随班教师加强管理；学生在博物馆认真聆听讲解，仔细观看展览，求知若渴，知礼有序。在行后阶段，学生不仅总结交流，还能发现和探究新的问题；参观活动有延伸，学生可根据自己的兴趣，选择参加文化创意产品设计和展示、公益活动策划、为故宫公众号撰文等活动，这些项目趣味性、互动性和操作性强，能激发学生的热情、锻炼学生的能力；最后，教师倡议同学们做中华优秀传统文化的继承者、保护者和传播者，德育功能又有进一步的提升。

聆听随班教师介绍

教学流程是教师特别关心的一个问题。一五九中的做法给我们的提示是，参观教学活动不等于现场参观，它可以包括行前的学习准备、行中的现场参观、行后的活动跟进和总结评价三个阶段，甚至是设计出更为复杂的教学流程。在每个环节，教师还要合理安排多种教学要素。如行前就有讲座、读本和学案三个教学要素，讲座能使学生对故宫有一个先期认识，读本能方便查询故宫信息并提供个性展示的空间，学案能指导参观活动和成果总结等，这三个要素之间形成互补关系。

（三）激活创造

利用中国经典文化的感染力量，激活学生的求知精神、思维创造力和社会责任感。“故宫文化，从一定意义上说是经典文化。”“故宫文化不是局部的，也不是地方性的，属于中国传统文化中最耀眼的部分，但是它又和民间的文化传统有着千丝万缕的关系。”故宫参观活动对学生而言，没有增加他们的课业负担，而是提供了发展契机。借助于故宫博物院丰厚的教育资源，学生可以发现、鉴赏和考究课堂以外那些自己未闻的精彩。刘老师总结说：“在这次实践活动后，课下学生经常围过来和我交流，不是问应该背什么，练习题怎么做，而是和我说他们自己的感受、发现的问题、产生的困惑……没有一个确切的主题，却都是围绕着课堂的教学内容。我真切地感受到学生们发自内心地关注教学内容，将学习的内容融进了自己的生活。”

故宫参观不仅是“行”与“看”，学生们还超越直观感受，从文化层面进行思考讨论和传播观念。有的学生提出故宫里是否可以存在星巴克咖啡店，探究“历史文化保护中的中西文化冲突”；有的学生透过时尚炫酷、穿越感十足的故宫文化创意产品，揭示传统文化现代性转化及文化传播的问题；还有的

小组之间的交流分享

学生提醒游客“故宫里的铜缸、墙壁等不能随意触摸”，宣传参观游览的文明礼仪规范……总之，参观教学活动对学生的影响，应该是内容多样化的，有思想内涵的，能触碰心灵的。

二、“带着思想”的社会实践与“感性和柔韧”的德育

除了参观博物馆，走访调研也是校外参观活动的一种具体形式。北京市第八中学徐广业老师指导高一学生到北京市西城区牛街派出所参观访谈。牛街派出所被国务院授予“人民满意的派出所”荣誉称号。负责接待任务的社区民警沈琦被誉为“群众亲闺女”，是派出所的杰出民警代表之一。同学们在与沈警官的交谈中，了解了民警配枪执勤、开锁便民服务、解决纠纷等日常工作，“百闻不如一见”是学生走出校园以后的深刻体会。

沈警官介绍派出所基本情况

参观当天，恰逢沈警官生日。当同学们端上事先准备好的蛋糕时，细心

的訾姝瑶同学察觉到了沈警官泛红的眼眶，虽说她未必能真正猜出沈警官的内心想法，但是却看到了铁血警官柔情的一面。后来她在感想中写道，或许沈警官他们真的是太忙了，忙于调解邻里纠纷，忙于维护社会治安，忙于种种社会之事，熟记种种自己需要尽到的职责，却偏偏忘记了自己的事情，这是一种无私的付出，也是我非常敬重他们的原因之一。对于警察这一群体，我有很多美好的遐想，所以有的时候，当新闻报道，有的警察违背职责，我会很失望，也会想是什么使他们改变了初心，走上一条不归路？

正如学生所总结的，牛街派出所走访，虽然只是简单地参观，简单地讲解，但是，细细思考以后，想到的却不止看到的那样。教师一定要指导学生带着思想去社会实践。没有思想，社会实践只能是活动；有思想，社会实践才可能成为教育。

沈警官带领学生参观管辖片区

接触真实的社会生活及社会生活中的真实人物，比读书得来的感觉更具体、生动和鲜活，也比成人说教的影响力大得多。情感的交往，使德育变得感性和柔韧。榜样不是抽象的，当人与人面对面交往时，如学生祝贺沈警官生日的情感传递、沈警官不自觉回应的表情细节，会变化为触发学生思考的引擎。杰出民警代表是学生仿效的对象，也是促进学生进一步探究社会问题、人生问题的教育者。

三、用旅行致敬青春，走向社会教育的“大千世界”

“毕业，是人生中的一个节点。毕业旅行，好似这个节点上的一场仪式。且行且纪念，走陌生的路，入陌生的城，遇见陌生的人和事。在旅途中与同学们一同追忆走过的青春，在旅途中寻找人生的意义，在旅途中发现新的自我。”这是鲁迅中学毕业旅行通知书中的开篇语。在 2016 年高考刚结束、分数又没有出来的时候，鲁迅中学的樊琨老师等带领部分学生赴上海、绍兴和苏州，开启了一段有异于平日休闲旅游的“毕业之旅”，路线设计以工业旅游为主，此外还参观了鲁迅故居、金融中心、城市规划馆、博物馆和高校院所等地。

俯瞰宝钢生产线

工业旅游的路线，包括国有的宝钢集团有限公司、合资的上汽大众汽车有限公司、民营的苏州市第一丝厂有限公司等三家不同所有制形式、不同行业部门的企业。同学们通过参观和比较，可以直观地感受课堂上学过的内容：当在上海宝钢看到700米长的生产线，在几分钟内把粗重的钢锭“变成”薄薄的钢板，一气呵成，他们才体会到什么叫生产现代化；当在上海大众拼装厂区看到一台车出厂需要若干精密仪器检验、若干小时的出厂测定，才知晓了企业保证产品质量的严苛；当在苏州第一丝厂看到工人们手工将丝线头从茧中剥离出来，才见识了“抽丝剥茧”的高超技能。

观察吃桑叶的柞蚕

讨论缫丝工艺

在不断印证已知的同时，同学们还提出新的问题：钢企的海量钢材如何销售？中国人是如何利用世界科技成果的？企业自主创新与技术引进的平衡点在哪里？民营经济的发展前景是什么？苏绣文化的艰苦传承与开拓创新在现实中是怎样的关系……

旅行，就像是流动的课堂，学生们陶醉于变幻的风景，体验着震惊、喜悦、自豪或忧虑，他们心中的责任感被一次又一次地唤起，每个人都能感受到在中华复兴的道路上自己肩负的使命。樊琨老师以“毕业季，用旅行致敬青春”来总结这次旅行。鲁迅中学抓住高中生毕业的特殊节点，通过游学形式，借助地理意义上的旅行，实现学生人生成长意义上的迈进。同学们在行万里路的途中，纪念过往的青春岁月，接受传统文明与现代文明的滋养，畅想未来生活的愿景，这种特别的德育设计，会在学生终生学习的档案中留下难忘的一页。

鲁迅中学的毕业旅行提示我们，参观教学活动的空间范围并不局限于本土的博物馆等，我们可以从本土的“馆舍天地”走向“大千世界”，接受更广泛的社会教育。改变孩子并促其进步是教育者的职业使命。游学的价值不只是忘情于山水，更在于学生游历后的广见闻、增智慧，以及今后为社会发展服务而做出的努力。

四、提高外出参观教学有效性的几点建议

一五九中、八中和鲁迅中学的案例能给我们许多启示。进一步提高参观教学活动的有效性，还有以下一些值得思考的问题：

(一)教师对参观活动的场所、对象和相关文化等要素的理解

教师的文化修养是影响参观教学活动效果的重要因素。仅举一例，说说教师带学生进入展览馆参观之前可以做点什么。

去博物馆参观，也许我们都是急着进馆看展品，但到了有的博物馆，教师应提醒学生在进馆之前放慢脚步，或是站定在远处，认真观察博物馆建筑的细节。20 世纪，国际上有这样一种博物馆建筑设计思想，认为博物馆应该是承载历史文化的“容器”，博物馆建筑本身就是博物馆里最大的展品。因此，当师生走进这样的博物馆之前，应远远地欣赏博物馆建筑的细节，发现其中蕴藏的信息，感受人类精神的光芒，这就像进博物馆的展厅，应该先阅读“前言”一样。

侵华日军南京大屠杀遇难同胞纪念馆的外部

到 21 世纪，展览馆建筑设计思想又推陈出新，如有观点认为，可以通过展览馆周边的环境营造氛围，使参观者的情感在进馆的途中受到感染，像侵

华日军南京大屠杀遇难同胞纪念馆就有这样的特点。教师带着学生往纪念馆门口走，巨大的建筑墙体和群雕能让参观者感受到纪念性墓地的气氛。建筑是直观的，但建筑可以用环境、氛围来隐喻。纪念馆“生与死”的设计主题，是值得教师指导学生发现并反思的，对“生与死”的理解是开展和平教育的基石。

以上是教师对参观场所的理解，此外，教师对参观对象和相关文化(如博物馆文化)等要素的理解，也是有重要意义的。与传统的课堂教学相比，由于社会实践活动的涉及面特别广泛，需要教师爱好多样、见识宽广、具备较高的人文、科学、艺术和体育等修养。与之相应地，教师自主学习和参加各种培训的需求必然日益增强。

(二)形成学校教育与社会教育的合力

不少教师认为，开展参观教学活动就是博物馆等社会机构提供展览，学校提供教育。殊不知，在国际通行的做法中，博物馆等社会机构的一项重要功能是社会教育，他们也是致力于通过教育为社会发展服务的。这就提出了一个问题，如何把学校教育与社会教育对接和整合，形成二者的合力。

目前，许多博物馆等社会机构都有扩大社会教育的责任感和较强意愿。学校可以向社会机构咨询，了解他们开展社会教育的资质、渠道和经验，建立教育合作关系，使用现成的或新定制个性化的教育课程、教材教参、学案学具、多媒体课件、APP 应用软件等产品。

学校与社会机构的教育合作既可以是某项具体活动，也可以是形成专题课程的系列课程。“中华传统文化养成教育”全学科综合实践课程、“巧刻乾隆印，玩转橡皮章”选修趣味课程等，就是国家博物馆或故宫博物院携手一些中学开发而成的。社会实践“活动化”向着“课程化”推进，可以规范教学行为，稳定教学内容，提升教学品质。

(三)为参观教学活动确定主题及任务

刚开始搞外出参观活动的时候，教师们常困惑于博物馆等单位的资源太过丰富，学生难以在有限的时间里把全部展陈看完。假若是把学生漫无目的地“撒”出去，确实会使学生迷失。对于那些空间广阔、展陈繁多的大型博物馆或其他场所，参观可以有计划、有步骤地进行。比如去故宫博物院，学生可以第一次走中轴线，先进行总体性的、框架性的了解，以后再走其他地方，每走一条线路，都应有特定的参观主题，使学生的研究聚焦，减少活动的盲目性和随意性。参观教学活动的主题应该是系列化的，可以按照展陈内容或中学各学科知识来进行设计。

参观教学活动还应该是任务驱动型的。去博物馆完成哪些学习目标、解决哪些实际问题是需要学生结合自己的兴趣和研究单独确定，或由小组集体讨论确定的，教师可以提供给学生一些辅助性的学习资源，但是不能包办代替。主题任务的设定、研究方向的选择、参观路线的安排、学习成果的总结，都应以学生为中心，使他们保持积极的学习状态，主动建构自己的知识经验，培养操作技能和实践能力，使参观活动成为学生自主的学习过程。

（四）参观教学活动应较多采用“互动—对话”模式

参观教学活动不仅仅是个人行为，更是一种社会活动。学生需要与同伴、博物馆等社会机构的工作人员、随班教师等进行接触，参观过程中的交流磋商，既能满足个体的社会交往需要，也能加深他们对参观内容的理解，实现知识和思想的共享。建立学生与同伴的合作关系一般是采取小组合作学习形式，而作为承担组织职责的任课教师，还应了解和协调学生与博物馆等社会机构工作人员、其他随班教师的关系，这一点比通常情况下指导学生进行小组合作学习更为复杂。

博物馆等社会机构的讲解人员、随班教师如果能与学生保持互动，并较多地利用对话的方式进行交流，即“互动—对话”模式，会收到较好的教育效果。

由于讲解时间或讲解经验有限，博物馆等社会机构的讲解人员可能只是向参观者单向地传递信息。而有经验的讲解者会向参观者提出问题，激发参观者的求知欲和想象力，甚至是与参观者进行思想碰撞。还有的讲解专家由于对某些领域有较深的专业研究，讲解就不只是生动有趣，还有亲历者的切

一五九中随班教师正与学生愉快交流

身感受和揭示事物本质的思想透彻，他们懂得与学生探讨什么样的问题，利用什么样的教具学具，如何开启学生的思维。虽然不是所有博物馆讲解人员都能达到专家的水平，但教师可以与博物馆负责社会教育的工作人员长期合作，不断磨合，帮助博物馆等社会机构的讲解人员理解教育规律，实现学校教育与社会教育的相互促进。

随班教师有与学生较多的交流机会，教师应重视在参观过程中采取协商对话的方式，而不是居高临下地进行知识灌输。教师应鼓励学生寻找兴趣点，提出开放性问题，鼓励他们大胆探究，而不是直接给出结论性、权威性的观点。教师应有意识地与学生进行“互动—对话”，及时了解学生的需求、想法、进展、困难，适时适度地发挥指导者和促进者的作用，通过对话推动活动的顺利开展和深入进行。

第八篇　经典阅读

氤氲书香

韩月华　徐燕　李文燕　北京师范大学第二附属中学

“当你真的读出些东西——那些在电光火石间擦过你心脏的东西，会有一种冲动：或是想将用晦涩文字写就的经济学关系画为简洁的图表，或是想用很久以前读到的什么故事佐证这一条理论，或是想当面问问作者到底怎么想到这样一个奇妙的角度，或是想把这金句好好地抄在自己笔记上熟读成诵。”

（摘自学生的读书笔记）

为新入学的学生开立阅读书单，组织阅读活动，已经有了好几年，一路走来感慨颇多，对于师生都是一个成长的过程。

在学校的人文实验班开展阅读活动，最初是考虑到高考对学生的知识和能力等方面的要求，想在高中思想政治学科的教学中引导学生增强课外阅读，培养良好的阅读习惯和阅读能力，激发学生对经济、政治和哲学等专业书籍的兴趣，以利于学生更好地学习和理解经济学、政治学、哲学等学科知识。正好学校提出要建设“书香班级、书香校园”，用书香来丰富学生的人文情怀，这一阅读活动的设想与学校人文教育的目标相契合。由此，在人文实验班开始了有组织的、持续的阅读活动。

一、关于阅读，我们做了这些

（一）确定阅读书目

有的书好玩，学生感兴趣；有的书很深刻，对学生的进一步发展有价值。可读的要读的书有很多，从哪儿开始？怎么做规划？

从配合教学的角度，考虑高中文科试验班学生的认知特点，我们每个人写了一个初步的书单，大家一起交流，同时又征求毕业生的意见，形成了一个按模块划分的书单，包括经济类、政治类、哲学类和文化类，在使用过程中逐步完善。

同一类别中的不同书籍风格差异较大，学生缺乏相应的背景知识，难以选择，仅有内容分类是不够的。由此，在分类的基础上，我们把阅读分为一般性阅读和学术性阅读两个方面。强调用一般性阅读(理解力)来拓展知识，利于理解理论知识，提高应用能力；用学术性阅读(思辨力)来深化知识，寻找观点的内在联系构建学科知识体系。二者是相互补充，相互促进，尝试追求阅读的广泛性、层次性。

人文实验班的阅读书目

模块	层级	书目	意图
经济	一般性阅读	《激荡三十年》吴晓波著 《经济学的故事》黄友生著 《牛奶可乐经济学》罗伯特·弗兰克著	通过纷繁复杂的经济现象理解经济学理论和观点，了解经济学的由来和发展
	学术性阅读	《经济学是什么》梁小民著 《经济学原理》曼昆著	明确经济学理论的总体构架；认识经济现象及其变化规律
政治	一般性阅读	《中国历代政治得失》钱穆著 《如何做大国：世界秩序与中国角色》吴建民著 《民主的细节》刘瑜著	从历史脉络入手，理性看待政治现象，了解民主的意义
	学术性阅读	《政治学十五讲》燕继荣著 《当代中国政治制度》浦兴祖著	通过中西方对比，明确政治学的研究对象和研究体系，了解我国的政治制度
文化	一般性阅读	《中国建筑史》梁思成著 《文明大趋势：中华文明及其命运》苏三著 《文化苦旅》(新版)余秋雨著	了解文化的多样性及其作用，用历史的眼光观察文化(文明)的形成
	学术性阅读	《中国文化概论》张岱年著 《中华传统文化精要》任继愈著	理解中华文化的内容、特点和发展趋势，培养文化自觉和文化自信

续表

模块	层级	书目	意图
哲学	一般性阅读	《苏菲的世界》乔斯坦·贾德著 《哲学与人生》傅佩荣著 《哲学的故事》威尔·杜兰特著	理解生活与哲学的关系，感受无处不在的哲学思考
	学术性阅读	《马克思主义哲学原理》陈先达编著 《中国哲学简史》冯友兰著 《十五堂哲学课》周桂钿著	全面正确地理解马克思主义哲学观点；对比研究中西方哲学研究的不同

另外我们还编写了校本教材供学生阅读，比如《市场经济知识拓展》《感悟中国古代哲学的智慧》等。

（二）活动的开展

1．专家讲座

开学伊始，组织专家讲座，教师布置阅读任务和要求，就如何写读书笔记做指导。我们邀请校友北京师范大学汉语言文学博士孟琢老师主讲“与高一新生谈读书”，他结合自己在二附中文科实验班的读书经历谈到读书的方法、读书对自己的影响以及读书的乐趣，孟老师回忆自己的读书经历“阅读使我们的心灵开悟，获得一种油然而生的解脱蒙昧的快乐，但到达心灵的觉醒还不是终点，唯有将所学知识在行动中付诸实践才让所学之物诉诸于实际与日常生活，更加收获深层次的喜悦之感。”对学生有很大的影响和启发。

我们将书单公布给学生，书单既考虑全体学生都需要了解的经典作品，给出了必读书目，也赋予学生依据个人兴趣和需要选择的空间，列出了一定量的选读书目，并制订了详细的阅读计划，还明确了学生撰写读书笔记的要求，让学生对一个学期的阅读有一个整体认识和规划。学生的读书笔记，会定期上交，老师加以点评和指导，优秀的读书笔记在班级同学间分享学习。

2．课内课外相结合

多数人的阅读是难以超脱功利性的，因此在教学中我们注意了课内和课外的关系，让课外阅读和学科课堂教学有机结合。如在讲授《经济生活》“多彩的货币”一课，要求学生课前阅读《经济学是什么》中关于货币和通货膨胀的相关内容。在授课过程中，把货币的产生发展（课本知识）和现代经济学中对货币的划分（课外知识）结合起来；把纸币发行量和通货膨胀的关系（课本知识）与通货膨胀形成的四种原因（课外知识）结合起来。授课内容多、进度快，需要学生极强的理解力，如果不提前看书、思考、存疑是不可能理解老师所讲内容。在课堂上教师一边观察学生的反应，一边通过师生互动相互提问推进教学进程，检测学生是否真的理解所读内容。通过教学实践，我们发现这种方式还能帮助学生理解课外阅读中遇到的问题，激发他们阅读的主动性和积极性，扩大了课堂内容的容量，提高了学生的学习效率。

3. 综合多种阅读方式

将个人阅读、小组阅读与课堂交流相结合。在教师的指导下，学生有目的有针对性的阅读相关书目，做读书笔记或者写批注，在课上可与老师互动，在课下与老师交流。为了加强阅读指导和提高学生的阅读效率，我校从高二开始每周一下午第八节设为阅读课，教师针对指定书目，指定章节、布置问题。如在《文化与生活》模块学习中，根据教材进度要求学生阅读《中国文化概论》中对应的章节，从每章节中挑出有价值有启发的问题要求学生阅读后回答，写到指定的读书笔记上，老师批改反馈。学生反映这种带着问题阅读，可以提高阅读的针对性，有效地解决了阅读后不知道读了什么的问题。

小组阅读主要针对指定书目有难度的章节展开，学生分组负责不同章节，课下查阅资料、咨询老师并充分讨论，形成本组对这一章节的认识。之后，在课上汇报各组对本章节难点和重点的理解，并提出本组同学的观点和感受，课上也要回答同学提出的关于本章节的各种问题，帮助同学理解和答疑解惑的作用，以此来深化相关问题的认识，提高阅读的质量和阅读效率。例如，在阅读《中国哲学简史》的过程中，教师发现学生对新道家、禅宗理解困难后，就组织了国学较为扎实的几位同学专门研究和讲解这两章内容，把阅读中的理解和困惑与大家一起分享，收到了意想不到的效果。

我们还利用两周一次学校开设的“文综课”，采用灵活多样的阅读方式。学生按读书进度进行阅读交流，通过读书会、辩论赛、读书笔记展示等形式进行，教师实时点评。例如，2014 年给高一学生布置了“北京地铁票价涨不涨”为主题的辩论赛，指定了一本经济学书籍阅读，但在辩论场上，我们却发现学生把西方经济学家关于价格的认识都梳理了一遍，充分展示了学生综合阅读的成果。

4. 发挥自主研修的作用

文科实验班是我校基于培养高素质复合型的文科储备人才而创设的特色班级，“自主研修”是我校文科实验班特有的活动之一，整个过程都需要广泛而专业的阅读。自主研修的过程分为开题、研究、结题三个阶段。“开题”阶段学生要广泛涉猎阅读大量书籍和学术论文，寻找自己的兴趣和创新点；“研究”阶段要阅读针对某一问题的专业性书籍和论文，建构自己对问题的分析和解决框架；“结题”阶段要把自己在阅读文献和独立思考过程中的观点用学术论文的形式呈现出来。“自主研究”的方式，决定了阅读的深入性、专业性、学术性。学生围绕一个问题深入研究，针对研究任务，阅读的范围不仅包括相关书籍，还涉及报刊杂志学术论文，促使学生的阅读更加专业化、学术化，培养学生的学科素养和学术研究能力。我校 2016 届学生肖明矣确定的自主研修题目是“庄子的人生哲学以及时代意义”，北京大学哲学系孙熙国教授是她的指导教师，这使得她的研究获得了专家的指导，具有一定的学术水准。在研究过程中她认真阅读了庄子的哲学著作和前人研究的文献资料，与孙熙国教授进行了深入的交流，深化了她对人生哲学的思考。2015 年 4 月 12 日在北京一零一中学举办的“翱翔计划”论文答辩中她的论文得到了与会专家的一致好评，也因此获得了北京大学自主招生的优先资格。肖明矣同学现就读于北京大学哲学系。

5. 阅读笔记

及时检查学生的读书笔记。通过阅读笔记，反思总结提升阅读的效果。例如，在《经济生活》模块的教学中，为了让学生掌握较为完善的理论体系，要求学生阅读梁小民先生写的经济学入门书籍《经济学是什么》，这本书涉及了最基本的经济学概念，如：有效需求和有效供给、价格、资源、边际效益、边际成本、经济效益、通货膨胀等，要求学生独立阅读，完成读书笔记，自己梳理经济学的知识结构，掌握并理解其运作原理，从而对经济活动做出理性的选择和判断。学生的读书笔记可以写成摘抄、纲要、批注和心得等形式，但读完一章的内容后必须有知识提纲，鼓励学生运用思维导图的方式列出知识纲要。

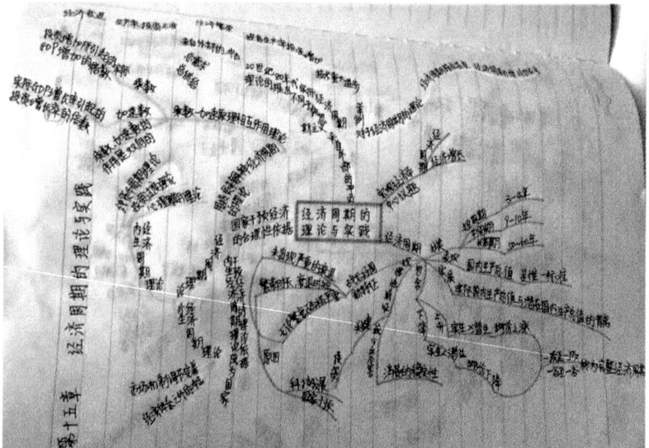

思维导图

二、我们收获了什么

最初的想法是简单而直接的，希望通过阅读激发学生兴趣，适应考试评价的能力要求。实施了一段时间后再看，阅读给我们带来的远不止这些。

（一）对教与学的影响

1. 教师的教学方式

首先，当课外阅读与课内教学有机结合时，对教师的课前准备提出了更高的要求，教师不再是仅仅围绕着教材的内容展开备课，而是需要更加专业和系统的视角。教师的教学不仅仅是课堂的事情，而变成了专业成长的一部分。

其次，通过读书笔记的沟通与交流，教师可以了解到更多更具体的个性化问题。因此教师的教学不再局限于面向全体的泛泛而教。在课堂之外开辟了一条个性化指导的道路。

2. 学生的学习方式

首先，学生的学习过程不再是简单的听讲、复习、练习这样的环节，多了一个辅助以上环节的拓展理解环节，增强了学习过程的研究色彩。

其次，正是基于以上的改变，学生的学习就不仅仅是为了考试而进行的了，而是变成了针对问题的综合探究（老师的讲、同学的说、自己的思、阅读中的疑、针对性的答），学习就变成了真学习。

再次，课外阅读的增加，会帮助学生在学习中了解一个学科的整体构架，会给学生更丰富更全面的学科学习体验，某些孩子会在这样的阅读中发现自己的兴趣甚至确定未来的职业和研究方向。学科学习具有了人生规划的意义。

（二）学生的感受和收获

通过指导阅读，每位学生在高中阶段都能够认真读到六本以上的专业书籍，再加上同伴之间的相互交流，同学们的收获良多。

·高一刚来二附中时，愣是被老师长长的书单吓着了。抓紧时间，倒是轻松完成了每月的“配额”，慢慢的，一周周做着读书笔记作业，我渐渐懂得那些大部头的娇贵——非要你心正神定坐在桌前花它个把小时才能读出些什么。当你真的读出些东西——那些在电光火石间擦过你心脏的东西，无论是《经济学是什么》还是《哲学与人生》，你总会有一种冲动：或是想将用晦涩文字写就的经济学关系画为简洁的图表，或是想用很久以前读到的什么故事佐证这一条理论，或是想当面问问作者到底怎么想到这样一个奇妙的角度，或是想把这金句好好地抄在自己笔记上熟读成诵……一年来，我读懂了这么一句话：读，可能会豁然开朗；不读，只愿意死记硬背。

·《苏菲的世界》是一本哲学普及书。它从哲学的起源开始，以西哲的发展史为脉络，以苏菲日益渐重的好奇心为线索，从古希腊讲到了近代。这本书帮助我第一次比较系统地了解了西方的哲学史，并对康德、休谟等人的学说产生了浓厚的兴趣。

·我很喜欢《政治学十五讲》的编写方式，注释很全面，很有版权意识地将参考资料都列出来，还有课后思考题。并且在这个最不容易客观的学科做到了较为客观，让政治学成为一门学问。

·《经济学十五讲》可以让人系统地思考有关经济学的问题。这本书分15讲，针对货币、价格、通货膨胀等现象一一作了说明，我分别作了导图。读完这本书后，我又根据老师推荐的书目读了《经济学原理·微观经济学》。这本书给我的最大感受就是内容翔实、解释充分，而且数据多以图表的方式呈现，又会举很多相关的例子，因此理解起来相对比较容易。这两本书帮助我建立了一个简单的经济学架构，可以让我比较有逻辑地思考经济学问题，同时也激发了我的兴趣。

三、对阅读活动的反思

（一）阅读习惯的养成需要指导

高中阶段更加重视学生的思维能力和个性的培养，需要学生养成自主学习的习惯。这个过程需要不断地引导，要让学生懂得阅读的意义是什么，如何利用时间阅读，应该读什么样的书，应该怎样写读书笔记，怎样开读书会，如何学习辩论，如何学些学术论文等等。目前我们主要通过新老生夏令营、专家讲座、读书会、辩论赛、师生日常交流等活动来发挥教师的引领作用。

（二）关注阅读结构，激发学生内生动力

如果问学生读过什么书？大多会答有情节的小说，读过社会科学类书籍的学生很少，最多也就是读过历史类书籍。那么从高中开始，最初阅读经济、文化、哲学类的书籍时，学生可能会不适应这类书籍，会觉着枯燥、读不懂而难以坚持读下去。所以我们在制定书目时要由易到难，从一般性阅读到学术性阅读，从激发学生兴趣入手，帮助学生解读难点，共同探讨阅读内容，引导学生深入思考，体验成就。要有步骤地调整学生的阅读结构，把学术性阅读作为学生的内在追求。

（三）检测要到位，反馈要及时

习惯的养成还需要检测到位，尤其是习惯养成初期，需要老师不断用外力矫正习惯。如果让学生写了读书笔记却不去批改也不能提出有效的建议，长此以往学生势必难以坚持写读书笔记。所以，在反馈方面要及时准确，与学生共勉。同时，也建议教师阅读与学生阅读同步。因为只有这样，才能预见学生在阅读中会遇到的问题并及时解决。

阅读指导是个连贯性的活动，应遵循学生的认知规律，做到循序渐进。不能认为把书目给了学生后至于怎么读就是学生自己的事了。所以，教师应有常态化的跟踪指导和与学生的交流讨论，对专业书籍的难点解读也是必要的。

阅读作为一种学习方式、生活方式贯穿于学生的一生，所以，学校对学生的阅读指导要有连贯性、终身性的思维。教师并不是把书目给学生后就万事大吉了，而是要有一双发现的眼睛，积极发现日常教学的活动和细节中需要阅读、利用阅读、发展阅读的地方，并用阅读滋养学生的心灵、开启学生的视界，甚至形成人生信仰，发挥好书作为高中学生人生阶梯的重要作用。

附录：北师大二附中的推荐书目(每年略有调整)

1. 梁小民著：《经济学是什么》，北京大学出版社，2001 年版。

2. [美]格里高利·曼昆著：《经济学原理(第 5 版)》，北京大学出版社，2009 年版。

3. [美]罗伯特·弗兰克著：《牛奶可乐经济学》，中国人民大学出版社，2008 年版。

4. 吴晓波著：《激荡三十年》，中信出版社，2006 年版。

5. 黄友生编著：《经济学的故事》，中国书籍出版社，2005 年版。

6. 曹永管著：《趣味经济学》，电子工业出版社，2011 年版。

7. 朱树健编著：《我的第一本漫画金融书》，人民邮电出版社，2013 年版。

8. 郭凯著：《王二的经济学故事》，浙江人民出版社，2012 年版。

9. 王福重著：《写给中国人的经济学》，机械工业出版社，2010 年版。

10. 燕继荣著：《政治学十五讲》，北京大学出版社，2004 年版。

11. 浦兴祖著：《当代中国政治制度》，复旦大学出版社，2006 年版。

12. 吴建民著：《如何做大国：世界秩序与中国角色》，中信出版社，2016 年版。

13. 刘瑜著：《民主的细节》，上海三联书店，2009 年版。

14. 钱穆著：《中国历代政治得失》，生活·读书·新知三联书店，2001 年版。

15. 熊培云著：《重新发现社会》，新星出版社，2011 年版。

16. 陈先达编著：《马克思主义哲学原理》，中国人民大学出版社，2010 年版。

17. 冯友兰著：《中国哲学简史》，北京大学出版社，2013 年版。

18. 傅佩荣著：《哲学与人生》，东方出版社，2005 年版。

19. [美]马丁·科恩著：《101 个哲学问题》，新华出版社，2005 年版。

20. 周桂钿著：《十五堂哲学课》，中华书局，2006 年版。

21. [挪威]乔斯坦·贾德著，萧宝森译：《苏菲的世界》，作家出版社，1999 年版。

22. [美] 托马斯·内格尔著：《你的第一本哲学书》，当代中国出版社，2008 年版。

23. [美] 威尔·杜兰特著：《哲学的故事》，中国妇女出版社，2004 年版。

24. [英]格兰西著，罗德胤译：《建筑的故事》，生活·读书·新知三联书店，2003 年版。

25. 梁漱溟著：《中国文化的命运》，中信出版社，2016 年版。

26. 郁乃尧著：《汉字的故事》，光明日报出版社，2005 年版。

27. 任继愈著：《中华传统文化精要》，北京工业大学出版社，2007 年版。

28. 张岱年著：《中国文化概论》，北京师范大学出版社，2004 年版。

29. 梁思成著：《中国建筑史》，生活·读书·新知三联书店，2011 年版。

30. 余秋雨著：《文化苦旅(新版)》，长江文艺出版社，2014 年版。

31. 王军著：《采访本上的城市》，生活·读书·新知三联书店，2016 年版。

32. 曹天元著：《上帝掷骰子吗？量子物理史话》，北京联合出版公司，2013 年版。

悦读·善读

杨　灵　北京市西城区教育研修学院

个人的经历再丰富，相对于人类整体而言，终归是极其有限的。阅读，能使我们跳出一己的小天地，超越自己的时空局限，在更高的层面和更广阔的领域，接触人类社会的多元性，感受社会生活的恢宏与悲喜。

如果要在师生中做一次访谈，问“应不应该多阅读”，绝大多数的人会表示肯定。经常性大量的阅读，能够使学生更好地掌握读书技巧，提高理解能力和思考能力，推动学生思维的发展和知识的积累，这是很多教育工作者的共识。但是，再进一步追问，就会发现真正坚持阅读的人少得可怜。学生们说，“太多了，读不过来”“平时做题看材料就已经是阅读了呀”，老师们说：“平时的学习任务已经够重了，学生哪有时间去读”“不用说学生，自己除了教材和参考书，也难得有时间真正静心去阅读”，种种理由不一而足。

知易行难的阅读困境是否有解？在书香社会的创建过程中，政治教师可以发挥哪些作用？一系列的问题需要答案。

北京鲁迅中学的图书馆

“如果有天堂，天堂应该是图书馆的样子”。

——(阿根廷)博尔赫斯

一、阅读，立足于学科

(一)从课程标准看阅读

新的《普通高中思想政治课程标准》提出，要打造活动型的学科课程，强调学科内容与学习活动直接对接、相互嵌入，学科课程的内容采取活动设计的方式呈现，即“课程内容活动化”，或者说学科内容的课程方式就是一系列活动及其结构化设计，即“活动设计内容化”。这里所说的活动，其具体形式可以多样化，给思想政治课程实施留有充分的选择空间。打造活动型的学科课程，首先是重视各种社会实践，学生走向社会，去接触、去参与、创造、去学以致用，通过自己的亲身实践活动去读生活这本“无字的大书”；其次，这里的“学科活动”的具体形式是多样的，还应该站在前人、他人的肩膀上去读“有字的书”。通过书本的阅读获得他人的间接经验，丰富和深化我们对于所处世界的认识，汲取人类文明的优秀成果。

（二）阅读与考试评价

关注考试评价的一线老师也会发现，在教育综合改革的大背景下，对学生阅读水平的要求实际上是在不断提高，师生最直观的感受就是阅读量加大，而且呈现方式多元丰富。除常见的连续文本之外，还出现了多种材料组合的非连续性文本，由文字、图片、表格、数据、号码等多种元素混排，我们生活中的商品海报、人大代表选票、网友留言栏、活动策划书等常见的非连续性文本就常常出现在考卷中。很明显，如果说考试评价是指挥棒的话，这个指挥棒对阅读的要求在提高。

2016 年北京高考文综卷第 38 题第 3 问就十分典型。

由于技术正在变得强大而廉价——而且更加无处不在，所以越来越多的个人手中都已经掌握了这种力量。掌握这些力量的个人并不都是理智的、意图良好的，如基因组测序领域的突破能够治愈疾病，也能用于生产天花病毒的攻击性版本。

（摘自《第二次机器革命》）

不管是在当今还是在未来，科技都可能造成破坏。但我们的生活受惠于科技变得更好了，这也是真真切切的事实。我想环境可能是个很好的例子。伦敦现在的天气说不上纯净无瑕，但也比 50 年代爆发煤炭烟雾事件那会儿强多了。人类文明的进步需要依靠持续的技术革新。没有科技，我不认为我们能解决气候变化和贫困问题。

（摘自《人与机器共同进化》）

这样了不起的应用科学，它既节约了劳动，又使生活更加舒适，为什么带给我们的幸福却那么少呢？坦率地回答是，因为我们还没有学会怎样正当地去使用它。

如果你们想使你们一生的工作有益于人类，那么，你们只懂得应用科学本身是不够的。关心人的本身，应当始终成为一切技术上奋斗的主要目标；关心怎样组织人的劳动和产品分配这样一些尚未解决的重大问题，用以保证我们科学思想的成果会造福于人类，而不致成为祸害。

在你们埋头于图表和方程时，千万不要忘记这一点！

（摘自《爱因斯坦文集》"对加利福尼亚理工学院学生的讲话"）

（3）阅读上述材料，围绕"科技与人的关系"这一主题，自选角度，自拟题目，运用《生活与哲学》相关知识，写一篇200～300字的短文。（13分）

要求：观点鲜明；可以全面论述，也可以就某一点深入分析；知识运用准确、贴切；论述合乎逻辑，条理清晰。

试题的阅读文本分别选自三本书籍，在考场上，学生同样可以在阅读中亲近经典，感受大师的思想，并将所读的文字与自己的已有知识和经验对接、转化并创造，表达出对于"科技与人"这一主题的哲学思考，展现出自己藉由哲学模块学习转化而来的学科素养。

（三）PISA测试中的阅读素养

国际学生评估项目（Program for International Student Assessment，简称PISA）是经济发展与合作组织（OECD）发起的国际比较研究，聚焦在阅读、数学和科学等关键领域的素养上，测评学生在多大程度上掌握了全面参与社会所需要的终身学习能力。其中关于什么是阅读素养，PISA2009是这样说明的：阅读素养是指为了实现个人目标，增长知识，发展潜能，有效地参与社会生活，对书面文本的理解、运用、反思和参与。①

在这一评价指标中，把阅读活动的参与度是被测试对象阅读素养的重要部分，包括有阅读的动力（motivation）、有兴趣（interest）、喜欢（enjoy）读、多样化（diverse）、经常性（frequent）地阅读。

二、阅读中的学生参与

阅读参与度高，阅读面广，并且掌握学习的策略，是成为高水平阅读者的基本条件。根据PISA的测试研究，成年人的阅读习惯、阅读动机和阅读精熟度水平之间有正相关关系（OECD and Statistics Canada，2000）。学生时代养成的阅读习惯，对个人的终身发展有着重要作用。

怎样引导学生参与到阅读活动中来，让阅读活动成为学科教与学的重要内容，让阅读服务于学养的提升，北师大二附中政治教师立足于高中思想政治课的学科教学，从配合教学的角度，再考虑高中文科试验班学生的认知特点，划分阅读书目的层次性。用一般性阅读来拓展知识，获得更多的知识素材，利于理解理论知识，提高应用能力；用学术性阅读来深化知识，寻找观

① 陆璟：《PISA测评的理论与实践》，上海，华东师范大学出版社，2013年版，第13页。

点的内在联系构建学科知识体系。根据不同模块内容的特点和学生的需求，设计不同的阅读任务，使阅读活动的设计与实施依托并服务于我们的学科教学，这些做法取得了良好的效果。

(一)从愿意读开始——阅读动机

在多媒体技术高度发达的时代，到处充斥着“三分钟看懂……”“一小时学会……”阅读很容易被认为是单调、缓慢而缺乏吸引力的。作为教师，培养学生的阅读动机，是相当重要而困难的一步。

研究表明，一个完整的动机概念包括三方面的因素：动机的内在需求、外在诱因和自我中介调节作用。如图所示①：

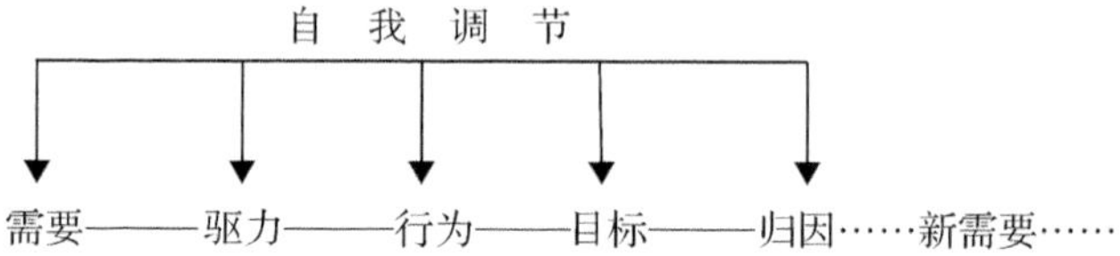

在这一动机过程模式中，需求产生驱力，促使个体自我调节(如预期、自我效能信念、意志和反馈等)去改变行为，使个体努力去实现目标。外在诱因通过自我调节转化为个体内在的动因，促使自我调节的实现。而对行为结果的成败归因，则成为有关后继行为的主要动机因素之一，由此产生新的需要，形成一系列螺旋式循环动机行为。

在阅读动机上，纯粹由内在需求驱动比较少见，比较有效的是内在需求和外在诱因的结合。

有学生说“高一刚来二附时，愣是被老师长长的书单吓着了，当时的我根本无法想象要用什么时间读下来那么多书。只好抓紧每天早晚的时间，倒是轻松完成了每月的‘配额’……一周周做着读书笔记作业，我才渐渐懂得那些大部头的娇贵——非要你心正神定坐在桌前花它个把小时才能读出些什么。”从这位学生身上，我们可以鲜明地感受到这样一个循环动机行为的持续。刚开始的情绪是比较消极的“吓着了”，在外在的压力之下“轻松完成了每月的配额”，阅读成为每天生活的一部分(形成习惯)，而每天的不断阅读又可以提高阅读的精熟度，渐渐懂得“那些大部头的娇贵”，良好的精熟度会提高人的自信心，从而成为更加积极投入的阅读者。在对自己的阅读行为及其效果进行归因省查之后，这位学生写下了这样的体会“读，可能会豁然开朗；不读，只

① 崔允漷：《有效教学》，上海，华东师范大学出版社，2009年版，第181页。

愿意死记硬背”，新的阅读动机已然生成。

以阅读建议、阅读计划等传统的方式，在阅读开始的初期强化外在诱因，增强动机是非常必要的。此外，还可以从以下方面入手，如结合阅读书籍提出具有挑战性的问题；鼓励学生表达对某一本书的观点；帮助学生将所读的内容与他们的生活相联系等，都有利于激发学生阅读参与的动机。从愿意读到喜欢读，在阅读者的境界中便增进了一层。

（二）读什么——书单的作用

为什么要有书单？需要列这么多的书吗？

读什么，在很大程度上影响着我们成为什么样的人。与好书相伴，会增加我们的精神力量，让我们不再胆怯，坚定地行走。随意阅读率性而为，当然也是一种阅读方式，但如果想要有意识地培养学生的阅读素养，书单的指引作用就很重要。甄别并推荐优秀的书籍，是教师的责任。一份好的书单应该是多样化的，有良好的阅读品味，书目应当趣味性与专业性并存。

基于学生的差异，应提供多样化的书籍方便不同阅读倾向的学生自主选择，一份好的书单不可能太短。同时应提倡学生多样化阅读，书读多了、读杂了，一个人的知识与见闻自然就开阔了。

配合教学，二附中在课堂上有一些老师指引的经典文本如《共产党宣言》《苏格拉底之死》《国民国家与民族问题》等，作为课堂共同阅读的内容。而在给学生的推荐书单中则分两类，一类是学术性阅读，包括基础理论或原典类的《经济学原理》《政治学十五讲》《哲学与人生》等；一类是一般性阅读，偏重在兴趣与通俗类，包括《王二的经济学故事》《牛奶可乐经济学》《苏菲的世界》《向庄子借智慧》等。虽然对于具体书目的位置可能有不同意见，但这种分类的意图值得借鉴。“兴趣是最好的老师”，趣味性阅读和广泛阅读在阅读习惯的养成、阅读行为的强化中有不可替代的作用，而“学术性阅读”又给有发展需求的学生以进一步成长的指引，两类书籍相互补充。

特别说明的是，书目只是参考，不必要求学生每本书都穷尽，只需学生在规定时间内自主选择一两本便可，同时鼓励有能力的学生进行整本书的原汁原味的阅读，直接面对文本，在反复的深阅读中，体验、感受作者的思想。

（三）读出精彩——阅读有法

唐代的韩愈提出“提要钩玄”法，认为读书应善于把握各部分的内在逻辑，提出纲要，钩出精义，把书读薄。宋代苏东坡提出“八面受敌”法，一本书包含多方面的内容，可以从不同角度反复研读，步步深入。现代的阅读专家认为，就理解和记住文章信息而言，读完文章后，“我与别人讨论文章的内容；

我划出文章的重要部分；我用自己的话总结文章。”这三种方式对于理解和记住文章中的信息都是有效的策略。根据PISA2009的测试结果，上海学生将这三种策略评分为五至六级（非常有用）的学生分别占39.4%、62.8%、53.9%。①

面对或薄或厚的书籍文章，如何读出精彩，读有所得？

1. 读书笔记

在阅读的过程中做好记录或是画个思维导图。这些记录可以是随意多样的，可以是文章或书籍中的重要部分，可以是触动自己内心的某段话，可以是自己不太理解的观点；尝试用自己的话总结书籍中的主要观点或推导论证过程；与他人讨论书籍中的内容(赞同或不赞同的、显见或深刻的)，有利于更好地阅读把握信息。思维导图也是一种有效的方式，比如可以尝试将一篇文章、一个章节、一本书用一张思维导图的方式呈现，这就要求对文章的重点、层次、论点、论据等有清晰了解，有利于我们概括和理解阅读文本的信息。作为阅读活动的指导者，教师应对学生的读书笔记有定期的交流和反馈，既有利于了解学生的阅读状态，及时做好个性化指导，同时也有利于教师针对学情，优化课堂教学。

有学生在《哲学与人生》第二章的读书笔记中说“意象本身携带的东西很多，个人偏好、家庭背景、文化信仰等等都包含在其内。冲突也是由此产生”，从哲学书籍中的“意象”延伸到如何看待生活中的冲突；“我们在运用逻辑思考的时候，概念必须准确，而且不能有歧义。想起辩论的时候一定要先下定义，但是定义如果歧义比较大就会直接进入毫无秩序的定义之争”，将对逻辑概念的思考迁移到辩论赛的要点。学生既有对所读文本的个性化解读，有联系自己生活经验的理解和迁移，使我们看到了高水平阅读素养的养成。

2. 提倡整本书阅读

碎片化的阅读也是阅读，但建议尽可能用碎片化的时间完成整体性或整本书的阅读。在互联网的信息浪潮之下，每天我们都接触到无数的新信息，每天也有很多信息被遗忘，而这种速生速灭的碎片化信息很难沉积下来成为一个人的学养积累。

这一代高中生被称为网络时代的“原住民”，浸润在互联网中，好像什么都知道一二，但又不真正明白。在信息碎片化的时代，需要鼓励学生沉下心来，潜心静气地进行原汁原味的经典文本、整本书的深阅读，直接面对大思

① 陆璟：《PISA测评的理论与实践》，上海，华东师范大学出版社，2013年版，第103页。

想家的文字，感受名家在写作过程中的焦虑与突破，体会尝试、失败、探讨、碰撞、论证等等，培养见识，提升视野，形成终身发展的核心知识积累。

3. 共读与分享

二附中的阅读活动包含“自主研修、同学交流和专家讲座”三种方式。学生对文本的独立阅读有利于形成自己的个人见解，阅读不同书籍的同学彼此交流在同学间形成了多元的分享、相关专家讲座发挥引领作用，有利于推动整本书阅读的实施。

和很多人一起走，会让你走得更远。每所学校的课程安排有不同，各校不一定都有自主研修或专门的阅读课，但共读分享的思路是可以借鉴的。尤其整本书阅读难度较大、耗时较长，共读一本书会使人感受到来自外界的约束与激励，实现彼此的讨论、分享、争辩，调动思维，营造严谨又活跃的阅读氛围。阅读的私人化感受需要通过同伴分享和专家引导得到确证或纠正，在思想的碰撞与情感的共鸣中形成对共同体验的清晰表达，这对学生学会阅读、养成阅读习惯有着直接而具体的效果。

共读与分享活动包含但不局限于以上的方式，例如阅读俱乐部、主题读书会等都可以，同时建议将读书与课外实践相结合，读万卷书、行万里路，让学生真正成为爱读和会读的阅读者。

三、关于阅读的进一步思考

（一）难易之辩

在北师大二附中的介绍中，我们会看到配合着不同模块不同年级的教学内容有一个长长的书单，而且书目比较偏重学理，对高中生而言并不轻松。对此，会有一些疑问：“有必要吗，会不会加重学习负担”“内容太难了吧，学生能感兴趣吗”。

学生是怎么看的呢？一位学生在读了教师推荐的《经济学十五讲》之后，将《经济生活》《牛奶可乐经济学》这三本书做了一个有趣的比较，“觉出了教材的浅显”“《牛奶可乐经济学》的可读性好，但读完之后收获不大”，从学生的角度看，容易与可读性并不是学生评价一本书阅读价值的重要标准。

兴趣是重要的，但容易与兴趣之间并不是一个简单的等号。有些书是通俗风格，普及为主，写得就是要让大家都懂的；而一些深奥的理论书籍也有其需求，对于想要了解的学生来说，并不枯燥，也不成其为负担。北京十三中就开过一门选修课“马克思主义原著导读”，报名选课的孩子们说，经常听大人说马克思主义，自己想真正看看，马克思自己到底是怎么阐述和论证他的观点的。难与易是相对的，针对学生的发展需求，设置有适当挑战性的阅读任务更有利于激发学生的兴趣点。在阅读中追寻伟大的灵魂，我们可以走得更远。

(二)信息、知识与智慧

在不发达的时代，读书多意味着信息占有量大，熟读唐诗 300 首，就比只会 200 首的要高明，博闻强记很厉害。而在信息极度发达的今天，“读”到底意味着什么？

学生读规定的阅读材料、划出关键词，获取信息，找到材料与知识的对应关系，这是教学实践中最常用的，这种阅读方式可以有，但如果要给这种阅读定等级的话，应该属于比较低的层级。因为规定的阅读材料，多数已经过设计者的思考和剪裁，甚至“没有一句废话，每句话对答题都有用”，这就容易形成一种机械刻板地材料对应的解读方式。而更常见的是，不用读而是搜，上网总能找到答案(答案可能不一样，甚至有对有错)，要牢记的经典理论甚至是分析过程，在网上应有尽有(内容可能五花八门、良莠不齐)。互联网时代，海量的信息库几乎无所不包，需要什么随时可以查询到，所占有的信息比最能博闻强记的老师都要多多了(但不能担保你所查询内容的真理性)。

知识中包含着复杂信息，知识内化之后能够成就个人的智慧，但是，占有信息不等于具备知识，具备知识不等于拥有智慧。越是高度的信息化，也需要人的有意识地能动地阅读，“博闻强记”在今天并不是多么了不起的优点，你在阅读时熟记了货币发展历史和货币发行规律不算什么，但如果你在阅读时联想到“香烟成为二战时战俘集中营的流通货币”的文章，会心一笑，理解香烟成为监狱硬通货背后的经济学解释，甚至进一步思考为什么香烟不能在正常社会生活中作为货币流通的经济原因，这就不一样了。信息解码丰富了我们原有的知识，转化为我们的见识与智慧，这里的阅读很明显就是思考性的。学会从各种文本中甄别、获取所需要的信息，对事物做出准确判断、得出有意义的结论，是现代公民必备的阅读能力。

(三)批判性理解或批判性阅读

哲人说过，读书时不可存有己见，读书后不可丧失己见。在阅读中欣然接受书中观点(哪怕是位学界泰斗)并不是学习活动的最佳路径。高水平的阅读离不开批判性理解或批判性阅读。

一方面，读书不能被作者夯筑的知识、情感、思想的围墙里禁锢了。读书过程中，如果能注意用新眼光观察问题、从新角度提出问题、用新思路新方法分析问题，既能增进对于阅读内容的理解，又有利于激发创造性思维。

另一方面，经典名篇中往往包含着一些重要的社会共识，对这些文明共识的理解、内化和继承并不是被动的，应该在思想的交锋、观点的辩驳中理解。批判性理解不是为了颠覆经典、推翻共识，而是为了说服自己进而说服他人，是为了更可靠的论证与确信。

对人类而言，阅读是精彩生命的互相映照，是人类文化精神的集体守望；对个体生命而言，阅读是构建精神世界的重要途径，正如培根所言"首先去追求思想中那些美好的内容吧，其余部分即使不是接踵而至，也会在失去时不觉可惜"。我们现在缺的，不是如天堂一般的图书馆，而是有读书习惯、爱读书、会读书的人，"诗书继世长"，如何承继、如何创造才可长久，让我们在真正的阅读中探寻答案。

后　记

"培养什么人，怎样培养人"是教育的实质与核心，是一切教育工作的基本问题。我们的教育是培养博闻强记的百科全书式的知识人，是工业社会有着强劲的谋生能力的技术专家，还是具有创新精神、实践能力和社会责任感的整全的人。围绕教育目标选择何种教育方式？封闭的课堂知识教学，还是透过知识、能力，激发对生命意义和实践价值的思考，即使坐在教室里、书斋里的学习、阅读，是否也是透过文本感受生活实践的魅力与精彩，抑或干脆直接地走进社会大课堂，接触不同的群体开展调查研究，围绕问题的发现和解决展开研究性学习，利用学校丰富的资源开发多彩的校本活动课程，或通过意见领袖与选民的互动模拟体验政治参与……这是一种完全不同的教育方式，学生们在实践活动中用自己的双眼去发现、去体察、去探究、去经验、去感悟、去思考、去做事。

人是实践的人，人在实践中形成自我、发展自我。教育是实践的教育，只有保持实践的面向，才能获得自身稳固的根基与生生不息的活力。特别是新时代的发展对学生的创新能力与实践能力提出了特别的要求，世界各国都纷纷围绕实践活动开启了新一轮改革的征程。

这是一个充满挑战的、崭新的课题。如何定位实践活动的目标与功能？采取哪些丰富而有效的活动方式？如何具体组织实施？新的方式可能产生哪些新的问题？如何引导才能生发出我们想要的东西？种种问题摆在我们面前，需要我们一一审慎地思考，并展开一系列深入的研究和实践中富有创造性的尝试。

还好，我们共同看到了这个教育实践中的课题，还好我们因这个问题志同道合地走到一起，还好我们因共同的关注、共同的探索、相互的激发、彼此的丰富而走向深入。作为一线教师、教研员和面向教育现实的研究者，大家独特的视角，使这里没有脱离实际的经院式的教条与刻板的规则，而始终保持着一种扎根现实的鲜活与具体，也许它们十分浅显、充满着直觉，但是故事、叙事的现象学方式，跃动着实践工作者的问题意识和真实创造，反映了教育者与教育对象互动的真情实感，凝练了大家反思成功与失败的点滴收获。它们是故事、是叙事，但又不是纯粹的记录，背后透着理论的自觉与研究的意味。

我相信我们是在做一件有价值、有意义的工作。把我们的经历、我们的思考分享给改革路途中前行的人们、给一线教师一些可以仿效和操作的方法，对他们有所助益。这些案例是缩影，但是其代表性、所描绘的教育途径和所表达的教育思想，却具有一定的普遍性和共通性。

晨钟暮鼓、黄卷青灯，在每日繁重的工作之后，跳脱出琐碎繁杂，梳理思想，反思检视，似乎渐渐也有了一种穿透现实的洞察和超拔的维度。我们自知对这个问题的研究才刚刚起步，十分的粗浅，而且本书中的某些观点和内容，或许会引起不同的认识，这是十分正常的，争鸣与合作是推进教育研究的不可缺少的两项工作，没有学术上的争论就不会有真正的繁荣发展，对问题不同的意见可以帮助我们打开不同的视角，促进更加深入的研究，从而更加接近真理与真相。

最后，感谢我们这个团队的通力合作，每个人都尽己所能，为了书籍的出版努力学习、不断提高、不厌其烦地修改，放弃了暑假、中秋、国庆。感谢我们的学生，是他们成就了我们的进步、丰富着我们的思想，是他们求知的热情、青春的活力、独特的见解，以及对我们的信赖，成为我们工作和研究的持久动力和富足资源。

石　芳
2016 年 10 月于北京教育考试院